I0202722

www.ingramcontent.com/pod-product-compliance
Lightning Source LLC
Chambersburg PA
CBHW081149090426
42736CB00017B/3244
9781879016576

מדריך למורה

A GUIDE FOR THE TALMUD TEACHER
A DETAILED EXPLANATION OF WHAT TO TEACH AND WHY

תלמוד בבלי

מסכת סנהדרין

פרקים ג, ח

חיים אברהם שיוביץ

OU**PRESS**

Rabbi Schiowitz has advanced the goals of Talmud education with his anthology of sources and pedagogic notes prepared with forethought and continual revision for the high school Gemara instructor. I have seen in our own educational setting how his work has created a common language for developing professionals who seek R. Schiowitz's guidance and wise counsel regarding the selection of units of study and differentiating techniques for teaching students of diverse levels of aptitude and background. R. Schiowitz continues to be a highly valued and esteemed mentor to many, and this publication embodies both his expertise and boundless energy in the pursuit of Jewish education.

-Rabbi Shlomo Stochel, Associate Dean, Ramaz Upper School

Rabbi Schiowitz successfully plumbs the depths of each *sugya* and distills the salient aspects of his scholarship into a concise and coherent format. His pedagogic approach to the study of Talmud will be invaluable to every Talmud teacher and his source material will enhance Talmud lessons on every level.

- Rabbi Eliezer Rubin,
Rosh Yeshiva & Head of School, Rae Kushner Yeshiva High School

I have had the privilege of using Rabbi Schiowitz's materials while preparing lessons for high school Talmud classes. Rabbi Schiowitz explains the intricacies of the sugyot in a concise and clear manner. Furthermore, Rabbi Schiowitz presents a tremendous range of sources that allows the teacher the freedom to select that which will work best at various levels. Rabbi Schiowitz's materials also include modern day applications or sources which make the sugyot relevant and approachable for the average high school student. In short, Rabbi Schiowitz's materials are an invaluable tool for teachers of high school Gemara shiurim.

- Rabbi Eli Ciner, Associate Principal, The Frisch School

I have had the privilege of using Rabbi Schiowitz's materials for my Gemara shiurim for years. Instead of spending my time searching through the entire masechta and its expansive commentaries, I can focus on finding which materials are best for my students and what the best method of instruction would be. The depth and breadth of materials collected in this curriculum provide me with ample resources for my students to develop their skills and to find relevance and meaning in the Gemara.

-Rabbi Avery Joel, Principal, Fuchs Mizrachi Stark High School

ראיתי חלק מן החומרים של הרב שיוביץ שליט"א. ניכר בדברים שהרב למד היטב את הסוגיה ואת דברי הראשונים והאחרונים. הוא מצליח להכניס בחוברת דברים שלמד בעמל רב, באופן שיקל על רבנים אחרים להעביר את הסוגיה בצורה עיונית, גם אם אינם מכירים את שיטות הראשונים והאחרונים בסוגיה. הלימוד בחוברת דורש לימוד מן הרב המלמד, אך נותן לו את החומרים הנדרשים בכדי שיוכל ללמד את הסוגיה בצורה רצינית ועיונית.

הלימוד המעמיק והרציני היה חשוב בכל הדורות, אך חשוב במיוחד בדורנו. דור שיש בו כשרונות רבים, אך דרושים כלים מיוחדים בכדי למצות כשרונות אלו, ולקרב את הלומדים לתורה וליראת שמים.

ברכת ה' עליכם,

רב יוסף צבי רימון, רבה של אלון שבות דרום, ר"מ בישיבת הר עציון, וראש מרכז הלכה והוראה

מכתבי ברכה ממו"ר הר' שלמה הלוי וואהרמאן זצ"ל

RABBI SHLOMO WAHRMAN
147-55 76th ROAD
KEW GARDEN HILLS, NY 11367
718-544-5329

שלמה הלוי וואהרמאן

ב"ה – כ' אדר תשס"א

לכבוד ידידי הנעלה שליט"א

כש"ת

I really believe that the מדריך למחנכים is a vital piece of work & I'm confident that it will be used successfully by many competent מחנכים.

Please convey my regards to your wife & to your father in law, Horav Genack, who I believe to be of the outstanding פוסקים in our time.

כל טוב

Sol

Rabbi Wahrman *tz"l* was my Gemarah Rebbe when I was in high school at the Hebrew Academy of Nassau County. He made a tremendous impression on me and upon hundreds of students who he taught over his 30 years as a rebbe and Rosh Yeshiva at HANC.

מכתבי ברכה ממו"ר הר' שלמה הלוי וואהרמאן זצ"ל

ב"ה כ' אדר ראשון תשע"א לפ"ק

אתאו לקראתי ידידי הנעלה במעלל התשבחות מוהר"ר חיים אהרן שיוביץ שליט"א
ובקש מאתי מכתב הסכמה על "המדריך למלמדים" שחיבר ובדעתו להוציאו לאור עולם.
מלפני כמה שנים כבר קנה לו ידידי שם טוב בהוציאו ספר "שיעורי ברד" על מס' חלה
ועניני מצות התלויות בארץ שהוא לקט שיעורים ודיבורים שהעתקן מפי השמועה משיעורי
הגאון האדיר מוהר"ר יוסף דוב הלוי סולובייצ'יק זצ"ל וראיתי רבים מגאוני תורה שמהללים ומשבחים את
הספר בשבח המגיע לכתבים.
"המדריך למלמדים" הוא ספר שתפקידו לסייע מורים לתלמוד להכין את שיעורם ביתר
שאת. המדריך מציע נקודות והערות חדשות דדיבור בסוגיא הנלמדת ומוסיף מראה מקומות שונות
שנוגעות להבנת הסוגיא. כל זה הוא כדי להקל את הלימוד לתלמידים המבוגרים להרגילם ללמוד את הסוגיא
בהתמדה רבה וביתר התלהבות.
לכן אמינא לפעלא טבא יישר, ובודאי ראוי להוציא ספרו על פני תבל ויהי' ספרו
לתועלת למלמדים אמיתיים אשר להם חיך לטעום טעם תורה. יראו ישרים וישמחו.
וידידי הנ"ל שליט"א - יקבל נא ממני את איחולי הלבביים הבאים מתוך ידידות כנה
והוקרה עמוקה, שיזכה להוציא מעיינותיו חוצה וכי ימשיך להרביץ תורה כבר כשרונותיו הנשגבים
ויתברך בכל מילי דמיטב מנפש ועד בשר מעתה ועד עולם.
כאו"נ ידידו המוקירו כרום ערכו ומאחל לו כט"ס בלונ"ח
שלמה הלוי וואהרמאן

בס"ד

בית ספר תיכון של הישיבה דפלטבוש
על שם מר יואל ברברמן
YESHIVAH OF FLATBUSH
JOEL BRAVERMAN HIGH SCHOOL
1609 AVENUE J
BROOKLYN, N.Y. 11230
(718) 377-1100
FAX: (718) 258-0933

RABBI PINCHAS ZELIG PRAG
Chairman, Talmudic Studies

הרב פנחס זליג פרג
יו"ר המחלקה לתלמוד

אדר ראשון תשנ"ד

כל ת"ח ומחנך המכיר את רמת התלמידים בישיבות התיכוניות בארצות הגולה, יודע כי הנושא מורכב קשה ומסובך. באות מסיבות שונות, א' חוסר ההתעניינות בנושאים מושכלים בכלל, ובפרט בלימוד התלמוד ב' לחצים חברתיים ג' השפה וכו'.

מחנך ומורה מעולה יודע, כי אחד הכלים החשובים ליצירת רצון וחשק פנימי ללימוד הגמ' ולהנאה ממנו - הוא בחירת חומר מעניין הן מבחינת התוכן הכללי והן מבחינת מבנה הסוגיות. בנוסף לכך לימוד הגמרא עם הערות וחידושים הבנויים מתוך הסוגיה כחלק מעומק הפשט, והבאת גדולי הראשונים ויסודות חשובים של האחרונים, מוסיפה מאוד ליצירת אוירת הלימוד בכתה, מתוך שמחה וחשק פנימי.

הרב חיים אברהם שויבל שליט"א הוא תלמיד חכם ומחנך מעולה ומסור לתלמידים, ובעל נסיון רב שנים בשטח הוראת התלמוד. במשך השנים הרבות שהוא מלמד תלמוד, הוא בחר ובחן את הסוגיות המעניינות והמרתקות בסדרי זרעים מועד נשים ונזיקין. הרב שויבל כתב וערך ספר מעולה בשם "הדרכה למורה", ובו פירוט הסוגיות, הפניה והדרכה בסוגיות עצמן לראשונים ואחרונים יסודיים בסוגיה. הראשונים והאחרונים מובאים בספר בצורה ברורה ומודגשת, ובהקשר ישיר לנושא התלמודי. הספר "הדרכה למורה" כשמו כן הוא, הוא ספר עזר מיוחד ויסודי שיעזור לכל מורה בכל רמת לימוד, בבחירת הסוגיות והכנתם, והבנתן מעמיקה וחודרת בסוגיה ובדרכי הראשונים.

ברצוני לאחל להרב שויבל שחפצו יצליח בידו, והספר "הדרכה למורה" יעזור לכל מחנכי ומורי התלמוד, להגביר את החשק ורמת הלימוד ולהגדיל תורה ולהאדירה.

בהוקרה והערכה

זליג פרג

Introduction

This guide is meant to be a resource to assist Talmud teachers in their preparation for high school level classes. The sources that are cited are intended to provide important background knowledge for classes on any level, while more advanced classes may cover more of the sources inside the texts. In each *sugya* I highlighted the most central sources that can be added to the teaching of the Talmud. My choices are based on their value in terms of: 1) addressing the most basic and compelling questions that emerge from the Talmud, 2) providing important general knowledge of Talmud and *halacha*, 3) developing the basic skills of learning Talmud with *mefarshim,* and 4) addressing the philosophical questions that high school students are likely to be intrigued by in each particular *sugya.*

In the footnotes I attempted to explain the relative pedagogical value of each *sugya* and each additional source, as I explained why one may or may not chose to teach that material in a high school class. This work is different than other *"likutim"* in that all sources are chosen specifically based on educational concerns, with high school students in particular in mind. The premise of this work is that the choices of what to teach and what to skip is a critical educational decision that teachers must make. The limitation of time alone dictates the reality that more is skipped than is studied. For many students, the particular Torah lessons that are studied in classes become the basis for their understanding of Judaism in general. It is with this possibility in mind that my choices are made.

It is also important to highlight the fact that the impact of Talmud class within the Judaic Studies curriculum is often central and expansive. It comprises a large segment of time within the schedule and profoundly impacts the students' understanding of Judaism. The study of Torah offers a glimpse into the values, beliefs and inspiration that Judaism represents. Teachers must be cognizant of this in the preparation of the units. Similarly, the philosophical assumptions that are implicitly or explicitly conveyed through a *sugya* will shape the students' understanding of Judaism, while the teacher may not realize this. In this sense, teachers must consider the messages that are being expressed and be sure to provide students with a full picture of the Torah values. This often requires the addition of external sources, as one *sugya* may offer only a small slice of the picture. This too makes it critical that the teacher think carefully about what we are choosing to teach and what we are not teaching. It was with this perspective in mind that I have prepared this work and offered my suggestions of how to present each unit. I attempted to articulate my rationales in the footnotes. It is my hope that other teachers will find it helpful in their own thinking and planning.

It is self-evident that teachers need to prepare the material with great depth and breadth that surpasses the specifics that are taught in class. We cannot be sufficiently prepared to answer student questions without and thorough knowledge of the subject matters. For this reason I include in this work more material than I would actually teach, though everything is central to the units.

In addition, I provided all of the texts of the sources for the convenience of teachers, in order to study them and/or in order to use the texts in worksheets, etc.

I am grateful to have had the opportunity to teach Talmud at Ramaz for over 10 years and to Chair the Talmud Department. It is through that experience that I have developed most of this material. I have learned from my supervisors, colleagues and students and I am glad to have the opportunity to share what I have learned with others.

I hope that teachers will find this work helpful. Currently, a digital version can be downloaded at www.hschinuch.org. Please share any comments or ideas with me at schiowitzk@gmail.com.

Lastly, and most importantly, I would like to thank my wife, Shira, for her constant encouragement, inspiration and wise counsel. Her dedication to me, to our family and to the Jewish community is invaluable and we are all greatly enriched by her.

Kenny Schiowitz

תוכן

פרק שלישי – פרק זה בורר

פרק שמיני – פרק בן סורר ומורה

פרק שלישי – פרק זה בורר

1. הקדמה למצות בית דין ואיסור ערכאות

מקורות

1. דברים (טז:יח) – "שופטים ושוטרים תתן לך בכל שעריך" – מצות עשה למנות שופטים.[1]

עיין ברש"י שם, בהבדל בין שופטים ושוטרים.

לפי הרמב"ם (פ"א מהל' סנהדרין ה"ב) מצוה זו נוהגת דוקא בא"י, דכתיב "בכל שעריך אשר ה' א–לקיך נתן לך", אבל לפי הרמב"ן (דברים טז:יח) נוהגת אף בחו"ל, והביא הוכחה מהמשנה והגמרא (מכות ז.), שמצות סנהדרין נוהגת בחו"ל, אבל רק בכל פלך ופלך, ובא"י אף בכל עיר. ובסוף כתב הרמב"ן שאין מצוה זו נוהגת בזמה"ז כיון שאין לנו סמיכה. ומבואר לכו"ע שיש חילוק בין א"י לחו"ל. ונבאר עוד בזה ב2#.

ועיין בערוך לנר (מכות ז.) שכתב ליישב את שיטת הרמב"ם.

ועי' עוד ברמב"ן, בהבדל בין רמות הב"ד השונות של עיר, שבט וכו'. ואולי כאן מקום מתאים לתת הקדמה לג' סוגי ב"ד ותפקידיהם. ועיין בזה בתוספות (דף טז: ד"ה שופטים).

2. שמות (כא:א) – "ואלה המשפטים אשר תשים לפניהם." רש"י (ע"פ גיטין, דף פח:) – "לפניהם, ולא לפני העובדי כוכבים ומזלות, ואפילו ידעת בדין אחד שהם דנין אותו כדיני ישראל." ולכאורה מצוה זו נוהגת אף בחו"ל לכו"ע.

ויש לשאול, מה ההבדל בין ב' הפסוקים הללו? וי"ל שבחו"ל יש חיוב על כל יחיד ללכת לב"ד אם יש לו ריב, אבל בא"י יש עוד מצוה על הכלל, כעין מצות ישוב א"י, לבנות בתי דין בכל מקום כדי לאפשר הבאת שלום ע"י ב"ד.[2]

הרמב"ן (שם) מביא את המדרש, "לפניהם ולא לפני עכו"ם, לפניהם ולא לפני הדיוטות." ומחלק ביניהם, דבהדיוטות אם קיבל עלייהו, מותר.

מצות עשיית בית דין

ספר החינוך (תצא) – שרש המצוה להרגיל את בני המדינה לעשות טוב.

[1] It is worthwhile to introduce the unit with the פסוקים.

[2] This highlights the מצוה of ישוב ארץ ישראל. Part of that מצוה is to create a society with an infrastructure that is prepared to maintain peace and is set up to enable people to resolve conflict efficiently, peacefully, and quickly.

איסור דערכאות (מובא בשו"ע סימן כו)

האם איסור זו שייך אף בב"ד של נכרים שאינם עובדי עבודה זרה? לדוגמא, ב"ד מוסלמי (דת אחרת)? ב"ד אמריקאי (חילוני)? ב"ד חילוני בא"י? או ב"ד של ישראל הדנה ע"פ משפט המדינה?[3]

1) <u>רש"י</u> עה"ת ע"פ הגמ' בגיטין פח. – "דמיקר שם ע"ז" – משמע דוקא בב"ד של ע"ז.

2) <u>רמב"ם</u> (הלכות סנהדרין כו:ז) – בנדפס, "בדייני עכו"ם", אבל בגירסה במהדורת פרקל, "בדיני גוים".

3) <u>שו"ת תשב"ץ</u> (ח"ד טור ג' סימן ו') – אף "במדינותינו" אצל המוסלומים, שאינם עובדי ע"ז, מ"מ אסור לילך לבתי דינם, בגלל שמ"מ הוא מחזיק דת שהוא מכחיש משפטי תורתינו.

4) <u>שו"ת יחוה דעת</u> (חלק ד', סימן סה) – אף לילך לבית דין במדינת ישראל אסור, וגרע טפי משום שהם יהודים, ומצווים לדון בדיני תורה. וכתב שג"כ אסור להיות עורך דין בעד התובע בב"ד כזו מפני לפני עור (אבל בשביל הנתבע מותר, כי הוא אנוס). [ועוד כתב שאם זכה בממון בערכאות, דהוי גזל בידו, ואם קידש אשה, אינה מקודשת. ולכאורה היינו אפילו אם הסכימו לילך לערכאותיהם, ונתן לו את הממון מדעתו. ולכאורה היינו משום שיכול לומר שהיה קנין בטעות, שנתן לו רק מחמת הפסק דין, ולא נפסק הדין כראוי, וצ"ע.]

5) ב"ד ישראל ע"פ משפט המדינה – לפי הר' עובדיה יוסף (הנ"ל) האיסור של ערכאות שייך אף בבית דין ישראל שדן שלא על פי משפט התורה. וכן כתב <u>הר' יהודה בלייך</u> בספרו "בנתיבות ההלכה" (מאמר "פשרה ע"י נכרים"). אך ר' <u>מרדכי וויליג ור' צבי שכטר</u> התירו דהוי כתנאי שבממון, וכן נוהגין <u>בבית דין של אמריקה</u> (עי' במאמרו של ר' יונה רייס "מתנה על מה שכתוב בתורה בדבר שבממון" בחוברת "שערי צדק"). וענין זה שייך גם לסוגיית "נאמן עלי אבא".

"דיני ממונות בשלשה"

בדרך הקדמה לגמרא, יש לבאר את התוכן של סדר נזיקין ומיקום המסכת בסדר – למה אחרי ג' הבבות?

<u>תוס' ב.</u> – אחר ששנה דינים, עכשיו עוסקים בכמה דנים אותם.

---

[3] This highlights the essence of the מצוה of adjudicating in בית דין. According to these sources, this is a positive value. Resorting to בית דין is not about negating idolatry, but about taking pride in our system of בית דין. These sources also highlight the development of the הלכה over the course of history, throughout the different circumstances and places in which Jews have found ourselves.

יש ללמוד את הגמרא בדף ג: במקור לג׳ דיינים ובמה שב״ד נקרא ״אלהים״ (שמות כב:ו).[4]

אבן עזרא – משום שהם מקיימי רצון ה׳ בארץ / הם פקידי ה׳ בארץ.

רמב״ן – כי ה׳ הוא המצדיק ומרשיע בתוך הבית דין. (נבאר בסמוך)

טור – משום שהם שותפים לה׳ שמקיימים את העולם. (נבאר בסמוך)

ועיין בשמות (יח:יג) וברש״י – הדיין נעשה כשותף עם הקב״ה במעשה בראשית. וזה מובן ע״פ המשנה (פרקי אבות, סוף פ״א) שהעולם עומד על הדין ועל השלום ועל האמת. ועיין ברמב״ן (שמות כא:ו) שכתב שהקב״ה משרה שכינתו בתוך הבית דין, ועיין בגמרא בברכות (ו.) ששלשה שיושבים בדין שכינה שורה עמהם. ועיין בזה בהקדמת הטור לחושן משפט בשם רבינו יונה.

סמיכה ורשות לדון – הגמרא בדף ה.–ה: ודף יג:–יד.

יש לדון אם שייך בזמן הזה.

רמב״ם (פ״ד מהל׳ סנהדרין ה״א) – צריך להיות איש מפי איש, אך העלה בהלכה ח׳ (שם) שאם כל ישראל יסכימו יכולים להתחיל סמיכה עוד פעם, ועייל עוד במה שכתב בפירוש המשניות (סנהדרין א:ג) על פי הפסוק בישעי׳.

רדב״ז (ד:יא) – מעשה שהיה שרצו לחדש סמיכה, ופסק שאי אפשר, ודלא כמו שכתב הרמב״ם.

ועיין בזה בספר עיר הקדש והמקדש לרב י.מ. טוקצינסקי (פרק טז).

See also Jacob Katz, “The Dispute Over Renewing Ordination” in *Divine Law in Human Hands: Case Studies in Halakhik Flexibility*, beginning on p. 146.

[4] These sources highlight the incredible importance of the בית דין from a Jewish perspective.

<u>דברים פרק טז פסוק יח</u>

שֹׁפְטִים וְשֹׁטְרִים תִּתֶּן לְךָ בְּכָל שְׁעָרֶיךָ אֲשֶׁר יְקֹוָק אֱלֹהֶיךָ נֹתֵן לְךָ לִשְׁבָטֶיךָ וְשָׁפְטוּ אֶת הָעָם מִשְׁפַּט צֶדֶק:

<u>רש"י שם</u>

שופטים ושוטרים - שופטים, דיינים הפוסקים את הדין. ושוטרים, הרודין את העם אחר מצותם. שמכין וכופתין במקל וברצועה עד שיקבל עליו את דין השופט: **בכל שעריך** - בכל עיר ועיר: **לשבטיך** - מוסב על תתן לך. שופטים ושוטרים תתן לך לשבטיך בכל שעריך אשר ה' אלהיך נותן לך: **לשבטיך** - מלמד שמושיבין דיינין לכל שבט ושבט ובכל עיר ועיר: **ושפטו את העם וגו'** - מנה דיינין מומחים וצדיקים לשפוט צדק:

<u>רמב"ם הלכות סנהדרין פרק א הלכה ב</u>

אין אנו חייבין להעמיד בתי דינים בכל פלך ופלך ובכל עיר ועיר אלא בארץ ישראל בלבד, אבל בחוצה לארץ אינן חייבין להעמיד בית דין בכל פלך ופלך שנאמר תתן לך בכל שעריך אשר ה' אלהיך נותן לך לשבטיך.

<u>חידושי הר"ן מסכת סנהדרין דף כג.</u>

וא"ת ולמה צריך ברירה כלל והא אוכחנא בפ"ק ששלשה הדיוטות כופין אע"ג דלא קבלום עליהם בעלי דינין ואצ"ל אם היו שלשה מומחין דאפילו ביחיד מומחה אמרינן בירושלמי מומחה שכפה ודן דינו דין.

י"ל דהא כתבינן לעיל דכי כייפי' שלשה הדיוטות אי יחיד מומחה היינו דוקא כשהנתבע מסרב על עיקר הדין ואומר שלא יעשה עמו דין אבל אם טעון שיעשה עמו דין אלא שאינו רוצה שיהא פלוני דיין אלא פלוני צייתינן ליה בהא. ומ"ה תנינא במתני' זבל"א וזבל"א.

והאי דינא דברירה ל"ש בהודאות והלואות ל"ש בגזלות וחבלות ואף ע"ג דלפום האי אוקמתא דמוקמינן לה בערכאות שבסוריא דוקא בהודאות והלואות דבגזלות וחבלות לא מתכשרי מ"מ ההיא אוקמתא לא סלקא דהא איכא אוקמתא דמוקמינן למתניתין אפילו במומחין:

<u>חידושי הר"ן מסכת סנהדרין דף כג.</u>

וכ"ת מאי שנא דעבדי הכי כיון דר"מ כפי הסכמת שניהם ברירת השלישי שהוא העיקר כך היה אפשר שיבורר לו האחד כל השלשה ויודה לו השני ברירתו דבשלמא לרבנן נראה דזה בורר את שלו וזה בורר את שלו נסתלקה המחלוקת בין הבעלי דינין שהדיינין עצמן יבררו הג' אלא לר"מ מ"ש דעבדי הכי. ומתרץ מתוך שזה בורר לו דיין אחד וזה בורר דיין אחד יוצא הדין לאמתו. פירוש שאם האחד יברור כל השלשה דיינין אע"פ שיסכים חבירו אח"כ אפשר שיהיה דעת הדיינ' נוטה אחריו בשביל שכבדם שבירם לדינו. או אפשר שחבירו בעל דינו אע"פ שהסכים אח"כ בברירתם היה מפני הבושת שלא רצה לפסלם אבל מ"מ יחשוב בעצמו שזה שבירם יהיה לו קצת הטייה שיהפכו בזכותו יותר מבזכותו לפיכך מחלקין הכבוד הזה ביניהם שמתוך שזה יברור אחד וזה אחד יהיה הדין שקול שאם יהיה דעת האחד נוטה אחר התובע יהיה דעת הדיין האחר נוטה אחר הנתבע ויצא הדין לאמתו בלא הטייה אבל אין לומר שיהיה הדיין האחר שבירר לו מהפך בזכותו יותר מזכות חבירו לפי ששניהם צריכין לעמוד ביושר לשניהם או אפשר לומר שהדברים כמשמעם שזה שבירר התובע יהפך כל זכותו בכל כמה שאפשר וזה שבירר הנתבע יהפך כל זכות שיכול לנתבע וילחמו ביניהם וכל אחד ואחד יודה לחבירו האמת כי חלילה להם לכסות זכות חבירו אם נראה אמת לפי דעתו ואחר זה הויכוח

האמיתי שכל אחד יודה האמת לחבירו יצא הדין לאמיתו ושאם האחד יתקע עצמו בסברתו יבא השלישי ויכריע ביניהם:

<u>רמב"ן דברים פרק טז פסוק יח</u>

צוה בתורה, עד האלהים יבא דבר שניהם (שמות כב ח), ונתן בפלילים (שם כא כב), אם כן מצוה שיהיו לישראל פלילים. וביאר בכאן שישימו השופטים בכל עריהם כאשר יתן להם השם את הארץ, כי בחוצה לארץ אינם חייבים למנות להם ב"ד, אבל כאשר יצעק המעוות יעמדו עליו הראויים לשפוט ובמשפטיהם ישפטוהו, או יעלה לארץ בזמנה ושם ישפטוהו במקום המשפט. והוסיף בכאן שוטרים, והם שיהיו נוגשים בדבר המשפט. ולפי זה אין ישראל שבחוצה לארץ מצווים למנות להם דיינין בעיירות, וכן כתב הרב ר' משה (הל' סנהדרין פ"א ה"ב):

אבל במסכת מכות (ז.) שנו, והיו אלה לכם לחוקת משפט לדורותיכם בכל מושבותיכם, מלמד שסנהדרין נוהגת בארץ ובחוצה לארץ, אם כן למה נאמר שופטים ושוטרים תתן לך בכל שעריך, אלא בארץ אתה מושיב בכל פלך ופלך ובכל עיר ועיר, בחוצה לארץ אתה מושיב בכל פלך ופלך ואי אתה מושיב בכל עיר ועיר. ונראה מזה שחייבין למנות סנהדרין בחוצה לארץ, ולא בכל עיר ועיר כארץ ישראל אלא פלכים פלכים, אם כן המצוה הזאת נוהגת בכל זמן בדיני ממונות ובדברים הנדונין בחוצה לארץ. אבל בזמן הזה לאחר שבטלה הסמיכה, כיון שכל המשפטים בטלים מן התורה, דכתיב לפניהם ולא לפני הדיוטות, ואנן הדיוטות אנן, ואין דיינין בחוצה לארץ אלא תקנה דשליחותיהו עבדינן (גיטין פח:), אין אנו חייבים במצות מינוי שופטים מן התורה כלל:

<u>מסכת מכות דף ז.</u>

סנהדרין נוהגת כו' מנא ה"מ דתנו רבנן (במדבר ל"ה) והיו אלה לכם לחוקת משפט לדורותיכם למדנו לסנהדרין שנוהגת בארץ ובחוצה לארץ א"כ מה תלמוד לומר (דברים י"ז) בשעריך בשעריך אתה מושיב בתי דינים בכל פלך ופלך ובכל עיר ועיר ובחו"ל אתה מושיב בכל פלך ופלך ואי אתה מושיב בכל עיר ועיר

<u>ערוך לנר מסכת מכות דף ז.</u>

ועיין ברמב"ם הל' סנהדרין (פ"א ה"ב) דנראה שדעתו דאין סנהדרין נוהג בח"ל כלל, וע"ש בלחם משנה שכתב דכן הבין הרמב"ן דעתו, והוא הניח בצ"ע. אכן גם בספר החינוך ראיתי שס"ל כן ומפרש דמה דאמרינן סנהדרין נוהג בארץ ובח"ל היינו שאם נסמכו בארץ יכולים לדון גם בח"ל, ע"ש:

<u>רמב"ן דברים פרק טז פסוק יח</u>

וטעם לשבטיך - מוסב על תתן לך, מלמד שמושיבים ב"ד בכל שבט ושבט ובכל עיר ועיר, לשון רש"י, וכן במסכת סנהדרין (טז:). ולא ידעתי פירוש דבר זה, כי כיון שמנינו ב"ד בכל עיר ועיר הרי בתי דינין רבים בכל שבט ושבט. אולי בא לומר, שאם היתה עיר אחת לשני שבטים כירושלים שיש בה חלק ליהודה ובנימין שיושיב בה שני בתי דינים, וכך העלו בפרק חלק (שם קיא:) שחולקים עיר אחת לשני שבטים, וכן ירושלים היתה ליהודה ובנימין:

ויתכן לפרש, שחייב הכתוב למנות ב"ד על כל השבט והוא ישפוט את כולם, ואחרי כן נמנה ב"ד בכל עיר ועיר שישפוט את העיר, ואע"פ שכולם שוים במנין שהם כ"ג בדיני נפשות וג' בדיני ממונות, אבל הגדולים שבהם

בחכמה יתמנו על כל השבט ותחתיהם לכל עיר ועיר. ואין בעלי הדין יכולין לכוף זה את זה לדון אלא בפני ב"ד שבעירם לא בפני ב"ד שבעיר אחרת, ואפילו היו שני בעלי הדין בעיר אחרת יכול לומר נלך לפני ב"ד שבעירנו. אבל ב"ד השבט יכול לכוף כל אנשי שבטו לדון לפניו, ואפילו היו הנדונים בעירם יכול לומר לב"ד הגדול של שבט אזילנא. וכן אם נסתפקו בתי דינין של עיירות, יבאו לפני ב"ד הגדול של שבט וישאלו. כדרך שסנהדרי גדולה ממונה על כל בתי דינין של כל ישראל, כך יהא ב"ד אחד ממונה על כל שבט ושבט, ואם הוצרכו לתקן ולגזור דבר על שבט שלהם גוזרין ומתקנין והיא לשבט כגזרת סנהדרי גדולה על כל ישראל. וזה הב"ד הוא המוזכר במסכת הוריות (ה.), ששנינו בו הורו בית דין של אחד מן השבטים ועשה אותו השבט על פיהם אותו השבט חייב ושאר השבטים פטורים וכו'. ועל דרך הפשט שיעור הכתוב, שופטים ושוטרים תתן לך לשבטיך בכל שעריך, יאמר שיתנו שופטים לשבטיהם והם ישפטו בכל שעריהם, ושופט השבט ישפוט בכל שעריו:

<u>שמות פרק כא פסוק א</u>

וְאֵלֶּה הַמִּשְׁפָּטִים אֲשֶׁר תָּשִׂים לִפְנֵיהֶם:

<u>רש"י שם</u>

לפניהם - ולא לפני גוים, ואפילו ידעת בדין אחד שהם דנין אותו כדיני ישראל, אל תביאהו בערכאות שלהם, שהמביא דיני ישראל לפני גוים מחלל את השם ומיקר שם עבודה זרה להחשיבה, שנאמר (דברים לב לא) כי לא כצורנו צורם ואויבינו פלילים, כשאויבינו פלילים זהו עדות לעלוי יראתם:

<u>גיטין דף פח:</u>

אביי אשכחיה לרב יוסף דיתיב וקא מעשה אגיטי א"ל והא אנן הדיוטות אנן ותניא היה ר"ט אומר כל מקום שאתה מוצא אגוריאות של עובדי כוכבים אע"פ שדיניהם כדיני ישראל אי אתה רשאי להיזקק להם שנאמר (שמות כ"א) ואלה המשפטים אשר תשים לפניהם לפניהם ולא לפני עובדי כוכבים דבר אחר לפניהם ולא לפני הדיוטות א"ל אנן שליחותייהו קא עבדינן מידי דהוה אהודאות והלוואות אי הכי גזילות וחבלות נמי כי עבדינן שליחותייהו במילתא דשכיחא במילתא דלא שכיחא לא עבדינן שליחותייהו

<u>ספר החינוך מצוה תצא</u>

שורש המצוה נגלה הוא, שעם הדבר הזה נעמיד דתנו בהיות אימת אלופינו ושופטינו על פני ההמון, ומתוך הרגלם בטוב וביושר מחמת יראה ילמדו העם טבעם לעשות משפט וצדק מאהבה בהכרתם דרך האמת, וכענין שיאמרו החכמים שרוב ההרגל הוא מה שאחר הטבע, כלומר, כי כמו שהטבע יכריח האדם למה שהוא מבקש, כן ההרגל הגדול חוזר בו כעין טבע קיים ויכריחנו ללכת בדרך ההרגל לעולם, ובלכת העם בדרכי היושר והאמונה ובוחרים בטוב תדבק בהם הטוב וישמח ה' במעשיו.

<u>שולחן ערוך חושן משפט סימן כו סעיף א</u>

אסור לדון בפני דייני עובדי כוכבים ובערכאות שלהם (פי' מושב קבוע לשריהם לדון בו), אפילו בדין שדנים בדיני ישראל, ואפילו נתרצו ב' בעלי דינים לדון בפניהם, אסור. וכל הבא לידון בפניהם, הרי זה רשע, וכאילו חרף וגדף והרים יד בתורת מרע"ה. הגה: ויש ביד בית דין לנדותו ולהחרימו עד שיסלק יד העובדי כוכבים מעל חבירו (מהרי"ק שורש קנ"ד). וכן

היו מחרימין המחזיק ביד ההולך לפני עובדי כוכבים (ריב"ש סי' ק"ב). ואפילו אינו דן לפני עובדי כוכבים, רק שכופהו על ידי עובדי כוכבים שיעמוד עמו לדין ישראל, ראוי למתחו על העמוד (מרדכי פ' הגוזל קמא). וע"ל סימן שפ"ח. מי שהלך בערכאות של עובדי כוכבים ונתחייב בדיניהם, ואחר כך חזר ותבעו לפני דייני ישראל, יש אומרים שאין נזקקין לו (מהרי"ק שורש קפ"ח /קפ"ז/); ויש אומרים דנזקקין לו (מרדכי בפ' הגוזל בתרא), אם לא שגרם הפסד לבעל דינו לפני עובדי כוכבים (מהר"מ מירזברק). והסברא ראשונה נראה לי עיקר.

<u>רמב"ם הלכות סנהדרין פרק כו הלכה ז</u>

כל הדן בדייני עכו"ם ובערכאות שלהן אע"פ שהיו דיניהם כדיני ישראל הרי זה רשע וכאילו חרף וגדף והרים יד בתורת משה רבינו שנאמר ואלה המשפטים אשר תשים לפניהם לפניהם ולא לפני עכו"ם לפניהם ולא לפני הדיוטות, היתה יד העכו"ם תקיפה ובעל דינו אלם ואינו יכול להוציא ממנו בדייני ישראל יתבענו לדייני ישראל תחלה, אם לא רצה לבא נוטל רשות מבית דין ומציל בדיני עכו"ם מיד בעל דינו. סליקו להו הלכות סנהדרין בס"ד.

<u>שו"ת תשב"ץ חלק ד טור ג (חוט המשולש) סימן ו</u>

וששאלת בענין דיני הערכאות מה הוא האסור והמותר בזה ואם כבר דנו אם חייב להחזיר לחבירו מה שקיבל ואם קבלו על זה קנין אם יש בו ממשות עכ"ל.

תשובה גודל איסור המביא דין ישראל לפני עש"ג הוא ידוע לכל ונזכר בכמה מקומות וגם רש"י ז"ל מביאו בפירושו על פסוק ואלה המשפטים ואותו לשון עצמו הוא במדרש ילמדנו פרשת משפטים. ומה שכתב ומייקר שם האלילים הוא כולל דת אומה זו אע"פ שאינם עע"א הרי הם מכחישים משפטי תורתנו והמביא דין לפניהם ח"ו עושה עלוי לדתם על תורתנו וכן כתב א"ז הרשב"ץ ז"ל. ואיסור זה דאורייתא הוא...

<u>שו"ת יחוה דעת חלק ד סימן סה</u>

...ודע כי אף על פי שהסמכות החוקית כיום מטעם הממשלה לדון בדיני ממונות ונחלות היא לבתי המשפט החילוניים, והשופטים שם יהודים הם, עם כל זה ברור כי לפי דין תורתינו הקדושה התובע את חבירו בבתי המשפט שלהם גדול עונו מנשוא, והוא בכלל מה שפסקו הרמב"ם (בפרק כ"ו מהלכות סנהדרין הלכה ז'), והטור והשלחן ערוך חשן משפט (סימן כ"ו סעיף א'): שכל הדן בערכאות שלהם הרי זה רשע וכאילו חירף וגידף והרים יד בתורת משה רבינו. כי מלבד שהשופטים אינם יודעים כלל בדיני התורה לשפוט בין איש לרעהו על פי החשן משפט והפוסקים, וכבר אמרו חז"ל (גיטין פ"ח ע"ב): לפניהם, ולא לפני עכו"ם, ולא לפני הדיוטות, ועוד שהדבר ידוע ומפורסם שהם דנים על פי חוקות העכו"ם, וגם מכשירים לעדות עד אחד וקרוב ואשה ופסול, ורבים מהם בעצמם פסולים לדון לפי ההלכה. ולא אכחד כי שמעתי דיבת רבים התועים מדרך השכל המתחכמים לומר שמכיון שכעת השופטים יהודים, והממשלה העניקה להם סמכות לדון ולשפוט בדיני ממונות וירושות, דינא דמלכותא דינא, וחושבים שהותרה הרצועה להתדיין בפניהם. אולם הבל יפצה פיהם. ולו חכמו ישכילו זאת, שאדרבה היא הנותנת לחומרת הדבר, שהואיל והשופטים יהודים הם ומושבעים מהר סיני לשפוט על פי התורה (אם בכלל ראויים הם לדון ולשפוט), ואילו הם עזבו מקור מים חיים, התלמוד והפוסקים, לחצוב להם בורות נשברים אשר לא יכילו המים, ודנים על פי חוקות הגוים ושופטיהם וספרי החוקים שלהם, הרי המכשלה גדולה שבעתיים מאשר להתדיין בפני שופטים גוים אשר לא נצטוו מעולם לדון על פי התורה שלנו, שאף על פי שבני נח נצטוו על הדינים, (וראה בדברי הרמב"ם סוף פרק ט' מהלכות מלכים, ובדברי הרמב"ן פרשת וישלח בענין שכם), מכל מקום יכולים לדון לפי שכל אנושי ולפי ראות עיניהם, ואינם חייבים לדון בדיני התורה

לפרטיהם, וכמו שמוכח מדברי הרמב"ם (הלכות נחלות פרק ו' הלכה ט'). וכן העלה הגאון הנצי"ב בספר העמק שאלה (סימן ב' אות ג'). ע"ש. וראה עוד בשו"ת חלקת יואב (מהדורא תנינא סוף סימן י"ד). ואף על פי כן איסור חמור ביותר לישראל לדון אצלם, קל וחומר לשופטים יהודים כאלה, שהם מוזהרים ומושבעים מהר סיני לדון רק על פי התורה, והם פנו עורף אליה, ותחת לשפוט על פי חוקי התורה, אשר יעשה אותם האדם וחי בהם, דנים הם על פי חוקי העותומני והמנדטורי, בבחינת ושפחה כי תירש גבירתה, וילכו אחרי ההבל ויהבלו, ועל ידי כך מייקרים ומחשיבים את משפטי הגוים עובדי אלילים, ונותנים כבוד ועילוי לאליליהם, וכמו שפירש רש"י (ריש פרשת משפטים), על אחת כמה וכמה שהדבר אסור בהחלט, והמתדיינים בפניהם עוברים גם על לפני עור לא תתן מכשול. ולכן עורך דין ירא שמים שנדרש לייצג בבית המשפט אדם שתובע ממון מחבירו, לפי ההלכה חייב להימנע מכך, שהרי הוא מסייע בידי עוברי עבירה, ואינו יכול לבוא בטענה שהוא רק עושה בשליחות התובע, והקולר תלוי בצווארו, זה אינו, כי דברי הרב ודברי התלמיד דברי מי שומעין, ואין שליח לדבר עבירה. (ועיין בחשן משפט סימן ל"ב סעיף ב' ובשפתי כהן ובאחרונים שם). אבל לייצג נתבע שנאנס לבוא לבית המשפט מצד שהתובע סרב להתדיין בדין תורה, וכופה את הנתבע להתדיין בבית המשפט, מותר לעורך דין לייצגו להציל עשוק מיד עושקו. ואם נדרש להופיע בערכאות לקבלת צו ירושה, חייב להימנע, ויפנה אותם לבית הדין הרבני לקבלת הצו.

וכן בקודש חזיתיה להגאון אביר הרועים מהרצ"פ פראנק זצ"ל, בתשובה שהשיב לעורך דין דתי אחד, אשר השתומם לשמוע שרבה של ירושלים דן את בתי המשפט החילוניים במדינת ישראל לערכאות, וכתב בין השאר: שכאשר נתבונן בטעם האיסור לדון בערכאות של גוים, שהוא מפני שהדן בפניהם הוא מייקר שם אליליהם להחשיבם, שנאמר ואויבינו פלילים, שכשאויבינו פלילים זהו עדות לעילוי יראתם, כמו שפירש רש"י בפרשת משפטים. ולפיכך הדן בפניהם הרי זה רשע וכאילו חירף וגידף והרים יד בתורת משה, כדברי הרמב"ם והשלחן ערוך, ואם כן מטעם זה עצמו גם יהודי ששופט על פי חוקותיהם, בודאי שהוא גרוע יותר מגוי, שהגוי לא נצטווה לשפוט דוקא על פי דת ישראל, אבל יהודי זה שמצווה לדון על פי התורה, והוא מתנכר אליה ודן על פי המג'לה של העותומנים ושאר חוקי אומות העולם, שעליהם נאמר יוצר עמל עלי חוק, יגודו על נפש צדיק ודם נקי ירשיעו, הרי הוא רשע ומרים יד בתורת משה, וכדברי הרשב"א הרי הוא הורס חומות הדת ועוקר ממנה שורש וענף והתורה מידו תבקש, והוא הדין למי שהולך להתדיין בפניו. וצר לנו מאוד שחוקים אלה אימצה הממשלה וכן הכנסת, לדון בהם במדינת ישראל, ואין לך עלבון לתורה ולנושאי דגלה יותר מזה, אוי להם לבריות מעלבונה של תורה, מהרה יבוא האדון אל ביתו וישיב שופטינו כבראשונה ויועצינו כבתחלה. (התשובה הנ"ל נדפסה במילואה בחוברת בשעריך ירושלים, חודש שבט תש"ל. וכן בשו"ת ציץ אליעזר חלק י"ב סימן פ"ב, ובקובץ משואה לדור עמוד קי"ד). גם הגאון מופת הדור החזון איש זצ"ל (סנהדרין סימן ט"ו אות ד') כתב: שהדבר ברור שאין שום נפקא מינה בין הדן בפני עכו"ם, לבין הבא לדון אצל שופט יהודי הדן על פי חוקים זרים שבדו אומות העולם, ואדרבה הדבר יותר מגונה ששופטים יהודים המירו את משפטי ה' ותורתו הקדושה למשפטי ההבל של הגוים, ואפילו אם יסכימו כל בני העיר על זה, אין שום ממש בהסכמתם, (עיין רמב"ן ריש פרשת משפטים), ומשפטם חמס עושק וגזל, ומרימים יד בתורת משה. (וכן הובא בספר אז נדברו חלק ג' עמוד ק"ס. וע"ש). והגאון רבי יצחק אייזיק הלוי הרצוג זצ"ל, מרא דארעא דישראל, כתב (במאמר שהובא בספר התורה והמדינה כרך ז' עמודים ט' - י'), שכעת כאשר עם ישראל שוכן בארצו, ולדאבון לבנו הוא דן על פי חוקים זרים, הדבר חמור אלף פעמים יותר מיחיד או קהלה בישראל שהולכים לדון בערכאות של גוים, כי המבלי אין אלקים בישראל וכו' ח"ו. ומוכח מדברי הרשב"ץ (חלק ב' סימן ר"צ), שגם הדנים בערכאות

של מוסלמים שאינם עובדי עבודה זרה, הרי הם בכלל מה שאמרו לפניהם ולא לפני עכו"ם, שכיון שאינם מכירים בחוקי התורה, וטוענים שכבר פקע תוקף דת משה, ולכן דנים הם על פי משפטי נביאי השקר שלהם, ההולך לדון בפניהם הרי הוא כבועט בתורת אלקים חיים כפי שקבלנו מדורו דורות עד משה רבינו, ותוצאות מצב מחפיר ומביש זה מי ישורן וכו'. עכת"ד. וכן האריך בזה הגאון רבי יחזקאל סרנא באגרת שנדפסה בקובץ אחר תאסף (עמוד תש"ה). ע"ש. וכבר אמרו חז"ל (שבת קל"ט ע"א) כל פורענות הבאה על ישראל צא ובדוק בשופטי ישראל וכו'. ע"ש. ואנו רואים לצערינו כמה קשה המצב הבטחוני והכלכלי כיום, שאין לך יום שאין קללתו מרובה מחבירו. עד יערה עלינו רוח ממרום, ומלאה הארץ דעה את ה'.

בסיכום: לפי ההלכה על פי תורתינו הקדושה אשר היא חיינו ואורך ימינו, ודבריה נר לרגלינו ואור לנתיבותינו, אסור בהחלט לדון בדיני ירושות ונחלות וכן בדיני ממונות אלא על פי התורה שהיא נצחית ולא תשתנה בשום זמן ח"ו, שנאמר והנגלות לנו ולבנינו עד עולם לעשות את כל דברי התורה הזאת. (וכמו שכתב הרמב"ם בהלכות יסודי התורה פרק ז' הלכה ז'). ולכן איסור חמור הוא להתדיין בכל הדינים האלה בפני ערכאות ששופטים לפי חוקות הגוים, אשר עליהם נאמר ומשפטים בל ידעום. ואין כל הבדל בזה בין כששופטים גוים, לבין כשהשופטים יהודים הדנים על פי חוקות הגוים, שלא כדין התורה. ואם הבנים רוצים לוותר מחלקם לטובת הבנות כדי שיטלו עמהם בירושה, יגשו אל בית הדין הרבני אשר בשער מקומם, ויקנו מידם בקנין גמור ושלם, או באגב, (כגון מטבע שאינו נקנה בחליפין), באופן המועיל על פי דין תורה. וגם כל העם הזה על מקומו יבוא בשלום.

<u>תוספות מסכת סנהדרין דף ב.</u>

דיני ממונות בשלשה - אחר ששנה דינים בתלתא בבי משמיענו בכמה דנין אותם הא דלא תנא כופר ושלשים של עבד כדתנן שאר קנסות י"מ משום דשור מיתתו בכ"ג ובזמן שהשור בסקילה בעלים משלמין כופר ושלשים של עבד (ב"ק דף מג.) ודלא כר"א דמחייב ע"פ עד אחד וע"פ הבעלים בפרק ארבעה וחמשה (שם מא:) ואין נראה דהא איכא אמוראי התם דסברי דאפי' ר' עקיבא דריש אם כופר לרבות שלא בכוונה ונראה לר"ת דכופר ול' של עבד הוי בכלל חבלות אי נמי תנא ושייר הני ושייר נמי יציאת עבד בראשי אברים דקנסא הוא ובעי נמי ג' מומחין וללישנא קמא לא חשיב הא שייר דאיכ' למימר דפשיטא ליה דהוי מכלל חבלות אי נמי התנא לא איירי אלא בממון הניתן מיד ליד.

<u>מסכת סנהדרין דף ג:</u>

שלשה מנלן דתנו רבנן (שמות כב) ונקרב בעל הבית אל האלהים הרי כאן אחד (שמות כב) עד האלהים יבא דבר שניהם הרי כאן שנים (שמות כב) אשר ירשיען אלהים הרי כאן שלשה דברי רבי יאשיה רבי יונתן אומר ראשון תחילה נאמר ואין דורשין תחילות אלא עד האלהים יבא דבר שניהם הרי כאן אחד אשר ירשיען אלהים הרי כאן שנים ואין בית דין שקול מוסיפין עליהן עוד אחד הרי כאן שלשה נימא בדורשין תחילות קמיפלגי דמר סבר דורשין תחילות ומר סבר אין דורשין תחילות לא דכולי עלמא אין דורשין תחילות אמר לך רבי יאשיה אם כן נימא קרא ונקרב בעל הבית אל השופט מאי אל האלהים שמע מינה למניינא ורבי יונתן לישנא דעלמא נקט כדאמרי אינשי מאן דאית ליה דינא ליקרב לגבי דיינא ורבי יאשיה לית ליה בית דין נוטה והתניא רבי אליעזר בנו של רבי יוסי הגלילי אומר מה תלמוד לומר (שמות כג) לנטת אחרי רבים להטת התורה אמרה עשה לך בית דין נוטה סבר לה כרבי יהודה דאמר שבעים דתנן סנהדרי גדולה היתה של שבעים ואחד רבי יהודה אומר

שבעים אימר דשמעת ליה לרבי יהודה בסנהדרי גדולה דכתיבי קראי בשאר בי דינא מי שמעת ליה וכי תימא לא שנא והתנן סמיכת זקנים ועריפת עגלה בשלשה דברי רבי שמעון רבי יהודה אומר בחמשה ואמרינן מאי טעמא דרבי יהודה (ויקרא ד) וסמכו שנים זקני שנים ואין בית דין שקול מוסיפין עליהן עוד אחד הרי כאן חמשה דרבי יאשיה עדיפא מדרבי יהודה דאילו רבי יהודה בסנהדרי גדולה הוא דלית ליה הא בשאר בי דינא אית ליה ורבי יאשיה בשאר בי דינא נמי לית ליה ואלא האי לנטת מאי עביד ליה מוקים לה בדיני נפשות אבל בדיני ממונות לא אלא הא דתנן שנים אומרים זכאי ואחד אומר חייב זכאי שנים אומרים חייב ואחד אומר זכאי חייב נימא דלא כרבי יאשיה אפילו תימא רבי יאשיה מייתי לה בקל וחומר מדיני נפשות ומה דיני נפשות דחמירי אמר רחמנא זיל בתר רובא דיני ממונות לא כל שכן

<u>שמות פרק כב פסוקים ז-ח</u>

(ז) אִם לֹא יִמָּצֵא הַגַּנָּב וְנִקְרַב בַּעַל הַבַּיִת אֶל הָאֱלֹהִים אִם לֹא שָׁלַח יָדוֹ בִּמְלֶאכֶת רֵעֵהוּ: (ח) עַל כָּל דְּבַר פֶּשַׁע עַל שׁוֹר עַל חֲמוֹר עַל שֶׂה עַל שַׂלְמָה עַל כָּל אֲבֵדָה אֲשֶׁר יֹאמַר כִּי הוּא זֶה עַד הָאֱלֹהִים יָבֹא דְּבַר שְׁנֵיהֶם אֲשֶׁר יַרְשִׁיעֻן אֱלֹהִים יְשַׁלֵּם שְׁנַיִם לְרֵעֵהוּ:

<u>שמות פרק כג פסוק ב</u>

לֹא תִהְיֶה אַחֲרֵי רַבִּים לְרָעֹת וְלֹא תַעֲנֶה עַל רִב לִנְטֹת אַחֲרֵי רַבִּים לְהַטֹּת:

<u>אבן עזרא (הפירוש הארוך) שמות כב:ו</u>

והגישו. מלת אלהים, כמו מקימי משפט אלהים בארץ. עם השופט:

<u>אבן עזרא - הפירוש הקצר</u>

ונקראו אלהים כי הם פקידי אלהים בארץ.

<u>שמות פרק יח פסוק יג</u>

וַיְהִי מִמָּחֳרָת וַיֵּשֶׁב מֹשֶׁה לִשְׁפֹּט אֶת הָעָם וַיַּעֲמֹד הָעָם עַל מֹשֶׁה מִן הַבֹּקֶר עַד הָעָרֶב:

<u>רש"י</u>

מן הבקר עד הערב - אפשר לומר כן, אלא כל דיין שדן דין אמת לאמיתו אפילו שעה אחת, מעלה עליו הכתוב כאילו עוסק בתורה כל היום, וכאלו נעשה שותף להקב"ה במעשה בראשית, שנאמר בו (בראשית א ה) ויהי ערב ויהי בקר יום אחד:

<u>פרקי אבות פרק א</u>

משנה א': משה קבל תורה מסיני ומסרה ליהושע ויהושע לזקנים וזקנים לנביאים ונביאים מסרוה לאנשי כנסת הגדולה הם אמרו שלשה דברים הוו מתונים בדין והעמידו תלמידים הרבה ועשו סייג לתורה:

משנה ב: שמעון הצדיק היה משירי כנסת הגדולה הוא היה אומר על שלשה דברים העולם עומד על התורה ועל העבודה ועל גמילות חסדים:

משנה יח: רבן שמעון בן גמליאל אומר על שלשה דברים העולם עומד על הדין ועל האמת ועל השלום שנאמר (זכריה ח) אמת ומשפט שלום שפטו בשעריכם:

<u>רמב"ן שמות פרק כא פסוק ו</u>

ולדעתי יאמר הכתוב "והגישו אדניו אל האלהים", "עד האלהים יבא דבר שניהם" (להלן כב:ח), לרמוז כי האלהים יהיה עמהם בדבר המשפט, הוא יצדיק והוא ירשיע. וזהו שאמר (שם) "אשר ירשיעון אלהים", וכך אמר משה "כי המשפט לאלהים הוא" (דברים א:יז). וכך אמר יהושפט "כי לא לאדם תשפטו כי לה' ועמכם בדבר משפט" (דהי"ב יט:ו). וכן אמר הכתוב "אלהים נצב בעדת אל בקרב אלהים ישפוט" (תהלים פב:א), כלומר בקרב עדת אלהים ישפוט, כי האלהים הוא השופט. וכן אמר "ועמדו שני האנשים אשר להם הריב לפני ה'" (דברים יט:יז). וזה טעם "כי לא אצדיק רשע" (להלן כג:ז) על הפירוש הנכון. ובאלה שמות רבה (ל:כד) ראיתי אלא בשעה שהדיין יושב ודן באמת, כביכול מניח הקב"ה שמי השמים ומשרה שכינתו בצדו, שנאמר (שופטים ב:יח) "כי הקים ה' להם שופטים והיה ה' עם השופט:"

<u>מסכת ברכות דף ו.</u>

אמר רבין בר רב אדא אמר רבי יצחק: מנין שהקדוש ברוך הוא מצוי בבית הכנסת שנאמר: (תהלים פ"ב) אלהים נצב בעדת אל; ומנין לעשרה שמתפללין ששכינה עמהם - שנאמר: אלהים נצב בעדת אל; ומנין לשלשה שיושבין בדין ששכינה עמהם - שנאמר: (תהלים פ"ב) בקרב אלהים ישפוט; ומנין לשנים שיושבין ועוסקין בתורה ששכינה עמהם - שנאמר: (מלאכי ג') אז נדברו יראי ה' איש אל רעהו ויקשב ה' וגו'. מאי (מלאכי ג') ולחושבי שמו? אמר רב אשי: חשב אדם לעשות מצוה ונאנס ולא עשאה - מעלה עליו הכתוב כאילו עשאה. ומנין שאפילו אחד שיושב ועוסק בתורה ששכינה עמו - שנאמר: (שמות כ') בכל המקום אשר אזכיר את שמי אבוא אליך וברכתיך. וכי מאחר דאפילו חד - תרי מבעיא? - תרי מכתבן מלייהו בספר הזכרונות, חד לא מכתבן מליה בספר הזכרונות. וכי מאחר דאפילו תרי - תלתא מבעיא? מהו דתימא: דינא שלמא בעלמא הוא, ולא אתיא שכינה - קמשמע לן דדינא נמי היינו תורה. וכי מאחר דאפילו תלתא - עשרה מבעיא? - עשרה קדמה שכינה ואתיא, תלתא - עד דיתבי.

<u>טור חושן משפט סימן א</u>

הלכות דיינים: רבן שמעון בן גמליאל אומר על ג' דברים העולם קיים על הדין ועל האמת ועל השלום פי' ה"ר יונה ז"ל אין פירושו שבשביל ג' דברים אלו נברא העולם שהרי בתחילת הפרק אומר על ג' דברים העולם עומד ואינם אלו שזוכר כאן אלא מתחלה אמר שבשביל ג' דברים נברא העולם ואלו הן התורה והעבודה וגמילות חסדים תורה דכתיב ה' קנני ראשית דרכו אמרה תורה אני נבראתי לפני כל הנבראים ובעבורי נבראו כל הנבראים וכן בשביל העבודה שבחר הקב"ה בישראל מכל האומות ובחר בבית המקדש מבכל המקומות שיעבדוהו בו ובשבילו נברא העולם וכן גמילות חסדים שהיא מדת חסד שגורמת להיות לרצון לפני הש"י וכאן אמר העולם קיים פירוש אחר שנברא מתקיים על ידי אלו שעל ידי הדיינין שדנין בין איש לחבירו העולם קיים כי אלמלא הדין כל דאלים גבר וכן האמת כמו שאמרו [עי' שבת קד א] שקר אין לו רגלים אבל האמת הוא יסוד ומעמד גדול לכל הדברים וכן השלום כמו שאמרו [אבות פ"ג] הוי מתפלל בשלומה של מלכות שאלמלא מורא מלכות איש את רעהו חיים בלעו ע"כ: וזהו כוונת רבותינו ז"ל באמרם כל הדן דין אמת לאמתו כאילו נעשה

שותף להקב"ה במעשה בראשית כי הקב"ה ברא העולם להיות קיים והרשעים שגוזלין וחומסין מחריבין אותו במעשיהם וכמו שמצינו בדור המבול שלא נחתם גזר דינם אלא על הגזל דכתיב כי מלאה הארץ חמס וכתיב בתריה הנני משחיתם את הארץ נמצא שהדיין המשבר זרועות רמות הרשעים ולוקח מידם טרף ומחזירו לבעלים מקיים העולם וגורם להשלים רצון הבורא יתברך שמו שבראו להיות קיים והרי כאילו נעשה שותף להקב"ה בבריאה...

מסכת סנהדרין דף ה.-ה:

מאי רשותא כי הוה נחית רבה בר חנה לבבל אמר ליה רבי חייא לרבי בן אחי יורד לבבל יורה יורה ידין ידין יתיר בכורות יתיר כי הוה נחית רב לבבל אמר ליה רבי חייא לרבי בן אחותי יורד לבבל יורה יורה ידין ידין יתיר בכורות אל יתיר מאי שנא למר דקא קרי בן אחי ומאי שנא למר דקא קרי בן אחותי וכי תימא הכי הוה מעשה והאמר מר איבו וחנה ושילא ומרתא ורבי חייא כולהו בני אבא בר אחא כרסלא מכפרי הוו רב בר אחוה דהוה בר אחתיה רבה בר חנה בר אחוה דלאו בר אחתיה ואי בעית אימא **[עמוד ב]** על שם חכמתו דכתיב (משלי ז) אמר לחכמה אחתי את יתיר בכורות אל יתיר מאי טעמא אילימא משום דלא חכים הא קא אמרינן דחכים טובא אלא משום דלא בקיע במומי והאמר רב שמונה עשר חדשים גדלתי אצל רועה בהמה לידע איזה מום קבוע ואיזה מום עובר אלא לחלק לו כבוד לרבה בר חנה ואיבעית אימא משום הא גופיה דרב בקיע במומי טפי ושרי מומי דלא ידעי אינשי ואמרי כי האי גוונא שרא רב ואתו למשרי מום עובר יורה יורה אי גמיר רשותא למה לי למישקל משום מעשה שהיה דתניא פעם אחת הלך רבי למקום אחד וראה בני אדם שמגבלין עיסותיהם בטומאה אמר להם מפני מה אתם מגבלין עיסותיכם בטומאה אמרו לו תלמיד אחד בא לכאן והורה לנו מי בצעים אין מכשירין והוא מי ביצים דרש להו ואינהו סבור מי בצעים קאמר וטעו נמי בהא מי קרמיון ומי פיגה פסולין מפני שהן מי (בצעים) [מסורת הש"ס ביצים] ואינהו סבור מדלגבי חטאת פסילי אכשורי נמי לא מכשרי ולא היא התם לענין חטאת בעינן מים חיים הכא אכשורי כל דהו מכשרי תנא באותה שעה גזרו תלמיד אל יורה אלא אם כן נוטל רשות מרבו

מסכת סנהדרין דף יג:-יד.

תנא סמיכה וסמיכת זקנים בשלשה מאי סמיכה ומאי סמיכת זקנים אמר רבי יוחנן מיסמך סבי אמר ליה אביי לרב יוסף מיסמך סבי בשלשה מנלן אילימא מדכתיב (במדבר כ"ז) ויסמך את ידיו עליו אי הכי תסגי בחד וכי תימא משה במקום שבעים וחד קאי אי הכי ליבעי שבעים וחד קשיא אמר ליה רב אחא בריה דרבא לרב אשי בידא ממש סמכין ליה אמר ליה סמכין ליה בשמא קרי ליה רבי ויהבי ליה רשותא למידן דיני קנסות וחד לא סמיך והא אמר רב יהודה אמר רב ברם זכור אותו האיש לטוב ורבי יהודה בן בבא שמו שאילמלא הוא נשתכחו דיני קנסות מישראל נשתכחו נגרוסינהו אלא בטלו דיני קנסות מישראל שפעם אחת גזרה מלכות הרשעה שמד על ישראל שכל הסומך יהרג וכל הנסמך יהרג ועיר שסומכין בה תיחרב ותחומין שסומכין בהן יעקרו מה עשה יהודה בן בבא הלך וישב לו בין שני הרים גדולים ובין שתי עיירות גדולות ובין שני תחומי שבת בין אושא לשפרעם וסמך שם חמשה זקנים ואלו הן רבי מאיר ורבי יהודה ורבי שמעון ורבי יוסי ורבי אלעזר בן שמוע רב אויא מוסיף אף רבי נחמיה כיון שהכירו אויביהם בהן אמר להן בניי רוצו אמרו לו רבי מה תהא עליך אמר להן הריני מוטל לפניהם כאבן שאין לה הופכים אמרו לא זזו משם עד שנעצו בו שלש מאות לונביאות של ברזל ועשאוהו ככברה רבי יהודה בן בבא אחריני הוו בהדיה והאי דלא חשיב להו משום כבודו דרבי יהודה בן בבא

ורבי מאיר רבי יהודה בן בבא סמכיה והא אמר רבה בר בר חנה אמר רבי יוחנן כל האומר רבי מאיר לא סמכו רבי עקיבא אינו אלא טועה סמכיה רבי עקיבא ולא קיבלו סמכיה רבי יהודה בן בבא וקיבלו. אמר רבי יהושע בן לוי אין סמיכה בחוצה לארץ מאי אין סמיכה אילימא דלא דייני דיני קנסות כלל בחוצה לארץ והא תנן סנהדרין נוהגת בין בארץ ובין בחוצה לארץ אלא דלא סמכינן בחוצה לארץ פשיטא סומכין בחוצה לארץ ונסמכין בארץ הא אמרינן דלא אלא סומכין בארץ ונסמכין בחוצה לארץ מאי תא שמע דרבי יוחנן הוה מצטער עליה דרב שמן בר אבא דלא הוה גבייהו דליסמכיה רבי שמעון בן זירוד וחד דעימיה ומנו רבי יונתן בן עכמאי ואמרי לה רבי יונתן בן עכמאי וחד דעימיה ומנו רבי שמעון בן זירוד חד דהוה גבייהו סמכוהו וחד דלא הוה גבייהו לא סמכוהו רבי חנינא ורבי הושעיא הוה קא משתקיד רבי יוחנן למיסמכינהו לא הוה מסתייעא מילתא הוה קא מצטער טובא אמרו ליה לא נצטער מר דאנן מדבית עלי קאתינן דאמר רבי שמואל בר נחמן אמר רבי יונתן מניין שאין נסמכין לבית עלי שנאמר (שמואל א' ב') לא יהיה זקן בביתך כל הימים מאי זקן אילימא זקן ממש והכתיב (שמואל א' ב') כל מרבית ביתך ימותו אנשים אלא סמיכה רבי זירא הוה מיטמר למיסמכיה דאמר רבי אלעזר לעולם הוה קבל וקיים כיון דשמעה להא דאמר רבי אלעזר אין אדם עולה לגדולה אלא אם כן מוחלין לו על כל עונותיו אמצי ליה אנפשיה כי סמכוה לרבי זירא שרו ליה הכי לא כחל ולא שרק ולא פירכוס ויעלת חן כי סמכוה לרבי אמי ולרבי אסי שרו להו הכי כל מן דין כל מן דין סמוכו לנא לא תסמכו לנא לא מסרמיטין ולא מסרמיסין ואמרי לה לא מחמיסין ולא מטורמיסין רבי אבהו כי הוה אתי ממתיבתא לבי קיסר נפקי מטרוניתא דבי קיסר ומשריין ליה רבה דעמיה מדברנא דאומתיה בוצינא דנהורא בריך מתייך לשלם

רמב"ם הלכות סנהדרין פרק ד הלכה א

אחד בית דין הגדול ואחד סנהדרין קטנה או בית דין של שלשה צריך שיהיה אחד מהן סמוך מפי הסמוך, ומשה רבינו סמך יהושע ביד שנאמר ויסמוך את ידיו עליו ויצוהו, וכן השבעים זקנים משה רבינו סמכם ושרתה עליהן שכינה, ואותן הזקנים סמכו לאחרים ואחרים לאחרים ונמצאו הסמוכין איש מפי איש עד בית דינו של יהושע ועד בית דינו של משה רבינו, ואחד הנסמך מפי הנשיא או מפי אחד מן הסמוכין אפילו לא היה אותו סמוך בסנהדרין מעולם.

רמב"ם הלכות סנהדרין פרק ה הלכה ח

דיני קנסות כגון גזילות וחבלות ותשלומי כפל ותשלומי ארבעה וחמשה והאונס והמפתה וכיוצא בהן אין דנין אותם אלא שלשה מומחים והם הסמוכין בארץ ישראל, אבל שאר דיני ממונות כגון הודאות והלואות אינן צריכין מומחה אלא אפילו שלשה הדיוטות ואפילו אחד מומחה דן אותן, לפיכך דנין בהודאות והלואות וכיוצא בהן בחוצה לארץ, אע"פ שאין בית דין של חוצה לארץ אלהים שליחות בית דין של ארץ ישראל עושין, ואין להן רשות לדון דיני קנסות בשליחותן.

רמב"ם על משנה מסכת סנהדרין פרק א משנה ג

סמיכת זקנים, היא מינוי הדיינים, והרמז לכך אמרו ויסמוך את ידיו עליו ויצוהו. ואין אנו צריכין סמיכה ביד, אלא האדם הראוי להתמנות אומרין לו בית דין הממנים אותו אתה רבי פלוני הרי אתה סמוך ומותר לך לדון דיני קנסות. ונעשה אותו האדם סמוך ונקרא אלהים וידון בכל הדינים. ודבר זה לא יהא אלא בארץ ישראל בלבד, אמרו אין סמיכה בחוצה לארץ, אלא צריך שיהא המתמנה והממנים אותו בארץ ישראל יחד. וכשתהיה

לאדם סמיכה בארץ ישראל יש לו לדון דיני קנסות ואפילו בחוצה לארץ, לפי שכלל הוא אצלינו סנהדרין נוהגת בארץ ובחוצה לארץ כמו שיתבאר לקמן, אבל אם צריך שיהו השלשה סמוכין ואחר כך יהיה אפשר להם לסמוך אחר, הרי יש בדבר ספק והנראה מן התלמוד שצריך שיהא הגדול שבהם סמוך ויצרף אליו שנים וימנה את מי שירצה. ואני סבור שאם תהיה הסכמה מכל התלמידים והחכמים למנות איש בישיבה כלומר שיעשוהו ראש, ובתנאי שיהא זה בארץ ישראל כמו שהקדמנו, הרי אותו האיש תתקיים לו הישיבה ויהיה סמוך ויסמוך הוא אחר כך את מי שירצה. לפי שאם לא תאמר כן לא תהא אפשרית מציאות בית דין הגדול לעולם, לפי שצריך כל אחד מהם שיהא סמוך בלי ספק והרי כבר הבטיח ה׳ בשיבתם באמרו ואשיבה שופטיך כבראשונה, ושמא תאמר שהמשיח ימנה אותם ואף על פי שאינם סמוכין, הרי זה מוכחש, לפי שכבר ביארנו בהקדמת ספרינו זה שהמשיח לא יוסיף בתורה ולא יגרע ממנה לא בתורה שבכתב ולא בתורה שבעל פה. ואני סבור שהסנהדרין תשוב לפני התגלות המשיח וזה יהיה מסימניו אמר ואשיבה שופטיך כבראשונה ויועציך כבתחלה ואחרי כן יקרא לך עיר הצדק, וזה יהיה בלי ספק כאשר יכשיר ה׳ לבות בני אדם וירבו במעשה הטוב ותגדל תשוקתם לה׳ ולתורתו ויתרבה ישרם לפני בוא המשיח כמו שנתבאר בפסוקי המקרא.

<u>רדב״ז הלכות סנהדרין פרק ד הלכה יא</u>

נראין לי הדברים שאם הסכימו וכו׳. על לשון זה סמכו חכמי צפת והגדול שבהם לסמוך סמוכין לדון דיני קנסות ולא עלה בידם לפי שהחכם שהיה בירושלים לא הסכים עמהם ושאלו את פי בעודי במצרים ואת פי חברי ולא הסכמנו ואני הארכתי באותה תשובה לבטל דעתם ושלא דקדקו יפה בלשון רבינו חדא שהם חשבו שמה שכתב רבינו והדבר צריך הכרע קאי למאי דסליק מיניה ואם היה שם סמוך מפי סמוך וכו׳ והא ודאי ליתא כי דבר זה אין צריך הכרע שהרי הוא כתב למעלה שהוא בג׳ והוא שיהיה אחד מהם סמוך וכו׳ כאשר הוכחנו מהאיך דר״י בן בבא ומה שכתב הכא בא לחדש שאם יש סמוך מפי סמוך אין צריך דעת חכמי א״י אלא דן דיני קנסות ודבר ברור הוא ואין צריך הכרע א״כ ע״כ מה שכתב והדבר צריך הכרע ארישא קאי וכיון שהוא בעצמו לא פשיטא ליה איך נעשה אנחנו מעשה, ותו שהרי הקשה הרב א״כ למה היו מצטערים וכו׳ כי האי עובדא דר״י בן בבא ותירץ לפי שישראל מפוזרים וכו׳ ומה בכך והלא בא״י קרובים זה לזה והיו יכולים להסכים על הסמיכה ע״י שלוחים או ע״י אגרות אלא מאי אית לך למימר שהיו צריכים להיות כלם במעמד אחד והיה רחוק לקבצם הואיל והם מפוזרים הא למדת דאפילו למה שהבינו בדברי רבינו היה צריך שכל חכמי א״י יהיו במעמד אחד. ועוד שנראה שצריך הנסמך ראוי להורות בכל התורה כולה ורחוק בעיני שיש בדור הזה מי שראוי להורות בכל התורה כולה. ועוד שהראיה שכתב רבינו בפירוש המשנה לדבר אינה ראויה לסמוך עליה וז״ל שאם לא תאמר כן א״א שתמצא ב״ד הגדול לעולם לפי שנצטרך שיהיה כל אחד מהם סמוך על כל פנים והקב״ה יעד שישובו כמו שנאמר ואשיבה שופטיך כבראשונה ויועציך כבתחלה וכו׳, ומי יתן ואדע שהרי אליהו בא לפני המשיח כמבואר בכתובים ובדברי רז״ל והרי הוא סמוך ויסמוך אחרים לפני בוא המשיח. ותו דבני ראובן עתידים לבוא ולעשות מלחמות לפני בוא מלך המשיח ומאן לימא לן שלא יהיה בהן סמוך מפי סמוך והוא יסמוך אחרים. ותו שאמרו במדרשות שהמשיח יתגלה בגליל ויחזור ויתכסה ומאן לימא לן שלא יסמוך ב״ד בזמן שיתגלה בתחלה. ואפשר שמתוך קושיות אלו וזולתם לא סמך על מה שכתב בפירוש המשנה וכתב בפסק והדבר צריך הכרע והרוצה לעמוד על עיקרן של דברים יעיין באותה תשובה כי אין כאן מקום להאריך:

2. זבל"א (דף כג.)

המשנה והגמרא בדף כג. שורה 1 עד שורה 31.[1]

משנה – "דיני ממונות בג'." אפשר כאן להסביר את סוגי הב"ד השונים ולסכם בקצרה את תפקידם. "קרובין או פסולין" – בביאור אלו, עי' להלן בפרק, משנה ג' וד'.

[גמרא – יש לבאר את היחס בין זבל"א לב"ד. עי' בדף לא: וברש"י, ובמאמר של ר' מרדכי ווילג בבית יצחק תשס"ד בביאור המנהג בקראקא ושיטת החזו"א. עיין בחידושי הר"ן על המשנה לגבי מתי עושים זבל"א. ואולי זהו הבסיס של ההו"א של הגמ' ש"אחד" הוא ב"ד, כי היו בתי דין קבועים (עי' רמב"ן ריש פ' שופטים), וא"כ סביר להניח שבוחרים בתי דין, ולא היינו חושבים שאפשר ליצור ב"ד חדש ככה. ועי' להלן בדברי הר"ן על הקושיא של הגמ' "מאי שנא..."][2]

גמרא – "מאי שנא דעבדי הכי" – מהי הקושיא כאן? עי' ברא"ש (ס"א) שפירש "ולא אמר שיבררו בין שניהם שלשה".

"יצא הדין לאמיתו" – איך?

1. רש"י ד"ה יצא דין – בעלי הדין ישמעו לפסק כי יחשבו שהדיינים מהפכים בזכותם, וגם הדיינים נוחה דעתם להפך בזכותם. במרגליות הים הקשה למה רש"י הביא ב' טעמים, ותי' שהטעם השני לא מספיק, כי א"כ היה די שהב"ד בעצמם יחלקו את התפקידים. ועי' ברא"ש (סי' ב'): "חסרי הדעת טוען בדברי רש"י..." ופי' הרא"ש את דבריו, "שמתוך שזה בירר מבין דבריו לאשורו...נמצא לא נמצא שום זכות נסתר ונעלם...והשלישי...מכריע".[3] [ועי' בסוף הסי' שם, מה עושים כשא"א להסכים על דיין השלישי].

[1] The second two דינים in the משנה can be skipped. The first part of the גמרא, as well as the three main views of the ראשונים (רש"י, רמב"ן, ר"ן) on the הוא אמינא are very complex and may also be skipped. One would then pick up at מאי שנא דעבדי הכי... This piece of גמרא is valuable in terms of developing שקלא וטריא skills, but the ideas do not recur much in the units that follow. The ending, יצא הדין לאמיתו, is very important in terms of explaining the purpose of זבל"א.

[2] This issue is a bit tangential to the topic, but may be an interesting digression. It also can give some context as to the alternative to זבל"א.

[3] It is interesting to compare ב"ד to the adversarial system and to highlight the advantages and disadvantages of both. Clearly, the tension in the רא"ש is related to the value of a true adversarial system. The רא"ש is not comfortable with it because it is too much of a compromise on אמת.

2. תוספות ד"ה כדי שיצא, בשם הריב"ן – שבעלי הדין יצייתו, ואפי' החייב יפרע ברצון. זה דומה להסבר הראשון של רש"י. וצ"ע לפי"ז בלשון "לאמיתו" דהל"ל שיהא "שלום". א) אולי י"ל דבדיני ממונות, כל כמה דאית לן דעת בעלי הדין בדין תורה, נקרא יותר "אמיתי", ובאמת כל מושג דין באמת בנוי על פשרה, והתורה לא נתנה כח לב"ד להפקיר ממון נגד דעת הבעלים, אלא שהכח של ב"ד להוציא ממון בא מרצון הבעלים. ב) א"נ י"ל ששלום הוי סוג יותר גבוה של אמת. ואולי יש מקום להכניס כאן את חשיבות הענין של "שלום" (מותר לשנות מפני השלום, יבמות סה: – "ואמר רבי אילעא...זקנתי"), והגמרא לעיל בדף ו: בענין "פשרה".[4]

3. דעה ב' בתוספות שם – שיהא הדין שקול, שלא ירבו המהפכים לחובה או לזכות [דומה להסבר ב' של רש"י. וכעין זה כתב היד רמה (ד"ה תנן) שיהא דין שקול כיון דשניהם בררו אחד, ושניהם בירור את השלישי.]

הלכה למעשה:

שולחן ערוך, חו"מ סי' יג סעי' א.

ועיין בסמ"ע (שם ס"ק ח) שכתב שלא צריכים דיין שלישי בזבל"א, ורק לדין. ומבואר דס"ל דזבל"א אינו בגדר דין, אלא יותר דומה לפשרה.

עי' בשו"ת אגרות משה (חו"מ ח"ב סי' ג') בענין זבל"א בזמן הזה. ועי' עוד במאמר של ר' מרדכי וויליג בבית יצחק תשס"ד.

[4] This is a very important source and should be studied. It may be the key to understanding זבל"א, as well as the upcoming issues in the פרק. A key conceptual question to consider regarding זבל"א is whether it is more similar to דין or פשרה. The same is true in the case of נאמן עלי אבא. The issue of פשרה is further examined on דף ו.

<u>מסכת סנהדרין דף כג.</u>

משנה דיני ממונות בשלשה זה בורר לו אחד וזה בורר לו אחד ושניהן בוררין להן עוד אחד דברי רבי מאיר וחכמים אומרים שני דיינין בוררין להן עוד אחד זה פוסל דיינו של זה וזה פוסל דיינו של זה דברי רבי מאיר וחכמים אומרים אימתי בזמן שמביא עליהן ראיה שהן קרובין או פסולין אבל אם היו כשרין או מומחין מפי בית דין אינו יכול לפוסלן זה פוסל עדיו של זה וזה פוסל עדיו של זה דברי רבי מאיר וחכמים אומרים אימתי בזמן שמביא עליהן ראיה שהן קרובין או פסולין אבל אם היו כשרין אינו יכול לפוסלן

גמרא מאי זה בורר לו אחד וזה בורר לו אחד בתלתא סגי הכי קאמר כשזה בורר לו בית דין אחד וזה בורר לו בית דין אחד שניהן בוררין להן עוד אחד ואפילו לוה מצי מעכב והאמר רבי אלעזר לא שנו אלא מלוה אבל לוה כופין אותו ודן בעירו כדאמר רבי יוחנן בערכאות שבסוריא שנו הכא נמי בערכאות שבסוריא שנו אבל מומחין לא רב פפא אמר אפילו תימא מומחין כגון בי דינא דרב הונא ודרב חסדא דקאמר ליה מי קא מטרחנא לך תנן וחכמים אומרים שני דיינין בוררין להן עוד אחד ואי סלקא דעתך כדקאמרינן בית דין בית דין בתר דפסלי להו אזלו וברור להו בי דינא אחריני ועוד מאי זה בורר לו אחד וזה בורר לו אחד אלא הכי קאמר כשזה בורר לו דיין אחד וזה בורר לו דיין אחד שניהן בוררין להן עוד אחד מאי שנא דעבדי הכי אמרי במערבא משמיה דרבי זירא מתוך שזה בורר לו דיין אחד וזה בורר לו דיין אחד ושניהן בוררין להן עוד אחד יצא הדין לאמיתו

<u>חידושי הר"ן מסכת סנהדרין דף כג.</u>

מתניתין זה בורר וכו'. כבר כתבנו בריש פרק כ"ג דבתר דפריש מילי דכ"ג ומלך הדר תנא למילתיה קמייתא לפרושי דיני ממונות דריש מכילתן וה"ק הא דאמרן בפ"ק דדיני ממונות בשלשה כיצד זה בורר לו אחד וכו'.

וא"ת ולמה צריך ברירה כלל והא אוכחנא בפ"ק ששלשה הדיוטות כופין אע"ג דלא קבלום עליהם בעלי דינין ואצ"ל אם היו שלשה מומחין דאפילו ביחיד מומחה אמרינן בירושלמי מומחה שכפה ודן דינו דין.

י"ל דהא כתבינן לעיל דכי כייפי' שלשה הדיוטות אי יחיד מומחה היינו דוקא כשהנתבע מסרב על עיקר הדין ואומר שלא יעשה עמו דין אבל אם טוען שיעשה עמו דין אלא שאינו רוצה שיהא פלוני דיין אלא פלוני צייתינן ליה בהא. ומ"ה תנינא במתני' זבל"א וזבל"א.

והאי דינא דברירה ל"ש בהודאות והלואות ל"ש בגזלות וחבלות ואף ע"ג דלפום האי אוקמתא דמוקמינן לה בערכאות שבסוריא דוקא בהודאות והלואות דבגזלות וחבלות לא מתכשרי מ"מ ההיא אוקמתא לא סלקא דהא איכא אוקמתא דמוקמינן למתניתין אפילו במומחין:

<u>מסכת סנהדרין דף לא:</u>

אמר רב ספרא (אמר רבי יוחנן) שנים שנתעצמו בדין אחד אומר נדון כאן ואחד אומר נלך למקום הוועד כופין אותו ודן בעירו ואם הוצרך דבר לשאול כותבין ושולחין ואם אמר כתבו ותנו לי מאיזה טעם דנתוני כותבין ונותנין לו...אמר ליה רב אשי לאמימר והא אמר רבי אלעזר כופין אותו ודן בעירו הני מילי היכא דקאמר ליה לוה למלוה אבל מלוה (משלי כ"ב) עבד לוה לאיש מלוה

<u>רש"י מסכת סנהדרין דף לא:</u>

התוקף את חבירו בדין - בעל דין קשה ומטריח את חבירו, ואין רוצה חבירו לדון כאן אלא למקום וועד תלמידי חכמים הרבה, שיהא זה בוש מהם. **נתעצמו** - שנעשו קשין זה לזה. **היכא דקאמר לוה** - נלך למקום הוועד כופין אותו וידון כאן, ולא יוציא זה מנה על מנה.

<u>דברים פרק טז פסוק יח</u>

שֹׁפְטִים וְשֹׁטְרִים תִּתֶּן לְךָ בְּכָל שְׁעָרֶיךָ אֲשֶׁר יְקֹוָק אֱלֹהֶיךָ נֹתֵן לְךָ לִשְׁבָטֶיךָ וְשָׁפְטוּ אֶת הָעָם מִשְׁפַּט צֶדֶק:

<u>רמב"ן דברים פרק טז פסוק יח פרשת שופטים</u>

וטעם לשבטיך - מוסב על תתן לך, מלמד שמושיבים ב"ד בכל שבט ושבט ובכל עיר ועיר, לשון רש"י, וכן במסכת סנהדרין (טז:). ולא ידעתי פירוש דבר זה, כי כיון שמנינו ב"ד בכל עיר ועיר הרי בתי דינין רבים בכל שבט ושבט. אולי בא לומר, שאם היתה עיר אחת לשני שבטים כירושלים שיש בה חלק ליהודה ובנימין שיושיב בה שני בתי דינים, וכך העלו בפרק חלק (שם קיא ב) שחולקים עיר אחת לשני שבטים, וכן ירושלים היתה ליהודה ובנימין:

ויתכן לפרש, שחייב הכתוב למנות ב"ד על כל השבט והוא ישפוט את כולם, ואחרי כן נמנה ב"ד בכל עיר ועיר שישפוט את העיר, ואע"פ שכולם שוים במנין שהם כ"ג בדיני נפשות וג' בדיני ממונות, אבל הגדולים שבהם בחכמה יתמנו על כל השבט ותחתיהם לכל עיר ועיר. ואין בעלי הדין יכולין לכוף זה את זה לדון אלא בפני ב"ד שבעירם לא בפני ב"ד שבעיר אחרת, ואפילו היו שני בעלי הדין בעיר אחרת יכול לומר נלך לפני ב"ד שבעירנו. אבל ב"ד השבט יכול לכוף כל אנשי שבטו לדון לפניו, ואפילו היו הנדונים בעירם יכול לומר לב"ד הגדול של שבט אזילנא. וכן אם נסתפקו בתי דינין של עיירות, יבאו לפני ב"ד הגדול של שבט וישאלו. כדרך שסנהדרי גדולה ממונה על כל בתי דינין של כל ישראל, כך יהא ב"ד אחד ממונה על כל שבט ושבט, ואם הוצרכו לתקן ולגזור דבר על שבט שלהם גוזרין ומתקנין והיא לשבט כגזרת סנהדרי גדולה על כל ישראל. וזה הב"ד הוא המוזכר במסכת הוריות (ה.), ששנינו בו הורו בית דין של אחד מן השבטים ועשה אותו השבט על פיהם אותו השבט חייב ושאר השבטים פטורים וכו'. ועל דרך הפשט שיעור הכתוב, שופטים ושוטרים תתן לך לשבטיך בכל שעריך, יאמר שיתנו שופטים לשבטיהם והם ישפטו בכל שעריהם, ושופט השבט ישפוט בכל שעריו:

<u>רש"י מסכת סנהדרין דף כג.</u>

יצא דין אמת לאמיתו - דצייתי בעלי דינין, דסבר החייב הרי אני בעצמי בירתי האחד ואם היה יכול להפך בזכותי היה מהפך, והדיינין בעצמן נוחה דעתן להפך בזכות שניהן מפני ששניהם בירורם.

<u>תוספות מסכת סנהדרין דף כג.</u>

כדי שיצא הדין לאמיתו - פירש הריב"ן שאפילו החייב יפרע ברצון ויאמר קושטא דייני שאני בעצמי בירתי האחד ואם היה יכול להפך בזכותי היה מהפך לפום ריהטא משמע כך הפירוש שמתוך שבירר זה שלו וזה שלו השלישי יצא הדין לאמיתו בלא עוות שיהא הענין שקול ולא ירבו מהפכין לחובה על מהפכין לזכות ולא להפך.

<u>רא"ש מסכת סנהדרין פרק ג</u>

סימן א: [דף כג ע"א] זה בורר לו אחד וזה בורר לו אחד ושניהן בוררין להן עוד אחד ד"ר מאיר. וחכ"א שני הדיינין בוררין להן עוד אחד. זה פוסל דיינו של זה וזה פוסל דיינו של זה ד"ר מאיר. וחכמים אומרים אימתי בזמן שמביא עליהם ראיה שהם קרובים או פסולים אבל אם היו כשרים או מומחין אינו יכול לפוסלן. זה פוסל עדיו של זה וזה פוסל עדיו של זה ד"ר מאיר וחכמים אומרים אימתי בזמן שמביא עליהן ראיה שהן קרובין או פסולים אבל אם היו כשרין אין יכול לפוסלן:

גמ' מ"ש דעבדי הכי שכל אחד מבעלי הדינין בורר לו דיין אחד ולא אמר שיבררו בין שניהם שלשה. אמרי במערבא משום רבי זירא מתוך שזה בורר לו דיין אחד וזה בורר לו דיין אחד ושניהן בוררים להן עוד אחד יוצא דין לאמתו פרש"י דיוצא דין אמת לאמתו דצייתי בעלי דינין וסברי הרי אני ביררתי האחד ואם היה יכול להפך בזכותי היה מהפך והדיינין עצמם נוח להן להפך בזכות שניהם מפני ששניהם ביררום:

סימן ב: מפני שיש חסרי דעת טועין בדברי רש"י ולמדין ממנו שהדיין יש לו להפך בזכות אותו שבירר ועומד במקומו לחפות בדברים אשר לא כדין ונהגו כמה אנשים לברור להם בעל תחבולות ונתלין בדברי רש"י שמשמע שיש לו להפך בזכותו. וחלילה וחס לא דקדקו בדבריו שכתב דסברי הרי אני ביררתי. כי הוא סובר כך שיהפך בזכותו יותר מבזכות האחר ומתוך זה ציית לדיניהן. אבל הדיין עצמו חלילה לו למצוא סברא לזכותו אם לא שיראה לו דין גמור אבל אם היה יכול להטעות את חבירו לקבל סברתו אע"פ הוא מסופק בה הרי זה בכלל מטה משפט אבל מתוך שזה בוררו מבין דבריו לאשורו ואם יש לו שום צד זכות נושא ונותן עם חברו וכן עושה הדיין האחר לשני נמצא לא נשאר זכות (לא) נסתר ונעלם לשניהם והשלישי שומע משא ומתן של שניהם ומכריע ביניהם ויוצא הדין לאמתו. וחכמים אומרים שני הדיינים בוררים להן עוד אחד. א"ר יהודה אמר רב כך היו נקיי הדעת שבירושלים עושין לא היו חותמין השטר אא"כ יודעין מי חותם עמהן * ואין יושבין בדין אא"כ יודעים מי ישב עמהן אין נכנסין לסעודה אא"כ יודעין מי מיסב עמהן. הלכך בעינן דעת הדיינין שלא יבררו הבעלי דינין מי שאין הגון בעיניהם לישב עמו. ואם הדיינין לא יוכלו להשוות דעתם לברר שלישי זקני העיר ומנהיגיה יתנו להן שלישי ואם אין זקנים ומנהיגים בעיר ילך התובע בפני שלשה ויכופו הנתבע לבוא לדון לפניהם וכן אם הנתבע מערים לברור דיין שאינו הגון לשבת אצל דיין הגון כופין אותו לדון בפני שלשה או שיברור דיין הראוי:

<u>מסכת סנהדרין דף ו:</u>

רבי אליעזר בנו של רבי יוסי הגלילי אומר אסור לבצוע וכל הבוצע הרי זה חוטא וכל המברך את הבוצע הרי זה מנאץ ועל זה נאמר (תהלים י') בצע ברך נאץ ה' אלא יקוב הדין את ההר שנאמר (דברים א') כי המשפט לאלהים הוא וכן משה היה אומר יקוב הדין את ההר אבל אהרן אוהב שלום ורודף שלום ומשים שלום בין אדם לחבירו שנאמר (מלאכי ב') תורת אמת היתה בפיהו ועולה לא נמצא בשפתיו בשלום ובמישור הלך אתי ורבים השיב מעון רבי אליעזר אומר הרי שגזל סאה של חטים וטחנה ואפאה והפריש ממנה חלה כיצד מברך אין זה מברך אלא מנאץ ועל זה נאמר ובוצע ברך נאץ ה' רבי מאיר אומר לא נאמר בוצע אלא כנגד יהודה שנאמר (בראשית ל"ז) ויאמר יהודה אל אחיו מה בצע כי נהרג את אחינו וכל המברך את יהודה הרי זה מנאץ ועל זה נאמר ובצע ברך נאץ ה' רבי יהושע בן קרחה אומר מצוה לבצוע שנאמר (זכריה ח') אמת ומשפט שלום שפטו בשעריכם והלא במקום שיש משפט אין שלום ובמקום שיש שלום אין משפט אלא איזהו משפט שיש בו שלום הוי אומר זה ביצוע וכן בדוד הוא אומר (שמואל ב' ח') ויהי דוד עושה משפט וצדקה והלא כל מקום שיש

* מסכת סנהדרין – פרק זה בורר
2. זבל"א (דף כג.)

משפט אין צדקה וצדקה אין משפט אלא איזהו משפט שיש בו צדקה הוי אומר זה ביצוע אתאן לתנא קמא דן את הדין זיכה את הזכאי וחייב את החייב וראה שנתחייב עני ממון ושלם לו מתוך ביתו זה משפט וצדקה משפט לזה וצדקה לזה משפט לזה שהחזיר לו ממון וצדקה לזה ששילם לו מתוך ביתו (וכן בדוד הוא אומר ויהי דוד עשה משפט וצדקה לכל עמו משפט לזה שהחזיר לו את ממונו וצדקה לזה ששילם לו מתוך ביתו) קשיא ליה לרבי האי לכל עמו לעניים מיבעי ליה אלא (רבי אומר) אף על פי שלא שילם מתוך ביתו זהו משפט וצדקה משפט לזה וצדקה לזה משפט לזה שהחזיר לו ממונו וצדקה לזה שהוציא גזילה מתחת ידו

<u>מסכת יבמות דף סה:</u>

וא"ר אילעא משום רבי אלעזר בר' שמעון מותר לו לאדם לשנות בדבר השלום שנאמר (בראשית נ') אביך צוה וגו' כה תאמרו ליוסף אנא שא נא וגו' ר' נתן אומר מצוה שנאמר (שמואל א' ט"ז) ויאמר שמואל איך אלך ושמע שאול והרגני וגו' דבי רבי ישמעאל תנא גדול השלום שאף הקדוש ברוך הוא שינה בו דמעיקרא כתיב (בראשית י"ח) ואדוני זקן ולבסוף כתיב ואני זקנתי

<u>יד רמ"ה מסכת סנהדרין דף כג.</u>

מאי טעמא כדי שיהא זה מהפך בזכותו של בעל דין (שבירר זה) [זה שבירר] והלה מהפך בזכותו של שני שבירר והשלישי שנתרצו בו שניהם אין דעתו נוטה לאחד מהם יתר מחבירו אלא מכריע את דבריהם לאמת והדין נגמר בשניהם ונמצא הדין יוצא לאמתו

<u>שולחן ערוך חושן משפט סימן יג סעיף א</u>

אחד מבעלי דינים שאמר: איש פלוני ידון לי, ואמר בעל דינו: פלוני ידון לי, הרי אלו שני דיינים שבררו זה אחד וזה אחד בוררים להם דיין שלישי, ואין צריך שיהיה הדיין השלישי ברצון הבעלי דינים, ושלשתם דנים אותם, שמתוך כך יצא הדין לאמתו. אפילו היה האחד שבירר בעל הדין חכם גדול וסמוך, אינו יכול לכוף את בעל דינו שידון אצל זה, אלא גם הוא בורר מי שירצה. **הגה:** שמתוך שזה בורר לו א' וזה בורר לו א' הבעלי דינים צייתין להם, וגם הדיינים כל אחד מהפך בזכות אותו שבירר אותו בכל מה שאפשר מצד הדין, והג' שומע טענות שניהם ופוסקים האמת (טור). אם אינם יכולים להשוות עצמם לברור להם שלישי, מנהיגי העיר יתנו להם ג'. ואם אין מנהיגים בעיר, ילך התובע לפני ג' ויכופו הנתבע לדון לפניהם. וכן אם הנתבע מערים לברור דיין שאינו הגון כדי לשבת אצל דיין הגון, כופין אותו לדון לפני ג', כמו שנתבאר לעיל סי' ג', או שיברור דיין הגון (טור). ואם השנים הבוררים יכולים להשוות עצמן, יש אומרים דאין צריכין לברור שלישי (מהרי"ו סי' י"א). ויש אומרים דאם הנתבע אומר שהוא יברור שנים והתובע גם כן שנים, והם יבררו חמישי, הרשות בידו, דכל זמן שהדיינים רבים יותר יוצא הדין לאמתו (רמב"ן בפירושו לתורה).

<u>סמ"ע סימן יג ס"ק ח</u>

דא"צ לברור דיין שלישי והיינו טעמא דדוקא בדיינים שדנין בע"כ של נתבע בעינן שיהא שלשה, אבל בבוררים מאחר והם קיבלו כל אחד אחד מהם על עצמו ואמר זה ידין לי כנ"ל, אם ישוו עצמם מה טוב, וכן מוכח במהרי"ו [המובא בציונים אות ה'] וכמ"ש בהגהות ד"מ [הגהות דר"פ אות א'], ע"ש, ולא כמ"ש בעיר שושן [סוף סעיף א'] [דלא עיין במהרי"ו וכתב טעם מלבו] ז"ל, דשלישי למה להם, ודאי יסכים עמהם, ואם לא יסכים הרי יש כאן רוב, עכ"ל. וזה אינו, דהא דאזלינן בתר הרוב היינו כשכבר נשאו ונתנו כולם בדבר ואמר הסכמת דעתו, משא"כ כאן דאיכא למימר אילו היה השלישי עמהם היה אומר טעם וסברא והיו השנים מודים לו, וק"ל.

<u>**שו"ת אגרות משה חושן משפט חלק ב סימן ג**</u>

בענין בעל דין שרוצה דווקא בזבל"א ולא בב"ד קבוע כ"ה אדר א' תשל"ו. לרב אחד.

הנה ברור ופשוט שכל בע"ד יכול לומר שרוצה דוקא בזבל"א, וכמפורש בתוס' ורא"ש סנהדרין דף ה' ע"א דהא דמומחה לרבים תניא שדן אפילו יחידי שפירושו אפילו בעל כרחו וכמו כן למדו משם דסתם דיינים שדנין בשלשה הוא נמי שיכולין לדון אפילו בעל כרחם דהוא דוקא כשאינו רוצה לבא לב"ד כלל, אבל כשרוצה לבא לב"ד אבל רוצה בזבל"א אין יכולין לכופו שילך לב"ד בלא זבל"א אף שהוא מומחה, ומסתבר דהוא אף לפני שלשה מומחין אין יכולין לכופו לדונו בעל כרחו דהא לרש"י מומחה לרבים שדן יחידי הוא למ"ד דא"צ שלשה מקרא דבצדק תשפוט וגם עליו כתבו התוס' שאינו יכול לדון בע"כ אלא כשלא רצה כלל לילך לב"ד אף שלדידיה הוי מומחה אחד כמו שלשה מומחין, ודוחק לומר שבתוס' שמשמע שאף במומחה אינו יכול לכופו אלא כשאינו רוצה לבא כלל לפני ב"ד הוא רק לשיטתייהו שיחיד מומחה שתניא שדן הוא רק מתקנתא דרבנן דלכן לא תיקנו אלא בכה"ג שאין רוצה כלל לילך לב"ד דהי"ל לפרושי זה. וגם הרא"ש הא מפרש הברייתא לתרוייהו למאן דלית ליה עירוב פרשיות הוא מדאורייתא ולמאן דאית ליה עירוב פרשיות הוא מדרבנן ולא הזכיר שיהיה חלוק בינייהו לענין בע"כ אף כשרוצה לילך לב"ד דזבל"א אלמא דליכא חלוק ביניהם לדינא דלתרוייהו הוא מה שמסיק דכשרוצה בזבל"א אין יכולין לכופו וא"כ גם תלתא מומחין אין יכולין לכופו אלא כשאינו רוצה לילך לב"ד כלל. אבל לדינא אינו נוגע זה דבזמננו ליכא דין מומחה שלכן לא שייך לדון כלל בזה כי כן איפסק גם בש"ע (חו"מ סימן ג' סעי' א'). ומשמע שליכא בזה חולק. ורק במומחה פליג הטור /חו"מ/ בסימן י"ג שהוא נגד אביו הרא"ש וכמעט כל הראשונים ועיי"ש בב"ח וצ"ע אבל בזמננו שליכא מומחה לכו"ע יכול לומר שרוצה לפני ב"ד דזבל"א.

והא דכתב הרמ"א דאם דיינים קבועים בעיר לא יכול לומר לא אדון לפניהם אלא בזה בורר היה זה רק בעיירות שבמדינותינו שהיו מתמנים מהעיר שאף הרב האב"ד לבדו נמי היה יכול לכופו מאחר שקבלוהו אבל בנוא יארק ליכא דיינים קבועים שנתמנו מהעיר ובפרט שאיכא עוד אגודות וחבורות של רבנים שליכא אף מינוי מכל הרבנים שבעיר ולכן כשרוצה אחד מהן בזבל"א מוכרחין לילך בזבל"א דוקא.

ידידו, משה פיינשטיין.

3. דעת דינין/דיינין ונקיי הדעת (דף כג.)

הגמרא בדף כג. שורה 31 עד שורה 40.[1]

"כי פליגי דעת בעלי הדינין" – לא ביארו בגמ' אמאי יש צורך לדעת בעלי הדינין. ואולי יש לפרש לפי הריב"ן בתוספות ד"ה כדי שיצא, דכיון דדיני ממונות תלויים בדעת הגברא, עדיף טפי שיהא מוסכם לדעתו. א"נ, דזבל"א אינו כדין אלא כפשרה (וכמו שכתב הסמ"ע), ובפשרה בעינן דעת דינים בבחירת הדיינים, וכמו שכתב הב"ח בריש סימן יג.

"כך היו נקיי הדעת וכו'" – במהדורת פרנקל של הרמב"ם גרס "בקיאי הדעת."[2]

א) מה היה החשש של נקיי הדעת?

1. רש"י ד"ה אא"כ יודעים – שלא יהיו בושים.

2. הרמב"ם (בהל' סנהדרין פרק כ"ב ה"י) לא הזכיר ענין בושה, אלא כתב שחששו משום "מדבר שקר תרחק". וכעין זה משמע בפ"ב הל' י"ד שחששו שלא ישתתפו ב"קשר בוגדים".

ב) האם הם עשו ע"פ דין או לפנים משורת הדין?

כלומר, מה הדין בסתם אדם שלא ידוע לנו אם הוא רשע או צדיק? (כנראה שכאן מדובר בסתם אדם). [מלשון "נקיי הדעת" משמע שהיה לפנמ"ה, אבל מתוך השו"ט והלשון דתניא נמי הכי, משמע שמה שעשו נקיי הדעת הוי הטעם לדינא דמתניתין, וא"כ משמע שהיה מעיקר הדין.]

הרי"ף (דף ג:) – הביא את המנהג של נקיי הדעת להלכה (וכן עשה הרמב"ם) ולא פירש אי הוה מדינא או לפנים משורת הדין. אבל מהא דהביאו משמע שהיא מעיקר הדין (לפחות כמו שכתב הב"ח שהוא חיוב לחכם). וברמב"ם יש סתירה. מהל' סנהדרין פ' כ"ב הל' י' משמע שסתם אדם מותר לשבת אתו מעיקר הדין, ונקיי הדעת החמירו על עצמם. ומפ"ב הל' י"ד משמע שגם בסתם אדם אסור עד שידע, וצ"ע.

[1] In some classes, this may be skipped, as it is difficult for some students to understand and it is not connected to any other units in the פרק. It may, however, provide an opportunity to discuss the value of associating with people who will have a good influence. At the same time, teachers must be careful not to create the impression that we should be "elitist" and disassociate from people who are on a "lower level" than ourselves.

[2] This is opportunity to discuss variant גרסאות and censorships of the רמב"ם.

<u>ערוך השלחן</u> (חו״מ ג:ז) – סתם אדם מותר לשבת אתו מעיקר הדין, ונקיי הדעת עשו לפנים משורת הדין, כי האיסור הוא רק אם יודע בו שהוא רשע. ודייק מהביטוי "נקיי הדעת". וכתב שלשון הרמב״ם (ב:יד) ד״אסור" היא לאו דוקא.

וכתב <u>הפרישה</u> (סימן ז) שהלשון של "כך" (המחבר את נקיי הדעת למשנתינו) אינו מדוקדק, שהם עשו לפנים משורת הדין, וכדברי הערוך השלחן. וכתב <u>הב״ח</u> (חו״מ סי׳ ז ס״ק י״ד) בדעת הטור והרמב״ם, ש״באדם גדול דחשוב כנקיי הדעת שבירושלים איכא איסורא אף במן הסתם", ודייק ברמב״ם שכתב, "אסור לאדם חכם שישב בדין עד שידע".

מסכת סנהדרין דף כג.

וחכמים אומרים כו' נימא בדרב יהודה אמר רב קמיפלגי דאמר רב יהודה אמר רב אין העדים חותמין על השטר אלא אם כן יודעין מי חותם עמהן רבי מאיר לית ליה דרב יהודה אמר רב ורבנן אית להו דרב יהודה אמר רב לא דכולי עלמא אית להו דרב יהודה אמר רב ודעת הדיינין כולי עלמא לא פליגי דבעינן כי פליגי דעת בעלי דינין רבי מאיר סבר דעת בעלי דינין נמי בעינן ורבנן סברי דעת הדיינין בעינן דעת בעלי דינין לא בעינן גופא אמר רב יהודה אמר רב אין העדים חותמין על השטר כו' תניא נמי הכי כך היו נקיי הדעת שבירושלים עושין לא היו חותמין על השטר אלא אם כן יודעין מי חותם עמהן ולא היו יושבין בדין אלא אם כן יודעין מי יושב עמהן ולא היו נכנסין בסעודה אלא אם כן יודעין מי מסב עמהן

תוספות מסכת סנהדרין דף כג.

כדי שיצא הדין לאמיתו - פירש הריב"ן שאפילו החייב יפרע ברצון ויאמר קושטא דייני שאני בעצמי בירתי האחד ואם היה יכול להפך בזכותי היה מהפך לפום ריהטא משמע כך הפירוש שמתוך שבירר זה שלו וזה שלו השלישי יצא הדין לאמיתו בלא עוות שיהא הענין שקול ולא ירבו מהפכין לחובה על מהפכין לזכות ולא להפך.

ב"ח חושן משפט סימן יג

לא נתרצו בפשרה וכו'. ריש פרק שלישי דסנהדרין דיני ממונות בשלשה זה בורר לו אחד וזה בורר לו אחד ושניהם בוררים לו עוד אחד דברי רבי מאיר וחכמים אומרים שני דיינים בוררים להן עוד אחד ואסיקנא בגמרא דעת הדיינים כולי עלמא לא פליגי דבעינן כי פליגי דעת בעלי דינים רבי מאיר סבר דעת בעלי דינים נמי בעינן ורבנן סברי דעת הדיינים בעינן דעת בעלי דינים לא בעינן וידוע דהלכה כחכמים ולכן כתב רבינו והדיינים בוררין להם עוד שלישי ואין צריך שיהא השלישי ברצון הבעלי דינים. והאריך רבינו לכתוב לא נתרצו בפשרה וכו' לאורויי דדין זה אינו אלא כשלא נתרצו בפשרה אבל נתרצו בפשרה וזה בורר לו אחד וזה בורר לו אחד אין הדיינים רשאים לברור להם עוד שלישי בלא דעת בעלי דינים והכי משמע לישנא דמתניתין דקאמר דיני ממונות בשלשה זה בורר לו אחד וכו' דלא היה צריך לשנות דיני ממונות בשלשה דכבר שנה בתחילת המסכתא דיני ממונות בשלשה אלא אתא לאורויי דבדין דוקא דדיני ממונות בשלשה התם הוא דזה בורר לו אחד וכו' אבל בפשרה דלא בעינן שלשה אלא בשנים או אפילו ביחיד התם אף בזה בורר לו אחד וזה בורר לו אחד אין ביד הדיינים לברור להן עוד שלישי בלא דעת בעלי דינים כדפירשתי דלא נתרצו לפשרה אלא על דעת אלו השני בוררים בלבד:

רש"י מסכת סנהדרין דף כג.

אלא אם כן יודעין מי חותם עמהן - שמא יחתמו עמהם עד אחד פסול ומבטל עדות כולם, ונמצאו אלו בושים.

רמב"ם הלכות סנהדרין פרק כב הלכה י

דיין שהוא יודע בחבירו שהוא גזלן או רשע אסור להצטרף עמו שנאמר מדבר שקר תרחק וכך היו נקיי הדעת שבירושלים עושין אין יושבין בדין עד שידעו עם מי הם יושבים ולא חותמים את השטר עד שידעו מי חותם עמהם ולא נכנסים לסעודה עד שידעו מי מיסב עמהן.

<u>רמב"ם הלכות סנהדרין פרק ב הלכה יד</u>

ואסור לאדם חכם שישב בדין עד שידע עם מי ישב שמא יצטרף עם אנשים שאינן הגונים ונמצא בכלל קשר בוגדים לא בכלל בית דין.

<u>רי"ף מסכת סנהדרין דף ג:-ד.</u>

גמ' למה לי למעבד הכי אמרי במערבא משמיה דר' זירא מתוך שזה בורר לו דיין אחד וזה בורר לו דיין אחד ושניהן בוררין להן עוד אחד יצא הדין לאמיתו: וחכמים אומרים שני דיינין בוררין להן עוד אחד: אמר רב יהודה אמר רב כך היו נקיי הדעת שבירושלים עושין לא היו חותמין **[דף ד.]** על השטר אא"כ יודעין מי חותם עמהן ולא היו יושבין בב"ד אא"כ יודעין מי ישב עמהן ולא היו נכנסין לסעודה אא"כ יודעין מי מסב עמהן:

<u>ערוך השלחן סימן ג סעיף ז</u>

אע"פ שב"ד של שלשה הוא ב"ד שלם מ"מ כל זמן שהם יותר ה"ז משובח ומוטב שיחתוך הדין בי"א מבי' וכל היושבים בדין צריכים להיות ת"ח וראוים לזה ואין לחכם לישב בדין עד שידע עם מי יושב שמא יושיבוהו בין אנשים שאינם מהוגנים וימצא בכלל קשר בוגדים ולא בכלל ב"ד (רמב"ם וטור) ואע"פ שכתבו לשון איסור על זה נ"ל דלאו איסור גמור הוא דאין איסור רק לישב עם מי שידוע שהוא רשע כמ"ש בסי' ז' ועוד דחז"ל אמרו זה על נקיי הדעת שבירושלים שהיו עושין כן שלא היו יושבין בדין אא"כ ידעו עם מי יושבין (רפ"ג דסנה') ואם יש בזה איסור מדינא מאי רבותא דנקיי הדעת ועוד דסתם ישראל בחזקת כשרות ועוד דלמה לנו לחשוד את הבע"ד שיושיבו רשע בדין ולכן נראה דלשון איסור שכתבו על זה הרמב"ם והטור לאו דווקא הוא והידור בעלמא הוא כמו שעשאו נקיי הדעת שבירושלים:

<u>ב"ח חושן משפט סימן ז</u>

(יד) דיין שיודע בחבירו שהוא גזלן וכו'. ברייתא פרק שבועת העדות ונפקא ליה מדכתיב מדבר שקר תרחק ורצונו לומר אף על גב שידון דין אמת מכל מקום גורם לפסוק הדין על פי שלשה ואין שם אלא אחד או שנים. ואיכא לתמוה דמדברי רבינו כאן משמע דביודע שהוא גזלן איכא איסורא אבל מן הסתם אין כאן איסורא אלא מדת חסידות מדאמר רבי יודא אמר רב ריש פרק זה בורר דנקיי הדעת לא היו יושבין בדין אלא אם כן היו יודעים מי ישב עמהם דומיא דלא היו נכנסין לסעודה אלא אם כן היו יודעים מי מיסב עמהם דאיתמר בהדיה ומשום דגנאי לתלמיד חכם לישב עם עם הארץ ולעיל בסימן ג' (סי"א) הביא רבינו לשון הרמב"ם (הל' סנהדרין פ"ב הי"ד) דמן הסתם נמי אסור לישב בדין עד שידע מי ישב עמו ודוחק לומר דרבינו לא סבירא ליה כהרמב"ם בזה. ואפשר ליישב דבאדם גדול דחשוב כנקיי הדעת שבירושלים איכא איסורא אף במן הסתם לפיכך כתב הרמב"ם וז"ל ואסור לאדם חכם שישב בדין עד שידע וכו' אבל כאן לא מיירי אלא בסתם דיין דלא הורגל בפרישות ולפיכך אין איסור במן הסתם אלא אם כן ביודע שהוא גזלן:

4. בין בבל לא"י – אגדתא (כד.)

הגמרא בדף כד. שורה 11 עד שורה 37.

"עוקר הרים" – השווה לגמ' סוף ברכות (דף סד.) שרבה היה "עוקר הרים" לעומת רב יוסף, שהיה "סיני".[1]

בפירוש ההבדל בין בבל לא"י, עי' בפירוש בניהו על אגדות (מאת ר' יוסף חיים, ה"בן איש חי") שמפרש היפך מהפשט, שע"י שנוחין זל"ז לא יוצא הלכה לאמיתו, ודוקא בבבל שמתוכחים זע"ז, ההלכה מתבררת יותר. ויש לעיין בגמרא (ב"מ דף פד.) שהוזכר בבניהו.[2]

[ודרך אגב יש לעיין במה שמבואר שם בגמרא (ב"מ) שהתפללו שימות ר' יוחנן, ואם ראוי לעשות כן. וע' בכתובות (קד.) דאמתיה דרבי התפללה שימות רבי, ועיין בר"ן בנדרים (מ.) שהביא את זה, וכן פסק הערוך השלחן (יו"ד שלה:ג) שיש להתפלל שימות אם מצטער הרבה. וע"ע בציץ אליעזר (רמת רחל פרק ה) שאסר לעשות כן ודן בזה באריכות.][3]

---

[1] This is a very interesting and meaningful אגדה.

[2] This approach is very helpful in cultivating an appreciation and understanding of the many disputes in the תלמוד. This סוגיא can serve as an opportunity to digress and address the issues of אלו ואלו and מחלוקת in general.

[3] Although this issue is very tangential to the unit, it is a very interestesting and contemporary issue and can be very engaging to students.

<u>מסכת סנהדרין דף כד.</u>

גופא אמר ריש לקיש פה קדוש יאמר דבר זה תני עדו איני והאמר עולא הרואה את ריש לקיש בבית המדרש כאילו עוקר הרים וטוחנן זה בזה אמר רבינא והלא כל הרואה רבי מאיר בבית המדרש כאילו עוקר הרי הרים וטוחנן זה בזה הכי קאמר בא וראה כמה מחבבין זה את זה כי הא דיתיב רבי וקאמר אסור להטמין את הצונן אמר לפניו רבי ישמעאל ברבי יוסי אבא התיר להטמין את הצונן אמר להם כבר הורה זקן אמר רב פפא בא וראה כמה מחבבין זה את זה דאילו רבי יוסי קיים היה כפוף ויושב לפני רבי דהא רבי ישמעאל ברבי יוסי ממלא מקום אבותיו הוה והיה כפוף ויושב לפני רבי וקא אמר כבר הורה זקן אמר רבי אושעיא מאי דכתיב (זכריה י"א) ואקח לי (את) שני מקלות לאחד קראתי נועם ולאחד קראתי חובלים נועם אלו תלמידי חכמים שבארץ ישראל שמנעימין זה לזה בהלכה חובלים אלו תלמידי חכמים שבבבל שמחבלים זה לזה בהלכה (זכריה ד') ויאמר (אלי) אלה [שני] בני היצהר העמדים וגו' ושנים זיתים עליה יצהר אמר רבי יצחק אלו תלמידי חכמים שבארץ ישראל שנוחין זה לזה בהלכה כשמן זית ושנים זיתים עליה אלו תלמידי חכמים שבבבל שמרורין זה לזה בהלכה כזית (זכריה ה') ואשא עיני וארא והנה שתים נשים יוצאות ורוח בכנפיהם ולהנה כנפים ככנפי החסידה ותשאנה האיפה בין השמים ובין הארץ ואמר אל המלאך הדבר בי אנה המה מולכות את האיפה ויאמר אלי לבנות לה בית בארץ שנער אמר רבי יוחנן משום רבי שמעון בן יוחאי זו חנופה וגסות הרוח שירדו לבבל וגסות הרוח לבבל נחית והאמר מר עשרה קבין גסות ירדו לעולם תשעה נטלה עילם ואחת כל העולם כולו אין לבבל נחית ואישתרבובי דאישתרבב לעילם דיקא נמי דכתיב לבנות לה בית בארץ שנער שמע מינה והאמר מר סימן לגסות הרוח עניות ועניות לבבל נחית מאי עניות עניות תורה דכתיב (שיר השירים ח') אחות לנו קטנה ושדים אין לה אמר רבי יוחנן זו עילם שזכתה ללמוד ולא זכתה ללמד מאי בבל אמר רבי יוחנן בלולה במקרא בלולה במשנה בלולה בתלמוד (איכה ג') במחשכים הושיבני כמתי עולם אמר רבי ירמיה זה תלמודה של בבל

<u>מסכת ברכות דף סד.</u>

אמר רבי אבין הלוי כל הדוחק את השעה שעה דוחקתו וכל הנדחה מפני השעה שעה נדחת מפניו מדרבה ורב יוסף דרב יוסף סיני ורבה עוקר הרים אצטריכא להו שעתא שלחו להתם סיני ועוקר הרים איזה מהם קודם שלחו להו סיני קודם שהכל צריכין למרי חטיא אף על פי כן לא קבל עליו רב יוסף דאמרי ליה כלדאי מלכת תרתין שנין מלך רבה עשרין ותרתין שנין מלך רב יוסף תרתין שנין ופלגא כל הנך שני דמלך רבה אפילו אומנא לביתיה לא קרא

<u>רש"י מסכת ברכות דף סד.</u>

הדוחק את השעה - כגון אבשלום שבקש למלוך בחזקה. **אצטריכא להו שעתא** - להיות אחד מהם ראש ישיבה, אצטריכא להו גרסינן, הוצרכו להם חכמים. **סיני** - היו קורין לרב יוסף, שהיה בקי בברייתות הרבה. **עוקר הרים** - לרבה בר נחמני, שהיה מחודד יותר בפלפול. **למרי חטיא** - למי שקבץ תבואה למכור, כלומר: למי שקבץ שמועות. **דאמרי ליה כלדאי** - לרב יוסף. **מלכת תרתין שנין** - אמר: אם אמלוך תחלה אמות לסוף שנתים ונדחה מפני השעה ולא אבה למלוך, והשעה עמדה לו שלא הפסיד שנותיו בכך. **אומנא לביתיה לא קרא** - לא נהג כל אותן השנים שום צד שררה, וכשהיה צריך להקיז דם היה הולך לבית הרופא ולא היה שולח לבא אליו.

<u>מסכת בבא מציעא דף פד.</u>

יומא חד הוה קא סחי רבי יוחנן בירדנא, חזייה ריש לקיש ושוור לירדנא אבתריה, אמר ליה: חילך לאורייתא! - אמר ליה: שופרך לנשי! - אמר ליה: אי הדרת בך - יהיבנא לך אחותי, דשפירא מינאי. קביל עליה. בעי למיהדר לאתויי מאניה - ולא מצי הדר. אקרייה ואתנייה, ושוייה גברא רבא. יומא חד הוו מפלגי בי מדרשא: הסייף והסכין והפגיון והרומח ומגל יד ומגל קציר מאימתי מקבלין טומאה - משעת גמר מלאכתן, ומאימתי גמר מלאכתן? רבי יוחנן אומר: משיצרפם בכבשן, ריש לקיש אמר: משיצחצחן במים. - אמר ליה: לסטאה בלסטיותיה ידע! - אמר ליה: ומאי אהנת לי? התם רבי קרו לי, הכא רבי קרו לי. אמר ליה: אהנאי לך דאקרבינך תחת כנפי השכינה. חלש דעתיה דרבי יוחנן, חלש ריש לקיש. אתאי אחתיה קא בכיא, אמרה ליה: עשה בשביל בני! אמר לה: (ירמיהו מ"ט) עזבה יתמיך אני אחיה. - עשה בשביל אלמנותי! - אמר לה: (ירמיהו מ"ט) ואלמנותיך עלי תבטחו. נח נפשיה דרבי שמעון בן לקיש, והוה קא מצטער רבי יוחנן בתריה טובא. אמרו רבנן: מאן ליזיל ליתביה לדעתיה - ניזיל רבי אלעזר בן פדת, דמחדדין שמעתתיה. אזל יתיב קמיה, כל מילתא דהוה אמר רבי יוחנן אמר ליה: תניא דמסייעא לך. אמר: את כבר לקישא? בר לקישא, כי הוה אמינא מילתא - הוה מקשי לי עשרין וארבע קושייתא, ומפרקינא ליה עשרין וארבעה פרוקי, וממילא רווחא שמעתא. ואת אמרת תניא דמסייע לך, אטו לא ידענא דשפיר קאמינא? הוה קא אזיל וקרע מאניה, וקא בכי ואמר: היכא את בר לקישא, היכא את בר לקישא, והוה קא צוח עד דשף דעתיה [מיניה]. בעו רבנן רחמי עליה ונח נפשיה.

<u>מסכת כתובות דף קד.</u>

ההוא יומא דנח נפשיה דרבי, גזרו רבנן תעניתא ובעו רחמי, ואמרי: כל מאן דאמר נח נפשיה דר', ידקר בחרב. סליקא אמתיה דרבי לאיגרא, אמרה: עליוני' מבקשין את רבי והתחתוני' מבקשין את רבי, יהי רצון שיכופו תחתונים את העליונים. כיון דחזאי כמה זימני דעייל לבית הכסא, וחלץ תפילין ומנח להו וקמצטער, אמרה: יהי רצון שיכופו עליונים את התחתונים. ולא הוו שתקי רבנן מלמיבעי רחמי, שקלה כוזא שדייא מאיגרא [לארעא], אישתיקו מרחמי ונח נפשיה דרבי.

<u>ר"ן מסכת נדרים דף מ.</u>

אין מבקש עליו רחמים לא שיחיה ולא שימות - נראה בעיני דה"ק פעמים שצריך לבקש רחמים על החולה שימות כגון שמצטער החולה בחליו הרבה ואי אפשר לו שיחיה כדאמרינן בפרק הנושא (כתובות קד) דכיון דחזאי אמתיה דרבי דעל כמה זימנין לבית הכסא ואנח תפילין וקא מצטער אמרה יהי רצון שיכופו העליונים את התחתונים כלומר דלימות רבי ומש"ה קאמר דהמבקר חולה מועילו בתפלתו אפי' לחיות מפני שהיא תפלה יותר מועלת ומי שאינו מבקרו אין צריך לומר שאינו מועילו לחיות אלא אפי' היכא דאיכא ליה הנאה במיתה אפי' אותה זוטרתי אינו מהנהו. **לא ליסעוד איניש** - לא יבקר ופקודת כל האדם מתרגמינן וסיעדא.

<u>ערוך השולחן יורה דעה הלכות ביקור חולים ורפואה ונוטה למות וגוסס סימן שלה סעיף ג</u>

עיקר מצות ביקור חולים הוא לעיין בצרכי החולה ולעשות לו מה שצריך כדאיתא בנדרים (מ.) מעשה בתלמיד אחד מתלמידי ר"ע שחלה וכו' ונכנס ר"ע לבקרו ובשביל שכיבד וריבץ לפניו חיה א"ל רבי החייתני יצא ר"ע ודרש כל שאינו מבקר את החולים כאלו שופך דמים ומה יפו החברות בכמה ערים הנקראים חברה לינה שלנים אצל החולים כל הלילה לראות מה שהם צריכים דביום ע"פ רוב משמשים לו אנשי ביתו משא"כ בלילה דאנשי

ביתו עמלים מעבודת היום ונשקעים בשינה באונס על כן גדול שכרם מאד מאד של חברי לינה ואמרו חז"ל [שם] כל המבקר את החולה נצול מדינה של גהינם ומה שכרו בעוה"ז ד' ישמרהו מיצה"ר ויחייהו מן היסורין ויאושר בארץ שיהו הכל מתכבדים בו וכו' ע"ש וכל המבקר את החולה גורם לו שיחיה שמתפלל עליו שיחיה וכל שאינו מבקר אין מבקש עליו רחמים לא שיחיה ולא שימות דלפעמים יש לבקש רחמים שימות כגון שיש לו יסורים הרבה בחליו ואי אפשר לו שיחיה כמעשה דרבי פ' הנושא [ר"ן שם]:

<u>שו"ת ציץ אליעזר חלק ה - רמת רחל סימן ה</u>

אם מותר להתפלל על חולה שאין סיכוים שיבריא ומתפתל ביסוריו שימות שם: וכל המבקר את החולה גורם לו שיחיה וכל שאינו מבקר אין מבקש עליו רחמים לא שיחיה ולא שימות דלפעמים יש לבקש רחמים שימות כגון שיש לו יסורים הרבה בחליו ואי אפשר לו שיחיה כמעשה דרבי פ' הנושא.

דברים אלה מביא הערוה"ש בשם הר"ן בנדרים ד' מ' ע"א שמבאר כן בכוונת דברי הגמ' שם דכל שאין מבקר חולה אין מבקש עליו רחמים לא שיחיה ולא שימות, ומסיים הר"ן בלשון זה ומי שאינו מבקרו אין צריך לומר שאינו מועילו לחיות אלא אפי' היכא דאיכא ליה הנאה במיתה אפילו אותה זוטרתי אינו מהנהו, והראיה מההיא דפ' הנושא כותב הר"ן דהוא מהא דאיתא שם דכיון דחזאי אמתיה דרבי דעל כמה זימנא לבית הכסא ואנח תפילין וקא מצטער אמרה יהי' רצון שיכופו העליונים את התחתונים, כלומר דלימות רבי.

(א) והנה דברי ר"ן אלה שיוצא לנו מהם הלכתא גבירתא שעל חולה שמחלתו אנושה שאין לו מנוס ממנה ומתפתל ביסוריו יהא מותר להתפלל עליו שימות, מבלי לחשוב על רגעי חיי אנוש בעוה"ז היקרים מפז בתיקונים שונים גלויים ונעלמים גם כשבעל כרחו הוא חי, וכדברי התנא באבות (פ"ד מי"ז): יפה שעה אחת בתשובה ומעשים טובים בעולם הזה מכל חיי העולם הבא. אלא להעדיף במצב זה ההתגאלות של החולה מיסוריו הגופיים הנוראים, ולו ע"י מעבר גופי מהיש להאין ומחיים - למיתה. מכיון שהרי רק מתפלל לה' שיקח כבר נשמתו ממנו והוא אינו עושה ח"ו שום פעולה חיובית או שלילית לקירוב המיתה שזה אסור אפילו בגוסס שמיתתו בטוחה ולרגעים תבחננו, ומי שעושה כן הרי כרוצח יחשב. כידוע בהלכה. דברים אלה של הר"ן והיוצא מהן להלכה, לא הובאו לא בטור ונושאי כליו ולא בשו"ע ונושאי כליו [מלבד זאת שראיתי שנזכר בתפא"י על המשניות פ"ח דיומא מ"ז בבועז שם] וכפי הנראה דחוהו מהלכה מכיון שזה פירוש מחודש ויוצאת ממנו גם הלכה מחודשת, והוא דבר שלא פירשוהו אף אחד מן הראשונים בלעדו בסוגית הגמ' בנדרים שם. כן עיין במהרש"א נדרים שם שמקשה גם על עצם פירושו של הר"ן בדברי הגמ' דאין נראה כן ע"ש.

ויש להבין גם הראיה ממעשה דרבי בכתובות, הרי אדרבה...

5. נאמן עלי אבא (דף כד.-כד:)

המשנה בדף כד. והגמרא – המשפט הראשון בגמ' (ר' דימי), שורה 37 עד שורה 41.

ויש ללמוד את סוף הסוגיא בעמוד ב', שורה 24 עד שורה 36.[1]

(מחול / אתן, לפני גמר דין / אחר גמר דין)

וגם יש ללמוד את הגמרא בדף כג. (3 שורות האחרונות) עד כג: שורה 8.

חקירה – בכל הסוגיא יש לדון אי מהני "נאמן עלי" מדין התחייבות מדעת, או מדין "בית דין", ונבאר להלן.

משנה – קשור למשנה א', שהזכירה את הענין של קרובין או פסולין, ועוד, שם דמיירי בזבל"א, שהוא גם כן בית דין משונה שנקבע ע"י בעלי הדין.

יש כמה דברים חשובים לברר ב"פשט" המשנה:

- למה צריכים לפרט פסול קורבה (אבא) וגם פסול רועה? רי"ף – הוסיף המשנה לחדש דלא רק פסול קורבה, שהוא כשר לשאר בני אדם, אלא אף רועה, שהוא פסול לכו"ע, לא יכול לחזור בו לפי חכמים.
- האם מדובר בענין דיין או עד? ע' ברש"י (ד"ה נאמן עלי), שכתב, להיות דיין. ועי' בר"ח וברמב"ם (סנהדרין ז:ב) שפסקו דה"ה להיות עד. לכאורה לכו"ע שייך דין זה לשניהם, ורק נחלקו בפירוש המשנה. אולי פירש רש"י הכי משום שמדובר במשנה הקודמת בדיינים, אך שבסוף במשנה שם מדובר בעדים, וצ"ע בכונת רש"י.

גמרא – "בגון דקיבליה עליה בחד" – יש לעיין, מה המובן של הדין של רב דימי? לפי איזה שיטה במשנה נאמר? מהי נקודת המחלוקת בין ר"מ לחכמים?

1. רש"י ד"ה דקבליה – ר' דימי עוסק בשיטת רבי מאיר. כלומר, **שאפילו** בכה"ג ר"מ פוסק שיכול לחזור בו. (א"כ, ר' דימי בא **להרחיב** את שיטת ר' מאיר). ולכאורה ס"ל שאין חילוק בין חדא ותרתי לריעותא, ור"מ וחכמים פליגי בשניהם, ולחכ' אינו יכול לחזור בו אפילו בתרתי לריעותא (ודלא כשיטת

[1] If this entire סוגיא is studied inside, it can contribute to the development of textual skills. This approach would make the סוגיא very long, however, and the value of the benefits in the context of the entire curriculum must be evaluated. If the majority is skipped, then there is little value in terms of textual skills, but it is a great opportunity to introduce מדות and חקירות, as the conceptual analysis is clear, compelling, and easily accessible.

התוס' דלהלן). הרמב"ם (פ"ז מהל' סנהדרין ה"ב) פירש כרש"י (וכ"כ המאירי) וכן פסק המחבר בשו"ע (חו"מ כב:א).

[וצ"ע במה שכתב הרדב"ז (כב:ו) דשנים שדנו אין דיניהם דין, ואפילו אם קנו מידם יכול לחזור. ותימא, דהכא מכשיר אפילו פסול אחד כשלשה. ואולי יש לחלק בין לשון "נאמן עלי", שמודיע שיודע שאינם כשרים, ומ"מ קיבל, לבין ב' שדנו, ואף בקנין, דסבר שהם כשרים מתורת בית דין, והוי כקנין בטעות, וצ"ע.]

2. תוספות ד"ה אמר, יד רמה – ר' דימי עוסק בשיטת חכמים, **ודוקא** בכה"ג (חדא לריעותא) אמרו חכמים שאינו יכול לחזור, אבל בתרתי לריעותא יכול לחזור. וכן פסק הרמ"א (חו"מ ס' כב ס"א).

ובשיטת התוס' נראה לבאר דס"ל דאם אמר "נאמן עלי" בחדא לריעותא, עדיין נחשב כבית דין גמור, אבל בתרתי לריעותא כבר פקע השם בית דין מיניה, ואינו דין. ובשיטת רש"י י"ל דאף בתרתי לריעותא חשיב כבית דין. אי נמי יש לומר דס"ל לרש"י דפקע השם בית דין (אולי אפילו בחדא לריעותא), אבל "נאמן עלי" מהני מדין התחייבות מדעת, וממילא לא שנא תרתי מחדא לריעותא.

ויש לעיין בשיטת התוספות, אמאי יכול לחזור בו בתרתי לריעותא, ואמאי לא נחשב כקנין והתחייבות מדעת. וכן יש להקשות לפי ר' מאיר לכו"ע. ונראה דנחלקו בזה הראשונים:

- עיין בחידושי הר"ן בשם הרי"ף ורבינו אפרים שנחלקו בתרתי לריעותא, בכה"ג שעשו מעשה קנין, אם יכול לחזור בו. ופסק הרי"ף ד"אין לאחר הקנין כלום", ובודאי אינו יכול לחזור בו. ומבואר לפי הרי"ף שאין קנין ב"**אמר** לו נאמן עלי אבא" משום שלא עשה קנין. אך כתב הר"ן בשם הרי"ף בשם "גאון אחד" שאף אם קנו יכול לחזור בו, ד"קנין בטעות הוא", וביאר בשם רבינו אפרים משום ד"גוזמא בעלמא אמר לו". ולכאורה דומה לאסמכתא. [ואפשר דדעת רש"י היא להיפך, ואף בלי מעשה קנין נחשב כקנין והתחייבות מדעת.]

ולכאורה יש להביא ראיה להרי"ף ממסקנת הגמרא (כד:) ד"אין לאחר קנין כלום", וכמו שהזכיר בעצמו. אך עיין ברש"י (שם ד"ה וקנו מידו) שפירש "שלא לחזור". ולכאורה אין זה כמו הקנין שמדובר בו ברי"ף, שלכאורה דיבר הרי"ף בקנין שישלם ממון אם יתחייב בדין.

גמרא – דף כד: – מחול/אתן[2] – בביאור החילוק בין מחול לאתן, נראה משום דבעלמא, מחילה אינה צריכה קנין, וממילא מהני מחילה בקיבל עלי, דלא גרע ממחילה סתם, משא"כ אתן, דבעלמא בעי קנין, וממילא לא מהני קיבל עלי. (וכך פי' היד רמה). ודנו בזה התוספות לעיל בדף ו ד"ה צריכה קנין. ולמ"ד דאף מחילה לא מהני, הביאור הוא דגרע מסתם מחילה, דהכא לא מחל אלא משום דסבר דחייב

[2] This issue is complex and may be beyond the scope of many classes.

לשמוע לפסק דין, וכיון דלא אפשר לו להיות דיין, ממילא לא מהני מדין מחילה, דהוי כמחילה בטעות. (והיד רמה הביא פי׳ נוסף שההבדל הוא בגמירת דעת. ועי׳ בחזו״א על אתר בב׳ הסברים של שיטת חכמים שאינו חוזר אפי׳ באתן לך – או משום קנין אודיתא, או שהקבלה בפני ב״ד חשיב כתקנת ב״ד, וכאילו נעשה הקנין).

בענין מעשה קנין, עיין בנימוקי יוסף (בדף ד. בדפי הרי״ף, בד״ה משנה, ואי קשיא וכו׳) שביאר את החילוק בין פשרה לנאמן עלי, דהקשה, אמאי בעינן קנין בפשרה, משא״כ כאן בנאמן עלי. ולכאורה דבר זה תלוי בנ״ל, דאי מהני מדין התחייבות יש להצריך קנין, אבל אי הוי כתנאי במעשה בית דין אין צורך לקנין. ויש להסתפק בכונת הנימוקי יוסף בתירוצו, אם מסיק דאינו קנין בכלל, או הוי קנין, אך שיש אומדנא שגמר ומקני הכא אף בלי מעשה קנין.

נפקא מינות בגדר הדין דנאמן עלי:

עיין במנחת חינוך (לז:ג, רלד)

א. מביא דיון אם יש קרבן שבועת העדות (כתב הר״ן בשבועות שאין קרבן).

ב. מסתפק אם העיד בשקר, אם עובר על האיסור ד״לא תענה״.

ג. מסתפק אם חייבים לעמוד בשעת הגדת העדות כבכל עדות.

(ועיין ב״דבר משה״ בשם ר״י ענגל)

ד. דן במי שלא רוצה להעיד, אם עובר על ״אם לא יגיד״

ועיין בשו״ת רעק״א (קמא, סי׳ קעט)

ה. דן אם יש להם דין עדים זוממים אם הוזמו.

ולכאורה עוד נ״מ –

ו. מתי חל ההתחייבות, משעת גמר דין כבכל דין, או למפרע מזמן שאמר נאמן עלי.

גמרא – כג.–כג:

- (כג.) ״קמ״ל דמצי הדר ביה״ – לפי״ז החכ׳ שאומרים במשנה ״אימתי בזמן שמביא ראיה שהם קרובים ופסולים״ סוברים שלא מהני קבלת חד כבי תרי אי הוי נמי קרוב או פסול, ומזה יש להביא ראיה לשיטת התוספות הנ״ל דבתרתי לריעותא מודים החכ׳ לר״מ שיכול לחזור בו, וכ״כ היד רמה.
- (כג:) ״אבא ואביך חזו לעלמא״ ועי׳ בחידושי הר״ן שהקש׳ מדתנן במתני׳ שלשה רועי בקר דלא חזו לעלמא, וכתב ליישב.

הלכה למעשה

<u>שלחן ערוך</u> (חו״מ סימן כב) – נחלקו המחבר והרמ״א במחלוקת רש״י ותוס׳ הנ״ל, וכמו שהסברנו לעיל. ועי׳ שם סעי׳ ב׳ – ״נאמן עלי עכו״ם״ – מותר לקבל עכו״ם להיות עד, אבל לא להיות דיין, דאסור משום לפניהם ולא לפני העכו״ם (עי׳ בהקדמה לפרק).

מסכת סנהדרין דף כד.-כד:

משנה. אמר לו: נאמן עלי אבא, נאמן עלי אביך נאמנים עלי שלשה רועי בקר, רבי מאיר אומר: יכול לחזור בו, וחכמים אומרים: אינו יכול לחזור בו. היה חייב לחבירו שבועה, ואמר לו: דור לי בחיי ראשך רבי מאיר אומר: יכול לחזור בו, וחכמים אומרים: אין יכול לחזור בו.

גמרא. אמר רב דימי בריה דרב נחמן בריה דרב יוסף: כגון דקבליה עליה בחד. אמר רב יהודה אמר שמואל: מחלוקת במחול לך, אבל באתן לך - דברי הכל יכול לחזור בו. ורבי יוחנן אמר: באתן לך מחלוקת. איבעיא להו: באתן לך מחלוקת, אבל במחול לך - דברי הכל אין יכול לחזור בו, או דילמא: בין בזו ובין בזו מחלוקת? תא שמע, דאמר רבא: מחלוקת באתן לך, אבל במחול לך - דברי הכל אין יכול לחזור בו. אי אמרת בשלמא באתן לך מחלוקת, אבל במחול לך דברי הכל אין יכול לחזור בו - רבא דאמר כרבי יוחנן. אלא אי אמרת בין בזו ובין בזו מחלוקת, רבא דאמר כמאן? - רבא טעמא דנפשיה קאמר, איתיביה רב אחא בר תחליפא לרבא: היה חייב לחבירו שבועה ואמר לו: דור לי בחיי ראשך רבי מאיר אומר: יכול לחזור בו, וחכמים אומרים: אין יכול לחזור בו **[כד:]** מאי לאו באותן הנשבעין ולא משלמין, דהוה ליה כמחול לך? - לא, באותן הנשבעין ונוטלין, דהוה ליה כאתן לך. - והא תנא ליה רישא! - תנא תולה בדעת אחרים, ותנא תולה בדעת עצמו. וצריכא. דאי תנא תולה בדעת אחרים - בהא קאמר רבי מאיר דמצי הדר ביה - משום דלא גמר ומקני, דאמר: מי יימר דמזכי ליה? אבל תולה בדעת עצמו - אימא מודי להו לרבנן. ואי אשמעינן בהא - בהא קאמרי רבנן, אבל בההיא - אימא מודו ליה רבנן לרבי מאיר, צריכא.

אמר ריש לקיש: מחלוקת לפני גמר דין, אבל לאחר גמר דין - דברי הכל אין יכול לחזור בו. ורבי יוחנן אמר: לאחר גמר דין מחלוקת. איבעיא להו: לאחר גמר דין מחלוקת - אבל לפני גמר דין דברי הכל יכול לחזור בו, או דילמא: בין בזו ובין בזו מחלוקת? תא שמע, דאמר רבא: קיבל עליו קרוב או פסול, לפני גמר דין - יכול לחזור בו, לאחר גמר דין - אין יכול לחזור בו. אי אמרת בשלמא לאחר גמר דין מחלוקת, אבל לפני גמר דין דברי הכל יכול לחזור בו - רבא דאמר כרבי יוחנן, ואליבא דרבנן. אלא אי אמרת בין בזו בין בזו מחלוקת - רבא דאמר כמאן? אלא לאו שמע מינה: לאחר גמר דין מחלוקת, שמע מינה. שלח ליה רב נחמן בר רב (חסדא) [מסורת הש"ס: רב יצחק] לרב נחמן בר יעקב: ילמדנו רבינו, לפני גמר דין מחלוקת או לאחר גמר דין מחלוקת, והלכה כדברי מי? שלח ליה: לאחר גמר דין מחלוקת והלכה כדברי חכמים. רב אשי אמר: הכי שלח ליה: באתן לך מחלוקת או במחול לך מחלוקת, והלכה כדברי מי? - שלח ליה: באתן לך מחלוקת, והלכה כדברי חכמים. בסורא מתני הכי. בפומבדיתא מתני הכי: אמר רבי חנינא בר שלמיה: שלחו ליה מבי רב לשמואל: ילמדנו רבינו, לפני גמר דין וקנו מידו מאי? - שלח להו אין לאחר קניין כלום.

רי"ף מסכת סנהדרין פרק ג - זה בורר [דף ג עמוד ב]

ולא מיבעיא היכא דקבליה עליה לקרוב דראוי להעיד במקום אחר דאינו יכול לחזור בו אלא אפי' קביל עליה פסול דאינו ראוי להעיד במקום אחר אינו יכול לחזור בו

רש"י מסכת סנהדרין דף כד.

נאמן עלי - להיות דיין.

דקבליה עליה בחד - דיינא, ואף על גב דאיכא תרי אחריני בהדיה, אמר ר' מאיר: יכול לחזור בו.

<u>רמב"ם הלכות סנהדרין פרק ז הלכה ב</u>

מי שקבל עליו קרוב או פסול בין להיותו דיין בין להיותו עד עליו, אפילו קבל אחד מן הפסולים בעבירה כשני עדים כשרים להעיד עליו או כשלשה בית דין מומחין לדון לו, בין שקבל על עצמו לאבד זכיותיו ולמחול מה שהיה טוען על פיהן, בין שקבל שיתן כל מה שיטעון עליו חבירו בעדות זו הפסול או בדינו, אם קנו מידו על זה אינו יכול לחזור בו, ואם לא קנו מידו יכול לחזור בו עד שיגמר הדין, נגמר הדין והוציא הממון בדין זה הפסול או בעדותו אינו יכול לחזור.

<u>רדב"ז הלכות סנהדרין פרק כב הלכה ו</u>

יפה כח הפשרה וכו'. לא קי"ל כשמואל דאמר שנים שדנו דיניהם דין אלא שנקרא ב"ד חצוף אלא אין דיניהם דין ויכולים בעלי הדין לחוזר בהם ומשמע דאפי' קנו מידם יכולין לחזור בהם דאלת"ה במה יפה כח הפשרה. ודוקא הדיוטות אבל מומחין אפי' אחד דינו דין והא דנקט ואם עשו פשרה וכו' משום רישא דשנים שדנו נקט אבל ה"ה באחד שעשה פשרה וקנו מידו אין יכול לחזור בו:

<u>תוספות מסכת סנהדרין דף כד.</u>

אמר רב דימי כגון דקבליה עליה בחד - פירש הקונט' דאפילו הכי קאמר ר' מאיר דיכול לחזור בו ולא נהירא דכיון דלרבותא נקטיה הוה ליה למימר לא צריכא כו' דמדקאמר כגון משמע דדוקא קא אמר כגון דקבליה עליה בחד על כן נראה דאמילתייהו דרבנן קאי דדוקא כגון דקבלוה עלויה בחד דחדא לריעותא הוא דאיכא קאמרי רבנן דאינו יכול לחזור בו אבל אי קבליה עליה כבי תרי יכול לחזור בו אף לרבנן כיון דאיכא תרתי לריעותא.

<u>יד רמ"ה מסכת סנהדרין דף כד.</u>

מתני' אמר לו נאמן עלי אבא נאמן עלי אביך כו' אוקמה רב דימי כגון דקבליה עליה בחד דכיון דליכא אלא חדא פיסול גמר ומקני ולא יכול למהדר ביה אבל היכא דקבליה עליה כבתרי כיון דלעלמא לא מהימן כבתרי ולדיליה נמי פסול לחד הוו להו תרי פסולי ולא גמר ומקני ואפי' רבנן מודו דמצי למהדר ביה. וראיה להא מילתא מההיא דאמרינן בריש פרקין עדו למאי אי לממון רחמנא פסליה ואוקי' כגון דקבליה עליה כבתרי ובהא פליגי ר"מ סבר יכול לחזור בו ורבנן סברי בד"א בזמן שמביא ראיה עליו שהוא קרוב או פסול דאיכא תרי פיסולי אבל אם היה כשר וקבליה עליה כי בתרי אינו יכול לפסלו. אף על גב דההוא לריש לקיש קא מתרצינן לה דאמר תני עדו וכבר אידחי ליה מימריה דריש לקיש מדקאמרינן מדקתני רישא דיינו וסיפא עדיו אלמא דוקא קתני אפילו הכי מסוגיא דשמעתא משמע דהכין דינא מדאוקי' כגון דקבליה כבתרי ואקשינן מאי קמ"ל דיכול למהדר ביה תנינא נאמן עלי אבא ואייתי התם הא דרב דימי ואי ס"ד דהא קמ"ל רב דימי דכל היכא דקבליה עליה כי בתרי בין כשר בין פסול מצי למהדר ביה אדקשיא לן מאי קמ"ל אדרבא תיקשי לן דבכה"ג לא פליגי רבנן עליה דרבי מאיר ולא יכלת למימר דאכתי לא הוה ידעי' לה להא דרב דימי דהא אייתינן לה התם בהדי מתני' אלא ודאי ש"מ כדפרשי'

<u>חידושי הר"ן מסכת סנהדרין דף כד.</u>

א"ר דימי בריה דרב נחמיה כגון דקבלי' עליה בחד. פירש"י ז"ל הא דרב דימי אדר"מ קאי דאמר יכול לחזור בו דאפילו לא קביל עליה אלא בחד דלא עלייה אלא חדא מדרגה אפ"ה יכול לחזור כל שכן כי קבליה עליה כתרי.

ולרבנן דאמרי אין יכול לחזור בו אפילו קבליה עליה נמי כתרי אמרינן הלכך הא דרב דימי לאו הלכה היא דאליבי' דר"מ איתמר. אבל הריא"ף ז"ל כתבה לזו של רב דימי בהלכותיו משמע דס"ל דאדרבנן קאי דדוקא כי קבליה עליה בחד הוא דאינו יכול לחזור בו הא קבליה עליה כתרי יכול לחזור בו ואפילו לאחר גמר דין וכדמסקינן בשמעתין דלאחר גמר דין מחלוקות אבל לפני גמר דין דברי הכל יכול לחזור בו. וכתב הריא"ף ז"ל בשמיה דגאון דהיכא דקביל עליה קרוב או פסול כבתרי אפילו קנו מיניה בב"ד מצי הדר ביה דקנין בטעות הוא דרחמנא אמר על פי שנים עדים. והוא הכריע דודאי אקנו מינה אע"ג דקבלי כבתרי לא מצי הדר ביה דאין לאחר קנין כלום והביא ראיה ממאי דאמרינן בשבועות מהימנת עלי כבתרי דכל היכא דאמרת לא פרענא והרי הכא שבעל דינו הוא מאמין אותו כשנים ומהני. והקשו עליו ומאן לימא לן דהתם מיירי בקנין אדרבה אימא לך דבלא קנין מיירי ומינה שמעינן איפכא דהיכא דקיבל עליו כשנים אינו יכול לחזור בו. ולי נראה לתרץ ראיית הר"ב ז"ל דהכי נמי קאמר ודאי התם בלא קנין מיירי וטעמא דמהני התם משום דהוי כאלו קנו מיניה דלוה דכיון שבשעת הלואה מלוה אתני תנאיה כשהודה הלוה משתעבד דומיא לערב דבשעת מתן מעות משתעבד אע"ג דלא קנו מיניה. וכדאמרינן בפ' איזהו נשך גבי משכנתא באתרא דמסלקי ואמר לא מסלקנא הא אמר לא מסליקנא. הלכך שפיר אייתי הרב ז"ל ראיה דהיכא דקנו מיניה מהני כדמהני התם דהוו כאלו קנו מיניה. כנ"ל. אלא שמ"מ עדיין איכא למימר מה לי אי קבליה עליה כחד או כתרי דכי היכי דלרבנן בחד לא מצי למיהדר ביה הכי נמי איכא למימר כי קבליה עליה בתרי דאטו אי בעי למיתן ליה במתנה מי לא מצי יהיב ליה. והראיה מדאמרינן בבבא בתרא פרק יש נוחלין עבדי גנבת שורי אצלך אתה מכרתו לי אתה נתתו לי במתנה רצונך השבע וטול נשבע ואינו יכול לחזור בו. והא הכא שזה המחזיק בעבד היה נאמן לומר שמכרו לו עד שיביא הלה עדים שלא מכרו לו וכשאמר לו מחזיק זה השבע וטול. הוא מאמינו כשנים ואפילו הכי כשנשבע אינו יכול לחזור בו אע"ג דליכא קנין. וכ"ת שאני התם שהוא מאמינו דוקא כשיעשה שבועה הא בעלמא דליכא שבועה לא. ליתיה דמה לי אי קבליה בשבועה או בדיבור בלחוד הואיל ומן הדין זה הטוען הוא צריך לעדים והוא מאמינו כשנים. ורבינו אפרים ז"ל פירש טעם רבו הרב ז"ל דכי קביל עלוהי חד פסול כבתרי גוזמא בעלמא הוא ומ"ה יכול לחזור בו אפילו לאחר גמר דין אבל בההיא שאמר רצונך השבע וטול אחר שאינו מאמינו אלא בשבועה אין כאן גוזמא. ואפ"ה לא מחוור מדאמרינן בתוספת' מעשה באחד שנתחייב לחבירו שבועה בב"ד ונדר לו בחיי הקרן וקבל עליו כלומר שקבל עליו בעל דינו שתעלה לו שבועה מחיי הקרן כאלו היתה שבועה שלימה וכיון שעשה שבועה זו לא היה יכול לחזור. וודאי שאין לך גוזמא יותר גדולה מזו ואפ"ה אינו יכול לחזור בו לפיכך נראה דהא דרב דימי אדר"מ קאי וכדפירש"י ז"ל אבל לרבנן בין קבליה עלויה בחד ואפילו בתרי אין יכול לחזור בו וכן פסק הרמב"ם ז"ל בפ"ה מהל' סנהדרין וכן דעת הראב"ד ז"ל:

<u>תוספות מסכת סנהדרין דף ו.-ו:</u>

צריכה קנין - אם נפרש דקנין של פשרה עושין קודם הפשרה וקונין זה מזה לעשות כמו שיאמרו הדיינין הן לשלם הן למחול אין לדקדק מכאן דבעלמא מחילה צריכה קנין דמה שצריך הכא קנין על המחילה משום דאי לאו הוי קנין הוי כמו מחילה בטעות שלא היה יודע שיאמרו למחול כל כך ואף על גב דהשתא דאיכא קנין הוי כמו קנין בטעות מיהו אלימא מילתא טפי בקנין מבלא קנין ואפילו אם נפרש שהקנין הוא לאחר הפשרה אכתי אין ראיה מכאן דמצי למימר דהקנין על אותו שיש לו לאחר לפרוע אבל להאי דמחיל אין צריך קנין ומיהו בהלכות גדולות פירש בהלכות דינין דצריך קנין על המחילה אף על פי שעושין הקנין אחר הפשרה ומכל מקום אין ללמוד מכאן על שאר מחילה שתהא צריכה קנין דמחילה שעל ידי פשרה אף על פי שיודע מה מוחל דומה

למחילה בטעות לפי שמוחל על פי עצתם של דיינין שהשיאו אותו למחול לפיכך צריך לאלם הדבר ע"י קנין ונראה להביא ראיה דמחילה אינה צריכה קנין מהא דאמר בפרק המקבל (ב"מ דף קיב. ושם) גבי שכיר המחהו אצל חנווני ואצל שולחני אינו עובר עליו ופליגי התם רב ששת אמר אינו חוזר עליו (רבא) אמר חוזר דמשמע דבלא קנין איירי דאי בקנין מאי טעמא דמאן דאמר חוזר אבל בלא קנין פליגי בהכי דמר סבר כשהמחהו לא לגמרי פטרו לבעל הבית שלא יחזור עליו ומר סבר לגמרי פטרו אלמא מחילה לא צריכה קנין ועוד ראיה דפריך בפ"ק דקדושין (דף טז.) גבי עבד עברי קונה עצמו בשטר למה לי שטרא לימא ליה באפי תרי זיל ובלא קנין איירי דאי בקנין מאי משני עבד עברי גופו קנוי אכתי תקשה לן שטרא למ"ל יפקירנו לשמואל דאמר המפקיר עבדו יצא לחירות ואין צריך גט שחרור אלא על כרחך לא פריך אלא מלשון הכתוב בשטר כלומר למה לי שטר אותו לשון עצמו שכותב בשטר הרי את לעצמך יאמר לו בעל פה עוד ראיה מהא דתנן בסוף הנושא (כתובות דף קד.) שאם שהתה כ"ה שנים ולא תבעה כתובתה מסתמא מחלה ובלא קנין איירי כדמוכח מעובדא דחמתיה דרבי חייא ומטענו חטין והודה לו בשעורים דפטור אף משעורים דמודה הוי בהו אין ראיה דהתם על כרחך לאו משום דאמרינן מדלא תבע להו סתמא אחלינהו הוי פטור אלא היינו טעמא מדלא תבע שעורים מודה הוא דלא מיחייב ליה שעורים מדפריך עלה בסוף המניח (ב"ק דף לה: ושם) מהא דתנן היו הניזקין שנים כו' הניזק אומר גדול הזיק את הגדול ומזיק אומר לא כי אלא קטן הזיק את הגדול וגדול הזיק את הקטן ומסיק דאפילו כדאמר מזיק לית ליה והתם אי אפשר להיות הטעם כלל משום מחילה שהרי הוא עומד וצווח ומבכור שנטל חלק כפשוט דאמר ויתר (ב"ב דף קכו.) אין לדקדק נמי כלל מכאן חזר רבינו יצחק בר' מרדכי שהיה רגיל **[עמוד ב]** לפרש דדוקא נקט בחזקת הבתים (ב"ב דף מ. ושם) קנין בפני שנים אבל אי ליכא ב' אין הקנין קנין דהא מסקינן הכא דפשרה צריכה קנין ואפילו הכי קאמרי רבנן פשרה ביחיד והא דנקט התם בפני ב' משום דאין צריך לומר כתובו ואין ראיה מכאן כלל דיכול להקנות בפני שנים לקיים הפשרה שעשה ביחיד ור"ת היה מדקדק מדאמרינן בפרק הזהב (ב"מ דף מו. ושם) היה עומד בגורן ואין בידו מעות כו' ואי אמרת מטבע ניקנה בחליפין ניקני ליה מעות אגב סודר ופשוט מיניה דאין ניקנית בחליפין דדוחק היה ליה לאוקמי בגברא ערטילאי והשתא אמאי לא משני כגון דליכא תרי ואין קנין מועיל אלא בפני שנים אלא ש"מ דודאי מהני ויש דוחין משום דסתם גורן מצויין בה בני אדם.

<u>נימוקי יוסף סנהדרין דף ד. בדפי הרי"ף</u>

מתני' נאמן עלי אבא להיות דיין אף על פי שהוא פסול מן התורה... ואי קשיא אמאי מהניא קבלה בלא קנין כלל טפי מפשרה דקי"ל בפ' קמא [דף ו.] דבעיא קנין ואם נעשית בלא קנין אינה כלום והטעם לפי שאינה משורת הדין והכא נמי אבא ואביך ורועי בקר אין נאמנים משורת הדין ותירצו דשאני הכא דמ"מ לדין הם מאמינין אותם הילכך גמרי ומקנו מה שאין כן בפשרה שאינה דבר מסויים והיא תלויה בדעתו של בוצע הלכך לא סמכא דעתיה ולא מהניא אלא בקנין: עוד אסיקנא בגמ' דבאתן לך מחלוקת כגון באותן הנשבעין ונוטלין כשכיר ונגזל שזה נותן לו מה שתובע ממנו ע"פ אבא ואביך או בהדרת הראש ובהא פליג ר"מ ואמר דאפילו לאחר גמר דין יכול לחזור בו אבל באותן שנשבעין ואין משלמין הוה ליה כמחול לך אם יאמרו כן אבא או אביך בהא כיון שהוא לאחר גמר דין אפי' ר"מ מודה דאין יכול לחזור בו:

<u>מנחת חינוך מצוה לז: שלא להעיד עדות שקר</u>

ולכאורה נראה דגם עדים פסולים, אך הבעלי דין קיבלו עליהם בדיני ממונות, כגון קרובים או שאר פסולים, גם כן עוברים בלאו זה אף שהם אינם חייבים קרבן שבועה (עיין ר"ן שבועות טו: מדפי הרי"ף ד"ה והם) ומה שנכתוב להלן בעזרת השם יתברך, מכל מקום עוברים בלאו הזה. אך אפשר כיון דכתיב בתורה "לא תענה ברעך עד שקר", אם כן דוקא אם הוא עד על פי התורה אבל אם אינו עד על פי התורה אינו עובר בלאו זה רק הוי ליה מזיק ממונו של חבירו והוא בגדר גזלן אבל בלאו הזה אינו עובר ובר"ן (פרק שבועות העדות) הביא ירושלמי דאפילו קיבלו עליהם קרוב או פסול אינו חייב קרבן שבועה דכתיב "והוא עד וכו'" את הכשר ולא את שאינו כשר. אם כן הכא נמי דכתיב "לא תענה ברעך עד שקר" דוקא אם ראוי לעדות אבל בקבלו אינו עד ואינו עובר בלאו הזה, ונפקא מינה דאינו בגדר עד זומם שיהא פסול לכל עדות שבתורה, ולענין עונש הזמה יבואר לקמן.

<u>ויקרא פרק ה</u>

(א) וְנֶפֶשׁ כִּי תֶחֱטָא וְשָׁמְעָה קוֹל אָלָה וְהוּא עֵד אוֹ רָאָה אוֹ יָדָע אִם לוֹא יַגִּיד וְנָשָׂא עֲוֹנוֹ: ...(ה) וְהָיָה כִי יֶאְשַׁם לְאַחַת מֵאֵלֶּה וְהִתְוַדָּה אֲשֶׁר חָטָא עָלֶיהָ: (ו) וְהֵבִיא אֶת אֲשָׁמוֹ לַיקֹוָק עַל חַטָּאתוֹ אֲשֶׁר חָטָא נְקֵבָה מִן הַצֹּאן כִּשְׂבָּה אוֹ שְׂעִירַת עִזִּים לְחַטָּאת וְכִפֶּר עָלָיו הַכֹּהֵן מֵחַטָּאתוֹ:

<u>מנחת חינוך מצוה רלד: שלא יכבד הדיין אחד מבעלי דין</u>

והנה נראה לי פשוט דאף דבכל הפסולים לדון, מהני בדיני ממונות אם קבלו עליהם בע"ד אף לכתחלה לדון מ"מ נראה דלענין עמידה וישיבה לכתחלה ל"מ קבלה דזהו מפני כבוד השם יתברך ש"אלקים נצב בעדת א-ל" זה אין בידם למחול, דאם לא כן יסכימו הבעלי דין להושיבם בגמר דין, אלא ודאי דלא מהני אף אם שניהם מסכימים. אך נראה לי לשיטת קצת ראשונים דסברי דאף בדיעבד פסול יושב בגמר דין, אפשר דהוי קבלה דלא גרע משאר פסול ועיין בבית יוסף (חושן משפט סי' שפ"ח תשובת הרשב"א) דמשום כבוד שמים גזרו על ינאי שיעמוד ע"ש.

ואני מסתפק דאפשר אם קבלו עליהם דיינים קרובים ופסולים יכול להיות דמותרים הבית דין לעמוד בשעת גמר דין והבעלי דין לישב, דאין זה בגדר דין התורה כלל. וכן אפשר אם קבלו הבעלי דין עדות קרובים ופסולים, אפשר גם כן דאין צריך לעמוד בשעת העדות וגם הבעלי דין אין צריכים לעמוד כן נראה לי בסברא וצ"ע.

ומ"ש הרהמ"ח דמצוה זו נוהגת בזכרים אפשר גם בנשים או פסולים אם קבלו הבעלי דין עליהם מוזהרים הם שלא יכבדו לאחד יותר מחבירו כן נראה לי.

<u>דברים פרק יט פסוק יז</u>

וְעָמְדוּ שְׁנֵי הָאֲנָשִׁים אֲשֶׁר לָהֶם הָרִיב לִפְנֵי יְקֹוָק לִפְנֵי הַכֹּהֲנִים וְהַשֹּׁפְטִים אֲשֶׁר יִהְיוּ בַּיָּמִים הָהֵם:

<u>רש"י</u>

ועמדו שני האנשים - בעדים הכתוב מדבר, ולמד שאין עדות בנשים, ולמד שצריכין להעיד עדותן מעומד: **אשר להם הריב -** אלו בעלי הדין: **לפני ה' -** יהי דומה להם כאילו עומדין לפני המקום, שנאמר בקרב אלהים ישפוט (תהלים פב, א):

<u>שו"ת רבי עקיבא איגר מהדורה קמא סימן קעט</u>

ואשר נסתפק חתני הרב ני' באם קיבל עליו קרוב או פסול או ב' פסולין והוזמו. אם חייבין בדין הזמה או מלקות כיון דאין שם עדות עליהם.

במתני' דר"פ שבועות העדות. ואינה נוהגת בנשים ובקרובים. וקשה לי, הא אמרי' שם (דף ל"ב) הכל מודים בעד טומאה והכל מודים בעד מיתה ובהנך גם אשה וקרוב נאמנים. וא"כ משכחת שבועות העדות בנשים ובקרובים בהנך מילי.

וצ"ל דענין שבועת העדות הוא רק בעד כשר דשם עדות עליה בכל מילי. ואני קורא בו והוא עד. אלא דע"א אם מגיד אינו מועיל וצריך לו צירוף עם אחר בזה היכא דאם היה מגיד היה מועיל כגון בסוטה ומיתה חייב קרבן, אבל בקרוב או פסול דאין שם עדות עליו, אלא דבסוטה האמינתו תורה, והנאמנות מחמת דע"י קינוי וסתירה הוא רגלים לדבר וניכר שהאמת כן. וכן בעדות מיתה דמכח דייקא ניכר שהאמת כן. בזה ליכא קרבן שבועה דלא קרינן ביה והוא עד דאין שם עד על נשים וקרובים.

וכזה צריכים לומר הא דאמרינן שבועות שם מ"ד מלך אבל משחק בקוביא כיון דמדאורייתא חזי ורבנן הוא דפסלוהו, דלכאורה קשה הא מ"מ לא היה מועיל בעדותו ומה בכך דמדרבנן הוא, ובתוס' שם נדחקו לחלק בין זה להיא דעד מיתה. ולזה יש לומר דהכי פירושו, אבל משחק בקוביא שייך ביה דין שבועות העדות במעיד על סוטה ומיתה, דכיון דמדאורייתא מחזי מקרי בשם עד, [אלא דמסוגיא דיומא ר"פ יוה"כ לא משמע כן].

ולפ"ז י"ל דבקיבל עליו קרוב או פסול אינו חייב קרבן שבועה דמ"מ לאו שם עדות עלה. אבל קיבל עליו ע"א להיות כב' כיון דשם עד עליו. וגם אלו מגיד היה מועיל יש בו דין שבועות העדות, וה"נ אפשר בנ"ד לענין חיוב הזמה דכתיב והנה עד שקר העד ועשיתם, וכן לא תענה ברעך עד שקר, י"ל דוקא כששם עד עליו. וקיבל עליו קרוב או פסול אין שם עד עליו. ואינו מתחייב בהזמה. אבל קיבל עליו ע"א כב' יש בו דין הזמה.....

<u>שולחן ערוך חושן משפט סימן כב</u>

סעיף א: מי שקבל עליו קרוב או פסול, בין להיותו דיין בין להיותו עד עליו, הגה: ולא מקרי קבלה אלא אם כן קבלו לדונו, אבל אם השליש בידו מעות שדנין עליו, לא מקרי קבלה. (ריב"ש סימן ש"א). **אפילו קבל אחד מהפסולים בעבירה כשני עדים כשרים להעיד עליו, או כג' בית דין מומחים לדון לו,** הגה: ויש חולקים וס"ל דדוקא אם קבל קרוב או פסול בדיין אחד או בעד אחד, אבל אם קבלו כתרי, דאיכא תרתי לריעותא, אפילו אחר גמר דין יכול לחזור בו, וכן הסכמת רוב הפוסקים, אבל אם קנו מידו בכל ענין לא יכול לחזור, **בין שקבל על עצמו לאבד זכיותיו ולמחול מה שהיה טוען על פיהם, בין שקבל עליו שיתן כל מה שיטעון עליו חבירו בעדות זה הפסול או בדינו, אם קנו מידו על זה, אינו יכול לחזור בו. ואם לא קנו מידו, יכול לחזור בו עד שיגמור הדין.** (ולעיל סי' י"ב סעיף ב' נתבאר איזה מקרי גמר דין, ולענין עדות מיד שהעידו לא יכול לחזור בו) (ריב"ש סימן ת"ע ומרדכי). **נגמר הדין, אינו יכול לחזור בו, והוא שלא נודע שטעו** (מיהו אם הם ממונים בעיר או טובי העיר לא יכול לחזור, כי כן נוהגים דכל מה שאדם מקבל לפני ראשי העיר שלא יוכל לחזור בו) (תשובת מימוני סוף שופטים). **ואם כופר ואומר: לא קבלתיו עלי לדון, ואין עדים בדבר, ישבע שלא קבלו עליו, אפילו אם הדיין מכחישו ואמר שקבלו עליו.** (רבים שהמחו עליהם דיינים דלא גמירי, אין בעלי דינין יכולים לעכב) (ר' ירוחם נ"ב ח' י"ג).

סעיף ב: אם קבל עליו עדות עובד כוכבים, כמי שקיבל עליו עדות אחד מהפסולים. אבל אם קבל עליו עובד כוכבים לדיין, אפילו קנו מיניה, אין הקנין כלום, ואסור לידון לפניו. (אבל אם כבר דן לפניו, לא יכול לחזור בו) (מרדכי ריש פרק זה בורר).

6. פסולי עדות (דף כד:–כה.)

המשנה בדף כד: והגמרא עד כה. שורה 11

אולי יש להקדים את הסוגיא בידיעות כלליות בקשר למצות עדות ודיני פסולי עדות.

מצות עדות

המצוה להעיד נלמדת מהפסוק (ויקרא ה:א). ויש לבאר אם שורש המצוה הוא כדי להבעיר את הרע מקרבך או כדי לעזור לחבירו, כעין מצות לא תעמוד על דם רעיך.

- ספר החינוך (קכב) – מצות עדות היא להבעיר את הרע.
- עיין רש"י (ויקרא יט:טז) בענין "לא תעמוד". ועי' בתרגום יונתן, שפירש פסוק זה לענין עדות.
- לפי הרמב"ם (ספר המצות, ל"ת רצז), הכובש עדות עובר על לא תעמוד.

נפקא מינא – אי הוי בין אדם לחבירו או בין אדם למקום, אי שייך בדיני ממונות או בדיני נפשות.

פסולי עדות

יש להקדים את דברי הרמב"ם (פרק כד מהל' סנהדרין הל' א). ויש נוהגים בבתי דין בזה"ז על פי דבריו.[1]

ועוד יש להקדים את הפסול דאורייתא של רשע, כמו גנב, שלומדים מהפסוק (שמות כג:א).

נאמנות לעדות

עיין ברמב"ם (פ"ז מהל' יסודי התורה ה"ז), ועי' בקובץ הערות (סד:ג) שהבין דהוי כסברא.

סוגית פסולי עדות

המשנה בדף כד: והגמרא עד דף כה.

משנה – קשור למשניות הקודמות המזכירות ענין פסולים.

- רש"י – כולן מעין גזלנים הן. (הגדרת רשע דחמס, פ' נח – כי מלאה הארץ "חמס")

[1] This is very important, as it illustrates the ways that these laws are applied in contemporary society. The רמב"ן gives the judges discretion to accept the testimony of פסולים. While כשרים must be believed, the credibility of פסולים is up to the judgment of the judges. This puts the entire סוגיא of פסולי עדות into a different perspective.

• תוספות ד"ה ואלו הן – משנתינו רק עוסקת בפסולים מדרבנן (ועי' בגמ' להלן כו:, וברש"י שם. לעוד מקורות להגדרת גזלן דאורייתא, עי' ב"ק עט:, וסנהדרין ב. ברש"י).[2]

• רמב"ם (פירוש המשניות) – "ואסור זה לפי שהוא מתעסק בדבר שאין בו תועלת לישוב העולם, ומיסודי התורה שהאדם אין ראוי לו להתעסק בעולם הזה אלא באחד משני דברים, או בתורה כדי שתשלם נפשו בחכמתה, או במלאכה שתועיל לו בהתמדת המציאות או האומניות והסחורות, אלא שראוי למעט מאלו ולהרבות בתורה כמו שאמרו חז"ל (אבות ד:י) הוי ממעט בעסק ועוסק בתורה."[3]

[ענינים צדדיים על הסוגיא: ריבית והיתר עיסקא בזה"ז, הל' שביעית בזה"ז (איסור סחורה, אכילה מיבול חו"ל, היתר מכירה, אוצר בי"ד).]

גמרא – שיטת רמי בר חמא – "אסמכתא" – עיין ברש"י בהגדרת המילה. שיטת ר' ששת – "אין עוסקים בישובו של עולם".

למה נפסלים לעדות בשביל זה?

1. רש"י (על המשנה ד"ה שאין) – אינן בקיאין בטיב דינין ומשא ומתן ואינן יראי חטא.
2. יד רמה – מכיון שלא עמל לפרנסתו אינו מכיר בחשיבות של ממון, ולכן לא ידקדק בעדותו או דינו, או בקלות ישקר כי הוא לא מכיר בחשיבות הענין.
3. מאירי – אלו שמשחקים בקוביה רגילים לשקר תוך כדי המשחק.
4. הרמב"ם – משמע מפירוש המשניות הנ"ל שפסול משום שמבטל את יסוד התורה.

ונפקא מינה – כגון אדם שהוא סתם בטלן, ואינו עוסק במלאכה או בקוביה (לדעת היד רמה עדיין פסול, אבל לדעת המאירי כשר).

[2] Perhaps this תוספות should be learned after the upcoming units, as many of the proofs are based on upcoming גמרא.

[3] This is an important source to learn for the *hashkafic* message.

מסכת סנהדרין – פרק זה בורר 6. פסולי עדות (דף כד:)

אסמכתא[4]

הראשונים בעיקר עוסקים בדעת ר׳ ששת שמשחק בקוביא לא הוי אסמכתא. ישנן לפחות ד׳ גמרות נוספות שהראשונים עוסקים בהם - ב״מ (דף מח:), ב״מ (דף עג:), ב״מ (דף קד), ב״ב (דף קסח.), וישנן ד׳ שיטות עיקריות בין הראשונים:

1) שיטת רש״י (ד״ה אסמכתא, וד״ה כל כי האי גוונא) - בידו הוי יותר אסמכתא. ראיה: אם אוביר ולא אעביד אשלם במיטבא (קד.) (תוס׳ - ט״ס וצ״ל אלף זוז, ב״מ קד:) ומשליש את שטרו (ב״ב קסח.). ולכן לר׳ ששת משחק בקוביא לא הוי אסמכתא כי זה לא בידו.

2) תוספות ד״ה אסתכתא[5] מקשה על רש״י מגמ׳ ב״מ שאומרת בפירוש שכל שיותר בידו לאו אסמכתא היא.

a) שיטת ר״ת - "contract theory" - כשיכול להרויח גמר ומקני, וכשאין יכול להרויח הוי יותר אסמכתא. ראיה ממשליש את שטרו (ב״ב קסח.). ובמשחק בקוביא כל אחד מקנה לחבירו בההיא הנאה, ולכן לר׳ ששת משחק בקוביא לא הוי אסמכתא. (אבל קשה על ר״ת - למה אשלם במיטבא לא הוי אסמכתא, שהרי שם אינו יכול להרויח? ואולי שם הוא כן מרויח את חלקו בתבואה.) [ויש לדמות את זה לחוק ארצוה״ב: "Consideration"]

b) שיטת הר״י - (ועי׳ גם בתוס׳ הרא״ש)

1. בידו ולא גזים - לא אסמכתא (אם אוביר ולא אעביד אשלם במיטבא)
2. לא בידו כלל - לאו אסמכתא (כמו רש״י) (משחק בקוביא)
3. בידו וגזים - אסמכתא (אשלם אלף זוז)
4. קצת בידו - אסמכתא (יין, ב״מ עג:)

(אם לא בידו - ודאי קני, ולא אסמכתא, ואם גזים - ודאי אסמכתא)

c) סוף התוס׳ -עי׳ בעיניים למשפט עמ׳ ס״ח שמביא את הקצות סי׳ ר״ז במה שהקשה על התוספות.

[4] This is a very complex discussion. While an advanced class may be able to study the entire issue, in other classes, it may be worthwhile to teach only the ר״ת or ר״י.

[5] While this entire תוספות is important, it is very complex. In the interest of time, one may choose to teach just the רש״י, תוספות's question on רש״י from the גירסה (using this as an opportunity to explain "גוזמא"), followed by the second question of ר״ת on רש״י and ר״ת's own opinion. The concept of ר״ת can be illustrated through a comparison to the U.S. contract law concept of "consideration". To understand the ר״י's question on ר״ת, it is first necessary to learn the צריכותא at the end of the סוגיא on ארא. One can then continue with the practical considerations that arise in the רמ״א. The רמב״ם's position includes a סתירה and may be difficult to teach, although it does form the basis for the מחבר.

3) שיטת הרמב"ם – יש סתירה, שבהל' עדות (י:ד) כתב דפסול רק אם אין לו אומנות אלא הוא, אבל כתב גם כן דהוי "אבק גזל". וע"ע ברמב"ם בהל' עדות (י:ד, יב:א), שכתב שרק פסול אם משחק בקוביא תמיד. ובהל' גזילה (ו': ז, י, יא) כתב דהמשחק בקוביא הוי גזלן מדבריהם, ומחלק בין משחק עם ישראל למשחק עם עכו"ם (ועי' בעיניים למשפט שמקשה שהרי שיטת הרמב"ם היא שגזל עכו"ם אסור מה"ת, ואיך חילק כאן? ועיי"ש במה שתירץ). והשלחן ערוך (לד:טז) ג"כ פסק כב' הלשונות של הרמב"ם.

[העיניים למשפט מסכם את היישובים. ועי' גם במאמר של Eli Clark בRJJ Journal שמסכם את הענין: א) כסף משנה – הרמב"ם פוסק כרב"ח שזה מדין גזל. וכ"כ הגר"א (חו"מ סי' ר"ג, ס"ק מ"ד). ב) לחם משנה – הרמב"ם פוסק כר' ששת משום ישובו של עולם. ג) דרישה, ב"ח, סמ"ע – משום גזל, אבל בעי' שיהנה ממנו (אולי כדי ליחשב רשע דחמס שנהנה מעבירות), וזה רק אם "אוכל" מן הקוביא.]

פסק ההלכה

להלן בדף כו: הגמ' אומרת הלכה כר' יהודה. עיין בשלחן ערוך (סימן ש"ע, סעי' א–ג) – מחלוקת מחבר רמ"א. (בהל' עדות סי' ל"ד סעי' ט"ז, המחבר מצטט את דברי הרמב"ם שכנראה סותרים את עצמם. ובסוף סי' ר"ז הרמ"א מבאר את שיטת הר"י ומביא את התנאי של מעות על הדף.)

ועי' שו"ת יביע אומר (חלק ז', חו"מ סי' ו') בענין ההבדל בין אשכנזים לספרדים. הוא גם מביא את שו"ת הריב"ש (סי' תל"ב ד"ה לקהל ברונא) האומר שאפי' אם זה מותר ע"פ דין, "מכוער הדבר" (ואפשר גם לחזור לרמב"ם בפיה"מ לעיל).[6]

סיכום השיטות

כמעט כל הראשונים והפוסקים פוסקים כמו ר' ששת (חוץ מהגהות מרדכי, שפוסק כמו רמי בר חמא). התוס', מרדכי, רי"ף ורמ"א פוסקים כמו ר' ששת (אבל מוסיפים תנאים לגבי המעות על הדף). הרמב"ם והמחבר ג"כ פוסקים כמו ר' ששת, אבל עם הבנה אחרת של "ישובו של עולם".

עיין במשנה בשבת (כג:ב) – אסור, ועיין בגמרא (קמט:) – משום קוביא, ופי' רש"י משום גזל ואסמכתא. ועיין ברמב"ם (פכ"ג מהל' שבת הי"ז) שאסר משום מקח וממכר, ועין במגיד משנה שפירש שאסור אף בחול. ועיין בריטב"א שכתב שאינו באמת אסור אלא שאינו עוסק בישובו העולם.

[6] This is a very important source that clearly portrays the Torah's view on gambling. It is important that the students not interpret this סוגיא as an endorsement of gambling for one who has another job. This is also an opportunity to define the difference between Torah law and Torah values. This unit can also lead into a discussion about addictions in general, and particularly gambling addictions.

ויקרא פרק ה פסוק א

וְנֶפֶשׁ כִּי תֶחֱטָא וְשָׁמְעָה קוֹל אָלָה וְהוּא עֵד אוֹ רָאָה אוֹ יָדָע אִם לוֹא יַגִּיד וְנָשָׂא עֲוֹנוֹ:

מסכת סנהדרין דף כד:-כה.

משנה. ואלו הן הפסולין - המשחק בקוביא והמלוה בריבית, ומפריחי יונים, וסוחרי שביעית. אמר רבי שמעון: בתחילה היו קורין אותן אוספי שביעית, משרבו האנסין חזרו לקרותן סוחרי שביעית. אמר רבי יהודה: אימתי - בזמן שאין להן אומנות אלא הוא, אבל יש להן אומנות שלא הוא - כשרין.

גמרא. משחק בקוביא מאי קא עביד? - אמר רמי בר חמא: משום דהוה אסמכתא, ואסמכתא לא קניא. רב ששת אמר: כל כי האי גוונא - לאו אסמכתא היא. אלא: לפי שאין עסוקין ביישובו של עולם. מאי בינייהו? - איכא בינייהו דגמר אומנותא אחריתי. (ותנן) [מסורת הש"ס: דתנן] אמר רבי יהודה: אימתי - בזמן שאין להן אומנות אלא הוא, אבל יש להן אומנות שלא הוא - (הרי זה) כשרים. אלמא טעמא דמתניתין - משום יישובו של עולם הוא, קשיא לרמי בר חמא! וכי תימא פליגי רבנן עליה דרבי יהודה - והא אמר רבי יהושע בן לוי: כל מקום שאמר רבי יהודה **[דף כה.]** אימתי ובמה - אינו אלא לפרש דברי חכמים. רבי יוחנן אמר: אימתי - לפרש, ובמה - לחלוק. ודכולי עלמא, אימתי לפרש הוא! - גברא אגברא קא רמית? - מר סבר: פליגי, ומר סבר: לא פליגי. - ולא פליגי? והתניא: בין שיש לו אומנות שלא הוא, בין שאין לו אומנות אלא הוא - הרי זה פסול! - ההיא רבי יהודה משום רבי טרפון היא. דתניא, רבי יהודה אומר משום רבי טרפון: לעולם אין אחד מהן נזיר, לפי שלא נתנה נזירות אלא להפלאה.

ספר החינוך מצוה קכב

ואולם חילוק יש בין דיני ממונות לדיני נפשות ושאר איסורין שבתורה, שבדיני ממונות אין אדם חייב להעיד עליהם מעצמו אלא אם כן יתבענו בעל הדבר או בית דין, ובדיני נפשות ובעדות שאר איסורין שבתורה כגון שראה אחד שעבר על איסור, וכן בעדות נפשות כגון שראה מי שהרג חבירו, או בעדות מכות שהכה האחד את חבירו, בכל זה חייב אדם לבוא מעצמו ולהגיד העדות לפני הבית דין. כדי לבער הרע ולהפריש בני אדם מאיסור.

ויקרא פרק יט פסוק טז

לֹא תֵלֵךְ רָכִיל בְּעַמֶּיךָ לֹא תַעֲמֹד עַל דַּם רֵעֶךָ אֲנִי יְקֹוָק:

תרגום יונתן ויקרא פרק יט פסוק טז

לָא תֶהֱווֹן אָזְלִין בָּתַר לִישַׁן תְּלִיתָאֵי דְהוּא קַשֵׁי הֵי כְּחַרְבָּא דִקְטַל מִן תְּרֵין חוּרְפּוֹי לְמֵיכוּל קוּרְצִין לְמְעִיקָא לְבַר עַמָךְ לָא תִמְנַע זְכוּ דְחַבְרָךְ לְמִסְהֲדָא עֲלוֹי בְּדִינָא אֲנָא יְיָ:

ספר המצוות לרמב"ם מצות לא תעשה רצז

והמצוה הרצ"ז היא שהזהירנו מהתרשל בהצלת נפש אחד מישראל כשנראהו בסכנת המות או ההפסד ויהיה לנו יכולת להצילו. כמו שיהיה טובע במים ואנחנו נדע לשחות ונוכל להצילו. או יהיה גוי משתדל להרגו ואנחנו נוכל לבטל מחשבתו או לדחות ממנו נזקו. ובאה האזהרה מהמנע להצילו באמרו יתעלה (קדושים יט)

לא תעמוד על דם רעך. וכבר אמרו שמי שיכבוש עדות תכללהו גם כן זאת האזהרה כי הוא רואה ממון חבירו אובד והוא יכול להחזירו אליו באמרו האמת, וכבר בא בזה הענין גם כן (ויקרא ה הוב' במ"ע קעח) אם לא יגיד ונשא עונו, ולשון ספרא מניין אם אתה יודע לו עדות שאין אתה רשאי לשתוק עליה תלמוד לומר לא תעמוד על דם רעך ומניין אם ראית אותו טובע בנהר או לסטים באים עליו או חיה רעה באה עליו אתה חייב להצילו תלמוד לומר לא תעמוד על דם רעך ומניין לרודף אחר חבירו להרגו שאתה חייב להתילו בנפשו תלמוד לומר לא תעמוד על דם רעך. וכבר התבארו משפטי מצוה זו במסכת סנהדרין (עב - עד א):

<u>רמב"ם הלכות סנהדרין פרק כד הלכה א</u>

יש לדיין לדון בדיני ממונות על פי הדברים שדעתו נוטה להן שהן אמת והדבר חזק בלבו שהוא כן אף על פי שאין שם ראיה ברורה ואין צריך לומר אם היה יודע בודאי שהדבר כן הוא שהוא דן כפי מה שיודע, כיצד הרי שנתחייב אדם שבועה בב"ד ואמר לדיין אדם שהוא נאמן אצלו ושדעתו סומכת על דבריו שזה האיש חשוד על השבועה יש לדיין להפוך השבועה על שכנגדו וישבע ויטול הואיל וסמכה דעתו של דיין על דברי זה, אפילו היתה אשה או עבד נאמנים אצלו הואיל ומצא הדבר חזק ונכון בלבו סומך עליו ודן, ואין צריך לומר אם ידע הוא עצמו שזה חשוד. וכן אם יצא שטר חוב לפניו ואמר לו אדם שסמך עליו אפילו אשה או קרוב זה פרוע הוא אם סמכה דעתו על דבריו יש לו לומר לזה לא תפרע אלא בשבועה, או אם היה עליו שטר חוב לאחר יתן לזה שלא נפגם שטרו כלל ויניח זה שנפגם שטרו בדברי האחד או ישליך השטר בפניו ולא ידון בו כפי מה שיראה, וכן מי שבא וטען שיש לו פקדון אצל פלוני שמת בלא צואה ונתן סימנין מובהקין ולא היה זה הטוען רגיל להכנס בבית זה האיש שמת, אם ידע הדיין שזה המת אינו אמוד להיות לו חפץ זה וסמכה דעתו שאין זה החפץ של מת מוציאו מן היורשין ונותנו לזה האמוד בו ונתן סימנים, וכן כל כיוצא בזה שאין הדבר מסור אלא ללבו של דיין לפי מה שיראה לו שהוא דין האמת, אם כן למה הצריכה תורה שני עדים שבזמן שיבואו לפני הדיין שני עדים ידון על פי עדותן אע"פ שאינו יודע אם באמת העידו או בשקר. **השגת הראב"ד:** וכן אם יצא שטר חוב לפניו וכו' עד לא תפרע אלא וכו'. א"א דבר זה הוציא ממה שפירש רבינו חננאל במה שאמר רב פפא כגון אבא מר ברי קרענא שטרא אפומיה אומר דאפילו בשטר שיש בו נאמנות אינו גובה אלא בשבועה ואני אומר דאפילו בשבועה נמי לא גבי אלא מקרע נמי לא קרעינן ליה דוק ותשכח בכתובות פרק אע"פ ובשבועות פרק הדיינים דכל ריע שטרא לא מגבינן ביה או אם היה עליו שטר חוב לאחר יתן לזה שלא נפגם שטרו כלל ויניח זה שנפגם שטרו בדברי האחר או ישליך השטר בפניו ולא ידון כלל כפי מה שיראה עכ"ל.

<u>רמב"ם הלכות יסודי התורה פרק ז הלכה ז</u>

...ואעפ"כ מצוה לשמוע לו הואיל ואדם גדול וחכם וראוי לנבואה [הוא] מעמידים אותו על חזקתו, שבכך נצטוינו כמו שנצטוינו לחתוך את הדין ע"פ שני עדים כשרים ואע"פ שאפשר שהעידו בשקר הואיל וכשרים הם אצלינו מעמידין אותן על כשרותן, ובדברים האלו וכיוצא בהן נאמר הנסתרות לה' אלהינו והנגלות לנו ולבנינו, ונאמר כי האדם יראה לעינים וה' יראה ללבב.

<u>רש"י מסכת סנהדרין דף כד:</u>

המשחק בקוביא - כולהו מפרש בגמרא, וכולן מעין גזלנין הן, והתורה אמרה (שמות כג) אל תשת רשע עד - וכל שכן דיין.

שאין לו אומנות אלא הוא - דהואיל ואין עסוקין ביישובו של עולם אינן בקיאין בטיב דינין ומשא ומתן, ואינן יראי חטא.

כל כי האי גוונא לאו אסמכתא הוא - והיכי דמי אסמכתא - כגון דאם אוביר ולא אעביד אשלם במיטבא (בבא מציעא עו, א) וכגון משליש את שטרו דגט פשוט (בבא בתרא קסח, א) דסומך על לא דבר, דסבור כל זה בידי לעשות, ומרישא כי מתני - אדעתא דלא יהיב ליה לאסמכתא קא מתני, דטועה וסבור לא יבא לידי כך, אבל הכא לא סמיך אמידי, דהא לא ידע אי נצח אי לא נצח, ואפילו הכי אתני - שמע מינה מספיקא אתני גמר ואקני, ולא גזילה היא.

תוספות מסכת סנהדרין דף כד:

ואלו הן הפסולין - יש גורסין עבדים משום דסבירא ליה דקא חשיב הכא פסולי דרבנן ודאורייתא ולא נהירא משום דלא חשיב במתני' רק פסולי דרבנן דהא גזלנים לא קתני וכל פסולי דמתני' פסולי דרבנן נינהו משחק בקוביא אפי' למ"ד אסמכתא היא דאסמכתא לא קניא מ"מ אינו דאורייתא כיון שאינו סבור לעשות איסור לבא לידי פסול דאורייתא ולמ"ד משום ישובו של עולם פשיטא דאינו אלא מדרבנן ומלוה בריבית מיירי בריבית שאינה קצוצה ואפי' מיירי בריבית שקצוצה לא משמע ליה איסור כיון דמדעתיה יהיב ואינו פסול לעדות אלא מדרבנן מפריחי יונים מדרבנן פסולים אפי' למ"ד אי תקדמי יונך היינו משחק בקוביא ולאידך דאמר ארא מפני דרכי שלום הוא וסוחרי שביעית מיירי בשביעית בזמן הזה דאינו אסור אלא מדרבנן ואפי' בשביעית דאורייתא לא חשיב ליה איסור הא דממציאין מעות לעניים אבל עבדים פסולין מדאורייתא נינהו ק"ו מאשה ומה אשה שכשירה לבא בקהל פסולה להעיד דכתיב (דברים יט) האנשים עבד שפסול וכו' על כן נראה דלא גרסי' עבדים דלא מיירי אלא בפסולי דרבנן.

ספר בית הבחירה למאירי מסכת סנהדרין דף כד:

והטעם לפי שאינו עוסק בישובו של עולם, ואינו יודע בטיב משא ומתן ובכונת עדות, וכמו שרגילין לשקר באומנות שלהם ואינם מתגנים לבריות באותו שקרות, הם סבורים שלא יתגנו בשקרות בשאר דברים

יד רמה למסכת סנהדרין דף כד:למסכת סנהדרין דף כד:

וטעמא דר' יהודה דכיון שאין לו אומנות אלא היא ואינו עסוק במשא ומתן עם הבריות, אינו חס על ממונו של בריות

פירוש המשנה לרמב"ם מסכת סנהדרין פרק ג

המשחק בקוביה, והוא המשחק ב"נרד" ו"סטרנג" וכיוצא בהם בתנאי שישלם כסף מי שיעשה כך או לא יעשה כך בהתאם לשטת אותו המשחק, ונאסר זה מפני שהוא מתעסק בעסק שאין בו תועלת לישוב העולם, ויסוד הוא בתורתינו שאין ראוי לאדם להעסיק את עצמו בעולם הזה אלא באחד משני דברים או בחכמה להשלים בה את עצמו, או בעסק שיועיל לו בקיום העולם כגון אומנות או מסחר, וראוי למעט בזה ולהרבות בראשון כמו שאמרו הוי מעט עסק ועסוק בתורה.

תוספות מסכת סנהדרין דף כד:-כה.

כל כי האי גוונא לאו אסמכתא היא - פ"ה דהיכי דמי אסמכתא כגון אם אוביר ולא אעביד אשלם במיטבא וכן משליש את שטרו דגט פשוט (ב"ב דף קסח. ושם) דכל הני סמיך אדעתיה וסבור הוא שזה בידו לעשות ומרישא

כי מתני ליה אדעתיה דלא יהיב ליה מתנה אתני ליה שהרי סבור הוא שלא יבא לידי כך אבל הכא לאו בידו ולא סמיך אמידי דהא לא ידע אי נצח אי לא נצח ואפ"ה אתני ש"מ דמספיקא גמר ומקני ולאו גזילה היא ומיהו הא (שפיר) דאם אוביר ולא אעביד אשלם במיטבא אסמכתא היא טעות סופרים הוא זה ובזה לא דבר רש"י דהא אם אוביר אשלם במיטבא לאו אסמכתא כדאמרי' פ' איזהו נשך (ב"מ דף עד.) אלא היינו אם אוביר ולא אעביד אשלם אלפא זוזי דבפ' המקבל (שם דף קד.) קאמר אסמכתא היא ובפי' רש"י היה כתוב אם אוביר וכו' על כן טעו סופרים אבל ר"ת הקשה לפי' הקונט' משום דלפי פי' משמע דטפי חשיב אסמכתא (מה) שהיה בידו מלאו בידו ובפ' איזהו נשך (שם דף עד. ושם) משמע איפכא **[דף כה.]** דאמר התם האי מאן דמקבל זוזי מחבריה למזבין ליה חמרא ופשע ולא זבין משלם כדאזיל אפרוותא דזולשפוט וקאמר התם דאסמכתא היא כו' עד דמקשה הש"ס מאי שנא מאם אוביר ולא אעביד אשלם במיטבא ומשני התם גבי אם אוביר ולא אעביד אשלם במיטבא משום דהוי בידו לא הויא אסמכתא אלמא דלא הויא בידו הוי טפי אסמכתא ממה שהוא בידו על כן נראה לר"ת לפרש הכי כל כי האי גוונא לאו אסמכתא היא דלא הויא אסמכתא אלא היכא שאין יכול להרויח כגון משליש שטרו וכו' דגט פשוט (ב"ב דף קסח.) אבל הכא לא הויא אסמכתא משום דכיון דשנים הם כל אחד ואחד מקני לחבריה מגו דאי מרווח בעי איהו למקני בההיא הנאה גמר ומקני לחבריה ולפי זה כל שידוכין לא הויא אסמכתא משום דכל חד וחד בעי למקני גמר נמי ומקני ומיהו קשה על פי' ר"ת שהרי בפרק הזהב (ב"מ דף מח: ושם) אמרינן הנותן עירבון לחבירו ואמר לו אם אני חוזר בי עירבוני מחול לך והלה אומר אם אני חוזר בי אכפול לך ערבונך נתקיימו התנאים דברי רבי יוסי ומסיק התם לבסוף אליבא דר' יהודה דהויא אסמכתא ולא קניא אלמא אפי' בשנים חשיב אסמכתא ולא אמרינן מגו דאי בעי קנין העירבון אם חבירו חוזר בו מקנה נמי כנגד העירבון לחבירו כשהוא חוזר בו ועוד משמע לקמן גבי צריכותות דמפריחי יונים דהיכא שהוא סבור דבידו להרויח הויא אסמכתא בעלמא טפי כדפירש רש"י על כן נראה לר"י עיקר כפירוש רש"י ואי קשיא לו מההיא דאיזהו נשך כדפירש לעיל תריץ הכי שאני התם דודאי דבר שהוא בידו ממש לגמרי כגון אם אוביר ולא איעביד אשלם במיטבא דהתם בידו לעשות ולא גזים נמי שסובר הוא שכך הפסיד חבירו אם לא ישלים תנאו כמו אם ישלם במיטבא ובההיא ודאי גמר ומקני ולא חשיב אסמכתא ואומר בלבו עלי לשלם ודאי מן הדין מה שבידי לעשות ולא עשיתי אבל היכא דגזים אע"ג דהוי בידו ממש לגמרי כגון אם אוביר ולא איעבד אשלם אלפא זוזי מכל מקום כיון דגזים ודאי הוי גוזמא דמתנה לשלם אלף זוז בשביל קרקע אחת ודאי חשיב אסמכתא ומיהו קשה דהכא משמע דדבר דלא הוי בידו לאו אסמכתא הוא כגון משחק בקוביא דהכא ואע"ג דגזים ומאי שנא מההיא דחמרא דזולשפוט דחשבינן אסמכתא מהאי טעמא ומכ"מ לא קשיא מידי דהתם ודאי הויא אסמכתא משום שזה סומך עליו משום דהוי דבר שבידו שמוצאין יין למכור ונראה כאסמכתא קצת אע"ג דלא גזים דשמא לא ירצו אחרים למכור לו והלכך אע"ג דלא גזים כיון דלאו בידו הוא לגמרי לא גמר ומקני לחבריה אבל הכא גבי משחק בקוביא דלאו בידו הוא כלל אע"ג דגזים בתנאי שחוק שלו מ"מ גמר ומקני דכיון שהוא יודע שאין בידו להרויח וידוע הוא שאחד מהם ירויח ודאי לא נתכוון להסמיך חבירו על דבר שאינו אלא גמר ומקנה לכך כי האי גוונא ודאי לאו אסמכתא היא אבל הא דאשלם אלפא זוזי דגזים וגם בידו להשלים תנאו יש לנו לומר דנתכוון להסמיך ולהטעות חבירו הויא אסמכתא משום דגוזמא קאמר ולא גמר ומקנה ומסתברא דלהכי גזים שהוא סבור ודאי שיעבדנה ועוד שבידו הוא ומשום הכי פסק דמשחק בקוביא כשר לעדות דפסקינן כר' יהודה לקמן דכיון שיש לו אומנות שלא הוא כשר והא דפסקינן דמשחק בקוביא קני דווקא כשמעות שניהם על פי הדף לפי שהדף והמקום קנוי לאותו שירויח כדי לקנות המעות אשר עליו אבל המשחקים באמנה אפילו הקנו לא מהני אם לא הקנו בב"ד חשוב כדאי' בנדרים (דף כז:).

<u>מסכת בבא בתרא דף קסח.</u> (המשליש את שטרו)

מתני'. מי שפרע מקצת חובו, והשליש את שטרו ואמר לו: אם לא (נתתי) [אתן] לך מכאן ועד יום פלוני תן לו שטרו, הגיע זמן ולא נתן - רבי יוסי אומר: יתן, רבי יהודה אומר: לא יתן.

גמ'. במאי קמיפלגי? ר' יוסי סבר: אסמכתא קניא, ורבי יהודה סבר: אסמכתא לא קניא. אמר רב נחמן אמר רבה בר אבוה אמר רב: הלכה כרבי יוסי. כי אתו לקמיה דרבי אמי, אמר להו: וכי מאחר שרבי יוחנן מלמדנו פעם ראשונה ושניה הלכה כרבי יוסי, אני מה אעשה? ואין הלכה כרבי יוסי.

<u>מסכת בבא מציעא דף עג:-עד.</u> (למיזבן ליה חמרא)

אמר רב חמא: האי מאן דיהיב זוזי לחבריה למיזבן ליה חמרא, ופשע ולא זבין ליה - משלם ליה כדקא אזיל אפרוותא דזולשפט. אמר אמימר: אמריתא לשמעתא קמיה דרב זביד מנהרדעא. אמר: כי קאמר רב חמא - הני מילי ביין סתם, אבל ביין זה - לא, מי יימר דמזבני ליה ניהליה? רב אשי אמר: אפילו יין סתם נמי לא, מאי טעמא? אסמכתא היא, ואסמכתא לא קניא. ולרב אשי מאי שנא מהא דתנן: אם אוביר ולא אעביד - אשלם במיטבא! - התם בידו **[דף עד.]** הכא לאו בידו.

<u>מסכת בבא מציעא דף קד.</u> (אשלם במיטבא)

משנה. המקבל שדה מחבירו והובירה - שמין אותה כמה ראויה לעשות, ונותן לו. שכך כותב לו: אם אוביר ולא אעביד אשלם במיטבא.

<u>מסכת בבא מציעא דף קד:</u> (אלפא זוזי)

ההוא גברא דקבל ארעא מחבריה אמר <u>אי מוברנא לה יהיבנא לך אלפא זוזי</u> אוביר תילתא אמרי נהרדעי דינא הוא דיהיב ליה תלת מאה ותלתין ותלתא ותילתא רבא אמר אסמכתא היא ואסמכתא לא קניא ולרבא מאי שנא מהא דתנן אם אוביר ולא אעביד אשלם במיטבא התם לא קא גזים הכא כיון דקאמר מילתא יתירתא גוזמא בעלמא הוא דקגזים

<u>מסכת בבא מציעא דף מח:</u>

מיתיבי: הנותן ערבון לחבירו, ואמר לו: אם אני חוזר בי - ערבוני מחול לך, והלה אמר לו: אם אני אחזור בי - אכפול לך ערבונך, נתקיימו התנאים, דברי רבי יוסי. - רבי יוסי לטעמיה, דאמר: אסמכתא קניא. רבי יהודה אומר: דיו שיקנה כנגד ערבונו.

<u>רמב"ם הלכות עדות פרק י הלכה ד</u>

ועוד יש שם רשעים שהן פסולין לעדות אע"פ שהן בני תשלומין ואינן בני מלקות, הואיל ולוקחים ממון שאינו שלהם בחמס פסולין שנאמר כי יקום עד חמס באיש, כגון הגנבים והחמסנים אע"פ שהחזיר פסול לעדות מעת שגנב או גזל וכן עד זומם אע"פ שהוזם בעדות ממון ושלם הרי זה פסול מן התורה לכל עדות, ומאימתי הוא נפסל מעת שהעיד בבית דין, אע"פ שלא הוזם על אותה עדות אלא אחר כמה ימים, וכן המלוה ברבית אחד המלוה ואחד הלוה שניהם פסולין לעדות, אם רבית קצוצה עשו הרי הן פסולין מן התורה ואם אבק רבית עשו

הרי הן פסולין מדבריהם, וכן כל העובר על גזל של דבריהם הרי הוא פסול מדבריהם, כיצד החמסנים והם הלוקחים קרקע או מטלטלין שלא ברצון הבעלים אע"פ שנותנין הדמים הרי אלו פסולין מדבריהם, וכן הרועים אחד רועי בהמה דקה ואחד רועי בהמה גסה של עצמן הרי הן פסולין שחזקתן פושטין ידיהן בגזל ומניחים בהמתן לרעות בשדות ופרדסים של אחרים ולפיכך סתם רועה פסול, ומגדלי בהמה דקה בארץ ישראל פסולין אבל בחוצה לארץ כשרין, ומותר לגדל בהמה גסה בכל מקום, וכן המוכסין סתמן פסולין מפני שחזקתן ליקח יותר מדבר הקצוב להם בדין המלכות ולוקחין היתר לעצמן, אבל גבאי מנת המלך סתמן כשרין ואם נודע שלקחו אפילו פעם אחת יתר מן הראוי להם לגבות הרי אלו פסולין.וכן מפריחי יונים ביישוב פסולין מפני שחזקתן שגוזלים יונים של אחרים בחנם, וכן סוחרי שביעית והם בני אדם שיושבין בטלים, וכיון שבאה שביעית פושטים ידיהן ומתחילין לישא וליתן בפירות שחזקת אלו שהן אוספין פירות שביעית ועושין בהן סחורה, וכן משחק בקוביא והוא שלא תהיה לו אומנות אלא הוא, הואיל ואינו עוסק ביישובו של עולם הרי זה בחזקת שאוכל מן הקוביא שהוא אבק גזל, ולא בקוביא בלבד אלא אפילו משחקים בקליפי אגוזים וקליפי רמונים, וכן לא יונים בלבד אמרו אלא אפילו המשחקים בבהמה חיה ועוף ואומר כל הקודם את חבירו או כל הנוצח את חבירו יטול בעליו את שניהן וכן כל כיוצא בשחוק זה, והוא שלא תהיה לו אומנות אלא שחוק זה הרי הוא פסול, וכל אלו פסולין מדבריהם.

<u>רמב"ם הלכות עדות פרק יב הלכה א</u>

כל הנפסל בעבירה אם העידו עליו שני עדים שעשה עבירה פלונית אע"פ שלא התרו בו שהרי אינו לוקה הרי זה פסול לעדות, במה דברים אמורים כשעבר על דברים שפשט בישראל שהן עבירה, כגון שנשבע לשקר או לשוא או גזל או גנב או אכל נבלה וכיוצא בו, אבל אם ראוהו עדים עובר על דבר שקרוב העושה להיות שוגג צריכין להזהירו ואח"כ יפסל, כיצד ראוהו קושר או מתיר בשבת צריכין להודיעו שזה חילול שבת מפני שרוב העם אינן יודעין זה, וכן אם ראוהו עושה מלאכה בשבת או ביום טוב צריכין להודיעו שהיום שבת שמא שוכח הוא, וכן המשחק בקוביא תמיד או מי שנעשה מוכס או גבאי שמוסיף לעצמו צריכין העדים להודיעו שהעושה דבר זה פסול לעדות, שרוב העם אינן יודעים דברים אלו וכן כל כיוצא בזה, כללו של דבר כל עבירה שהדברים מראים לעדים שזה ידע שהוא רשע ועבר בזדון אף על פי שלא התרו בו הרי זה פסול לעדות ואינו לוקה.

<u>רמב"ם הלכות גזלה ואבדה פרק ו</u>

הלכה ז: דברים הרבה אסרו חכמים משום גזל והעובר עליהן הרי זה גזלן מדבריהם, כגון מפריחי יונים והמשחקין בקוביא. מפריחי יונים כיצד, לא יפריח אדם יונים בתוך הישוב שהרי לוקח ממון אחרים שלא כדין מפני שמשלח זכר ויביא נקבה משובך אחר או נקבה ותביא זכר, ולא יונים בלבד אלא כל העושה כזה בשאר עופות או חיה ובהמה הרי זה גזלן מדבריהם.

הלכה י: המשחקין בקוביא כיצד, אלו שמשחקין בעצים או בצרורות או בעצמות וכיוצא בהן ועושים תנאי ביניהם שכל הנוצח את חבירו באותו השחוק יקח ממנו כך וכך הרי זה גזל מדבריהם אע"פ שברצון הבעלים לקח הואיל ולקח ממון חבירו בחנם דרך שחוק והתל הרי זה גזל. וכן המשחקין בבהמה או בחיה או בעופות ועושים תנאי שכל שתנצח בהמתו או תרוץ יותר יקח מחבירו כך וכך וכל כיוצא בדברים אלו הכל אסור וגזל מדבריהם.

הלכה יא: והמשחק בקוביא עם הגוי אין בו איסור גזל אבל יש בו איסור עוסק בדברים בטלים שאין ראוי לאדם שיעסוק כל ימיו אלא בדברי חכמה ובישובו של עולם. השגת הראב"ד: **והמשחק בקוביא עם הגוי אין בו איסור גזל אבל יש בו איסור עוסק בדברים בטלים שאין ראוי לאדם שיעסוק כל ימיו אלא בדברי חכמה ובניישובו של עולם.** א"א ואם אין לו אומנות אלא היא אפילו עם גוי פסול לעדות הוא וכל דכן הוא שהוא למד ממעשיו.

<u>שולחן ערוך חושן משפט סימן לד סעיף טז</u>

מפריחי יונים (פי' שמלמדים אותם להביא יונים משובך הזולת) בישוב, פסולים, מפני שחזקתן שגוזלים יונים של אחרים. וכן סוחרי שביעית, והם בני אדם שיושבים בטלים, וכיון שבאה שביעית פושטים ידיהם ומתחילים לישא וליתן בפירות, שחזקת אלו שהם אוספים פירות שביעית ועושים בהן סחורה, וכן משחק בקוביא, והוא שלא תהיה לו אומנות אלא הוא, הואיל ואינו עוסק בישובו של עולם, הרי זה בחזקת שאוכל מן הקוביא שהוא אבק גזל. ולא אקוביא בלבד אמרו, אלא אפילו משחקים בקליפי אגוזים וקליפי רמונים; וכן לא יונים בלבד אמרו, אלא אפילו במשחקים בבהמה חיה ועוף, ואומרים: כל הקודם את חבירו או כל הנוצח את חבירו יטול בעליו שניהם, וכל כיוצא בשחוק זה, והוא שלא תהיה לו אומנות אלא שחוק זה, הרי זה פסול. וכל אלו, פסולים מדבריהם.

<u>שולחן ערוך חושן משפט סימן שע</u>

סעיף א: יש דברים שאסרו חכמים משום גזל, והעובר עליהם הרי זה גזלן מדבריהם: מפריחי יונים ומשחקים בקוביא. מפריחי יונים כיצד, לא יפריח אדם בתוך היישוב, שהרי לוקח ממון אחרים שלא כדין, מפני שמשלח זכר ויביא נקבה משובך אחר, או נקבה ותביא זכר; ולא יונים בלבד, אלא כל העושה כזה בשאר עופות או חיה או בהמה, הרי זה גזלן מדבריהם.

סעיף ב: המשחקים בקוביא כיצד, אלו שמשחקים בעצים או בצרורות או בעצמות, ועושים תנאי ביניהם שכל הנוצח את חבירו באותו שחוק יקח כך וכך. וכן המשחקים בבהמה או בחיה או בעופות ועושים תנאי שכל שתנצח בהמתו או תרוץ יותר יקח מחבירו כך וכך, וכל כיוצא בדברים אלו, הכל אסור, וגזל מדבריהם הוא.

סעיף ג: (טור הביאו בס"ו) יש מי שאומר שהמשחק בקוביא עם העובד כוכבים אין בו משום גזל, אבל יש בו איסור עוסק בדברים בטלים, שאין ראוי לאדם שיעסוק כל ימיו אלא בדברי חכמה ויישובו של עולם. וחלקו עליו לומר שאינו פסול אלא אם כן אין לו אומנות אחרת. הגה: אבל אם יש לו אומנות אחרת, אפילו משחק עם ישראל אינו פסול (טור). וע"ל סימן ר"ז סעיף י"ג. וכבר פשט המנהג כסברא האחרונה לשחוק בקוביא, ואין פסול אלא מי שאין לו אומנות אלא הוא. ואם שחק עמו באמנה אם חייב לשלם, ע"ל סימן ר"ז סעיף י"ג.

<u>שולחן ערוך חושן משפט סימן לד סעיף טז</u>

מפריחי יונים (פי' שמלמדים אותם להביא יונים משובך הזולת) בישוב, פסולים, מפני שחזקתן שגוזלים יונים של אחרים. וכן סוחרי שביעית, והם בני אדם שיושבים בטלים, וכיון שבאה שביעית פושטים ידיהם ומתחילים לישא וליתן בפירות, שחזקת אלו שהם אוספים פירות שביעית ועושים בהן סחורה, וכן משחק בקוביא, והוא שלא תהיה לו אומנות אלא הוא, הואיל ואינו עוסק בישובו של עולם, הרי זה בחזקת שאוכל מן הקוביא שהוא אבק גזל. ולא אקוביא בלבד אמרו, אלא אפילו משחקים בקליפי אגוזים וקליפי רמונים; וכן לא יונים בלבד אמרו, אלא אפילו במשחקים בבהמה חיה ועוף, ואומרים: כל הקודם את חבירו או כל הנוצח את חבירו יטול בעליו שניהם, וכל כיוצא בשחוק זה, והוא שלא תהיה לו אומנות אלא שחוק זה, הרי זה פסול. וכל אלו, פסולים מדבריהם.

שו"ת יביע אומר חלק ז - חושן משפט סימן ו

נשאלתי האם מותר מן הדין להשתתף בקניית כרטיסי הגרלה של מפעל הפיס?

א) במשנה סנהדרין (כד ב) שנינו, אלו הפסולים לעדות, המשחק בקוביא והמלוה ברבית ומפריחי יונים וסוחרי שביעית. ובגמרא, משחק בקוביא מאי קא עביד, אמר רמי בר חמא משום דהוה אסמכתא, ואסמכתא לא קניא. (פירש רש"י, אסמכתא, היינו דבר שאינו נותן לו מדעתו, אלא סומך על דבר שאינו, שסבור שהוא יכול לנצח, ופעמים שמנצחים אותו, ומכיון דאסמכתא לא קניא הוה ליה כעין גזילה בידו, והתורה אמרה אל תשת רשע עד א) רב ששת אמר כל כי האי גוונא לאו אסמכתא היא, אלא לפי שאין עוסקים בישובו של עולם. (פירש רש"י, דלרב ששת לא חשיב אסמכתא אלא כגון אם אוביר ולא אעביד אשלם במיטבא, בב"מ (עו א), וכגון המשליש את שטרו, לאחר שפרע מקצת חובו, ואמר לו, אם לא אפרע לך מכאן ועד יום פלוני תן לו שטרו, והגיע זמן ולא נתן, שסמך על לא דבר, שסבור היה כל זה יש בידי לעשות, ומרישא כי מתני הכי אדעתא דלא יהיב ליה, ולאסמכתא קא מתני, שטועה הוא וסבור שלא יבא לידי כך, אבל הכא לא סמיך אמידי, דהא לא ידע אי נצח אי לא נצח, ואפי' הכי אתני, שמע מינה דמספיקא אתני וגמר ומקני, ולאו גזילה היא). מאי בינייהו, איכא בינייהו דגמר אומנותא אחריתי. ופריך אדרמי בר חמא, ממתני', דתנן, אמר רבי יהודה אימתי בזמן שאין להם אומנות אלא הוא, אבל יש להם אומנות שלא הוא, כשרים......

.....יש לאסור לדעת הרמב"ם ומרן הש"ע, משום דהוי בכלל אסמכתא, ואסמכתא לא קניא. ורק להרמ"א יש מקום להתיר, כיון דס"ל כרב ששת דלא הוי בכלל אסמכתא, ובאמת שהריב"ש בתשובה (סי' תלב) כתב, שהשחוק בקוביא יש בו איסור לכ"ע, ואפי' לרב ששת דס"ל דליכא אסמכתא בקוביא, מ"מ בודאי שהוא דבר מכוער ומתועב ומשוקץ, ורבים חללים הפיל ועצומים כל הרוגיו, ומפורש בירושלמי (נדרים פ"ה ה"ד) כי מי שנדר שלא לשחק בקוביא אין מתירין לו. וכ"כ הרמב"ן והרשב"א. עכ"ד. וכ"כ עוד הריב"ש (בס"ס שצה). ע"ש. (וע"ע בתוס' גטין לה: ד"ה קסבר, שהביאו ג"כ דברי הירושלמי הנ"ל. וכן פסק בש"ע יו"ד (סי' רכח סט"ו). ע"ש). ועכ"פ אנן בדידן קבלנו הוראות הרמב"ם ומרן הש"ע, ולפ"ז יש לאסור קניית כרטיסי מפעל הפיס, משום קוביא.

... ואע"פ שהאשכנזים שקבלו עליהם דעת הרמ"א, יכולים לסמוך עליו בנ"ד, שהרי התיר אפי' שחוק בקוביא, ובני אשכנז יוצאים ביד רמ"א, מכל מקום לדידן שומר נפשו ירחק מהם, כיון שאנו קבלנו הוראות מרן שאוסר שחוק בקוביא ועניני גורל....

מסקנא דדינא שהספרדים ועדות המזרח אסור להם להשתתף בקניית כרטיסי מפעל הפיס, וכל שכן כרטיסי ספורט למיניהם שמשחקים בשבת ומחללים שבת בפרהסיא, ונמצא שהוא מסייע ידי עוברי עבירה. ואף לאשכנזים יש לאסור בזה. (וע' בשו"ת ישכיל עבדי חלק ח' עמוד פט ס"ס ה). ושומע לנו ישכון בטח.

7. מלוה ברבית (דף כה.)

הגמרא בדף כה. שורה 11 עד שורה 21.

המקור בתורה: ויקרא (כה:לה–לח), דברים (כג:כ–כא).[1]

יש להקדים ולבאר את האיסור של רבית, ובפרט מה שאסור מדאורייתא אף ללוה, כדמבואר בגמרא (ב"מ דף עה:).[2]

למה לוה בריבית פסול לעדות (כז.) אם צריכים רשע דחמס לפסול?

עיין ברש"י (ד"ה לוה ברבית) שכתב דהוי כמו רשע דחמס שעבר מחמת חימוד ממון. ועי' בנמוקי יוסף (ד: בדפי הרי"ף) שחילק בין רשע דחמס לבין מומר לתיאבון ואמר שהלוה בריבית, אע"פ שהוא לא רשע דחמס, שהוא לא רע לבריות (עי' להלן כז:), פסול כי עבר על איסור תורה לתיאבון. וכ"כ הרא"ש (סי' ז') "שגם הלוה מחמת חמוד ממון שהוא צריך למעות לעשות בהן צרכיו". והשוה למה שכתב הרמב"ם (עדות י:ד) שכלל מלוה ולוה בריבית בהלכה של רשע דחמס.

גמרא – "רבא לטעמיה וכו'" – עי' ברי"ף כאן (ד: בדפי הרי"ף) שמצטט את הסוגיא לעיל דף ט. וכדאי ללמוד את הסוגיא שם (מובא במסורת הש"ס) בדף ט: (5 שורות מסוף מעמוד), "ואמר רב יוסף פלוני...קמ"ל", עד דף י. שורה 18 (נקודותים). אפשר ללמוד את כל הסוגיא שם (ולמצטיינים להשוות לגמרא בכתובות בדף יח: ותוספות שם ד"ה ואין אדם), או רק את המימרא של רבא, וללמד את המושג של "פלגינן דיבורא."[3]

למה לוה בריבית לא נאמן על עצמו?

משמע שיש כאן ב' סיבות נפרדות – "אדם קרוב אצל עצמו" ו"אין אדם משים עצמו רשע".

1. רש"י ד"ה רבא לטעמיה – "דהא אין קרוב מעיד לא לזכות ולא לחובה, ואדם קרוב אצל עצמו". משמע מרש"י דלהעיד על עצמו פסול מדין **קרוב**, ולהכי המשיך לומר ד"בין לזכות ובין לחובה", דכך הוא הדין בקרוב, דפסול מגזירת הכתוב. ואינו חשש משקר, ד"אפילו משה ואהרן" פסולים מדין קרוב (עי' רמב"ם עדות יג:טו). כללו של דבר, העיקר בדברי רבא הוא "**אדם קרוב אצל עצמו**". [וצריך לבאר לתלמידים את הביטוי "גזירת הכתוב" (הרי כל מצות הם גזירת הכתוב!) ולתת עוד דוגמאות.]

[1] This is important introduction, as many students may be entirely unfamiliar with this מצוה.
[2] This is important background knowledge that directly relates to our סוגיא. In addition, this also highlights the question of whether this is a ממונות issue or an איסורין issue. The Shulchan Aruch quotes this law in יורה דעה, which seems to indicate that it is איסורין. This question also relates to the nature of the פסול לעדות.
[3] This is important in order to broaden general *halachic* knowledge. It is also presents an interesting question regarding whether we can believe a statement when we are certain that the person lied in the same breath.

2. רמב"ם – בהל' עדות (יב:ב) הביא את ההלכה של סוגיתינו שאין אדם נפסל לעדות על פי עדות עצמו בלי להסביר את בסיס ההלכה. בפרק הבאה (סוף פרק יג), הוא עוסק לראשונה בפסול קורבה, ושם אומר שזה לא חשש משקר אלא גזיה"כ. אבל בהל' בסנהדרין (יח:ו) הביא הרמב"ם את ההלכה שאין אדם נאמן על עצמו לענין עונשין, וכתב הטעם, "שמא נטרפה דעתו בדבר זה, שמא מן העמלים מרה נפש המחכים למות... וכללו של דבר גזירת מלך". ומשמע קצת שסתר את עצמו, שבתחילה כתב טעם, וסיים דהוי גזירת מלך (ואפי' לא ביאר מהי גזיה"כ כאן). ולכאורה כוונתו היא שילפינן מגזירת הכתוב שאינו נאמן, ויש חשש שקר. אבל ברור שיש כאן סברא חדשה שלא מופיע בדיני קורבה. וממה שהביא את הפסול בפרק יב, קודם שהביא את הפסול קרוב בפרק יג, משמע שאינו פסול על עצמו מדין קרוב, אלא דין בפני עצמו, וכלשונו בהל' סנהדרין. כלומר, לפי הרמב"ם, אין הדגש על המלים "אדם קרוב אצל עצמו", אלא עיקר הדין הוא ש"**אין אדם משים עצמו רשע**".

- לכל הפחות, כדאי ללמוד את לשון הרמב"ם בסנהדרין יח:ו בטעם הפסיקולוגי שלו,[4] וגם ללמד את הרדב"ז על הרמב"ם שם, שכתב שגופו של אדם איננו קנוי לו.[5]
- בהלכות סנהדרין, הביא מעשה דעכן, יהושע פרק ז.[6]

השוואה להודאת בעל דין

בבא מציאה (דף ג:) – הודאת בעל דין כמאה עדים. רש"י (יבמות כה:) מחלק בין דיני ממונות לרשע, שנאמן להתחייב את עצמו בממון.[7]

פסק הלכה

שולחן ערוך חו"מ סי' לד סעי' י', כ"ה. וכדאי להשוות לחוק ארצות הברית (Miranda) לגבי הפללה עצמית (self-incrimination).[8]

[4] Students will find this רמב"ם interesting, as it presents psychological insights.

[5] This רדב"ז is very interesting in terms of defining ownership over our bodies. This relates the issues such as חבלה בעצמו, as well as to the general approach to our responsibilities for our bodies, how to treat it properly, and what we must do with it.

[6] It is worthwhile to read and discuss the story inside. The narrative makes the learning more interesting, expanding students' knowledge of תנ"ך and integrating the study of תלמוד and תנ"ך.

[7] It is important to make sure that students understand the difference between איסורין and ממון and the way this distinction relates to הודאה.

[8] This הלכה was actually quoted in a footnote 27 of the 1966 Supreme Court of Arizona decision, Miranda v. State of Arizona. The entire decision can be viewed at: http://tlc-patch.tourolaw.edu/patch/miranda/. See also Dr. Norman Lamm's article, "The Fifth Amendment and its Equivalent in Halacha," in *Judaism* 5:53 (Winter 1956), which is quoted there as well.

ויקרא פרק כה

(לה) וְכִי יָמוּךְ אָחִיךָ וּמָטָה יָדוֹ עִמָּךְ וְהֶחֱזַקְתָּ בּוֹ גֵּר וְתוֹשָׁב וָחַי עִמָּךְ: (לו) אַל תִּקַּח מֵאִתּוֹ נֶשֶׁךְ וְתַרְבִּית וְיָרֵאתָ מֵאֱלֹהֶיךָ וְחֵי אָחִיךָ עִמָּךְ: (לז) אֶת כַּסְפְּךָ לֹא תִתֵּן לוֹ בְּנֶשֶׁךְ וּבְמַרְבִּית לֹא תִתֵּן אָכְלֶךָ: (לח) אֲנִי יְקֹוָק אֱלֹהֵיכֶם אֲשֶׁר הוֹצֵאתִי אֶתְכֶם מֵאֶרֶץ מִצְרָיִם לָתֵת לָכֶם אֶת אֶרֶץ כְּנָעַן לִהְיוֹת לָכֶם לֵאלֹהִים: ס

דברים פרק כג

(כ) לֹא תַשִּׁיךְ לְאָחִיךָ נֶשֶׁךְ כֶּסֶף נֶשֶׁךְ אֹכֶל נֶשֶׁךְ כָּל דָּבָר אֲשֶׁר יִשָּׁךְ: (כא) לַנָּכְרִי תַשִּׁיךְ וּלְאָחִיךָ לֹא תַשִּׁיךְ לְמַעַן יְבָרֶכְךָ יְקֹוָק אֱלֹהֶיךָ בְּכֹל מִשְׁלַח יָדֶךָ עַל הָאָרֶץ אֲשֶׁר אַתָּה בָא שָׁמָּה לְרִשְׁתָּהּ: ס

מסכת בבא מציעא דף עה:

ואלו עוברין בלא תעשה: המלוה והלוה והערב והעדים, וחכמים אומרים: אף הסופר, עוברים משום (ויקרא כ"ה) לא תתן ומשום (ויקרא כ"ה) אל תקח מאתו, ומשום (שמות כ"ב) לא תהיה לו כנושה, ומשום (שמות כ"ב) לא תשימון עליו נשך, ומשום (ויקרא י"ט) ולפני עור לא תתן מכשול ויראת מאלהיך אני ה'.

מסכת סנהדרין דף כה.

מלוה ברבית. אמר רבא: לוה ברבית - פסול לעדות. - והאנן תנן: מלוה ברבית! - מלוה הבאה ברבית. בר ביניתוס אסהידו ביה תרי סהדי, חד אמר: קמי דידי אוזיף בריביתא, וחד אמר: לדידי אוזפי בריביתא. פסליה רבא לבר ביניתוס. - והא רבא הוא דאמר: לוה ברבית פסול לעדות, והוה ליה רשע, והתורה אמרה אל תשת רשע עד! - רבא לטעמיה, דאמר רבא: אדם קרוב אצל עצמו, ואין אדם משים עצמו רשע. ההוא טבחא דאישתכח דנפקא טריפתא מתותי ידיה, פסליה רב נחמן ועבריה. אזל רבי מזיה וטופריה. סבר רב נחמן לאכשוריה. אמר ליה רבא: דילמא איערומי קא מערים? - אלא מאי תקנתיה? כדרב אידי בר אבין. דאמר רב אידי בר אבין: החשוד על הטריפות - אין לו תקנה עד שילך למקום שאין מכירין אותו, ויחזיר אבידה בדבר חשוב, או שיוציא טריפה מתחת ידו בדבר חשוב משלו.

רש"י מסכת סנהדרין דף כה.

לוה בריבית פסול לעדות - דקיימא לן (בבא מציעא עה, ב) המלוה והלוה עוברין בלא תעשה, וכיון דחימוד ממון מעבירו על דת הוה ליה כרשע דחמס, דעובר נמי על לא תעשה מפני חימוד ממון.

נימוקי יוסף סנהדרין דף ד: בדפי הרי"ף

המלוה ברבית לוה ברבית פסול לעדות דקי"ל [ב"מ דף עה א] המלוה והלוה בלא תעשה וכיון דחמוד ממון מעבירו על דת אף על גב דלאו רשע דחמס הוא דלאו מיקרי רשע דחמס אלא מי שהוא רע לשמים ולבריות ורבא רשע דחמס סבירא ליה בעלמא [מכילתין דף כז ב] מ"מ הכא פסול משום דכפין אכיל כפין מסהד כדאמרי' במומר אוכל נבלות לתאבון דמודה בה רבא אף על גב דלאו רשע דחמס הוא:

<u>רא"ש מסכת סנהדרין פרק ג סימן ז</u>

והמלוה ברבית. אמר רבא לוה ברבית פסול לעדות והא דתנא המלוה בריבית פירוש מלוה הבאה בריבית. אחד לוה ואחד מלוה שגם הלוה מחמת חמוד ממון שהוא צריך למעות לעשות בהן צרכיו הוא עובר על לאו דלא תשיך.

<u>רמב"ם הלכות עדות פרק י הלכה ד</u>

ועוד יש שם רשעים שהן פסולין לעדות אע"פ שהן בני תשלומין ואינן בני מלקות, הואיל ולוקחים ממון שאינו שלהם בחמס פסולין שנאמר כי יקום עד חמס באיש, כגון הגנבים והחמסנים אע"פ שהחזיר פסול לעדות מעת שגנב או גזל, וכן עד זומם אע"פ שהוזם בעדות ממון ושלם הרי זה פסול מן התורה לכל עדות, ומאימתי הוא נפסל מעת שהעיד בבית דין, אע"פ שלא הוזם על אותה עדות אלא אחר כמה ימים, וכן המלוה ברבית אחד המלוה ואחד הלוה שניהם פסולין לעדות, אם רבית קצוצה עשו הרי הן פסולין מן התורה ואם אבק רבית עשו הרי הן פסולין מדבריהם, וכן כל העובר על גזל של דבריהם הרי הוא פסול מדבריהם,

<u>רי"ף מסכת סנהדרין דף ד:</u>

גמ' המשחק בקוביא מאי קא עביד אמר רב ששת לפי שאין עסוקין בישובו של עולם: והמלוה ברבית אמר רבא לוה ברבית פסול לעדות בר בינתוס נפקו עליה תרי סהדי ואסהידו ביה חד אמר קמא דידי אוזיף ברביתא וחד אמר לדידי אוזיף ברביתא פסליה רבא לבר בינתום והא אמר רבא לוה ברבית פסול לעדות רבא לטעמיה דאמר רבא אדם קרוב אצל עצמו ואין אדם משים עצמו רשע דגרסי' בפירקא קמא אמר רב יוסף פלוני רבעו לאונסו הוא ואחר מצטרפין להרגו לרצונו אינו נאמן רשע הוא והתורה אמרה אל תשת ידך עם רשע רבא אמר אדם קרוב אצל עצמו ואין אדם משים עצמו רשע ואמר רבא פלוני בא על אשתו הוא ואחר מצטרפין להרגו אבל לא להרגה: ההוא טבחא דנפק טריפתא מתותיה ידיה שמתי' רב נחמן ועבריה אזל רבי מזייה ורבי טופריה סבר רב נחמן לאכשוריה א"ל רבא האי

<u>מסכת סנהדרין דף ט:-י.</u>

ואמר רב יוסף: פלוני רבעו לאונסו - הוא ואחר מצטרפין להרגו. לרצונו - רשע הוא, והתורה אמרה אל תשת רשע עד. רבא אמר: אדם קרוב אצל עצמו, ואין אדם משים עצמו רשע. אמר רבא: **[דף י.]** פלוני בא על אשתי - הוא ואחר מצטרפין להורגו, אבל לא להורגה. - מאי קא משמע לן - דמפלגינן בדיבורא, היינו הך! - מהו דתימא: אדם קרוב אצל עצמו - אמרינן, אצל אשתו - לא אמרינן, קא משמע לן. ואמר רבא: פלוני בא על נערה המאורסה והוזמו - נהרגין, ואין משלמין ממון. בתו של פלוני והוזמו נהרגין, ומשלמין ממון. ממון לזה, ונפשות לזה. ואמר רבא: פלוני רבע השור והוזמו - נהרגין ואין משלמין ממון, שורו של פלוני והוזמו - נהרגין ומשלמין ממון, ממון לזה ונפשות לזה. - הא תו למה לי? היינו הך! - משום דקא בעי בעיא עילויה. דבעי רבא: פלוני רבע שורי מהו? מי אמרינן: אדם קרוב אצל עצמו, ואין אדם קרוב אצל ממונו. או דילמא אמרינן: אדם קרוב אצל ממונו. בתר דבעיא הדר פשטה: אדם קרוב אצל עצמו, ואין אדם קרוב אצל ממונו.

<u>מסכת כתובות דף יח:</u>

מתני'. העדים שאמרו: כתב ידינו הוא זה, אבל אנוסים היינו, קטנים היינו, פסולי עדות היינו - הרי אלו נאמנים; ואם יש עדים שהוא כתב ידם, או שהיה כתב ידם יוצא ממקום אחר - אינן נאמנין.

גמ'. אמר רמי בר חמא: לא שנו אלא שאמרו אנוסים היינו מחמת ממון, אבל אנוסים היינו מחמת נפשות - הרי אלו נאמנין. אמר ליה רבא: כל כמיניה? כיון שהגיד שוב אינו חוזר ומגיד! וכי תימא הני מילי על פה, אבל בשטר לא, והא אמר ריש לקיש: עדים החתומים על השטר - נעשה כמי שנחקרה עדותן בב"ד! אלא כי אתמר - ארישא אתמר: הרי אלו נאמנין, אמר רמי בר חמא: לא שנו אלא שאמרו אנוסין היינו מחמת נפשות, אבל אמרו אנוסין היינו מחמת ממון - אין נאמנין; מאי טעמא? אין אדם משים עצמו רשע.

<u>תוספות מסכת כתובות דף יח:</u>

ואין אדם משים עצמו רשע - וא"ת והא קסבר רבא דפלגינן דיבורא בפ"ק דסנהדרין (דף ט: ושם) גבי פלוני רבעני לרצוני ופלוני בא על אשתי אם כן הכא נהימנו דאנוסים היו אבל לא מחמת ממון אלא מחמת נפשות דאליבא דרבא קיימא וי"ל כיון דקיום שטרות דרבנן לא פלגינן דיבורא כדי לפסול השטר ועוד דאין לנו לומר מעצמינו דאנוסים היו מחמת נפשות דאונס מחמת נפשות לא שכיח כדפרישית אבל התם שכיח שבא על אשת איש אחרת כמו על אשתו או שרבעו אדם אחר וכן בהרגתיו בספ"ב דיבמות (דף כה: ושם) יכול להיות דאדם אחר הרגו אי נמי שאני הכא דמחמת ממון או מחמת נפשות הוי פירושא דאנוסים היינו הלכך לא פלגינן דיבורא אבל לרצונו ובא על אשתו הוי דיבור בפ"ע א"נ הכא עיקר עדות הוא במה שאומרים אנוסים היינו שבאו לומר שלא ראו המלוה א"כ מיד עושין עצמן רשעים כיון שחתמו אם לא יעשו פירוש לדבריהם הלכך לא שייך הכא פלגינן דיבורא אבל ההיא דהרגתיו עיקר עדות הוא לומר שנהרג להשיא את אשתו וכן פלוני רבעו או בא על אשתו עיקר עדות להרוג פלוני הלכך פלגינן דיבורא ולגבי להשים עצמו רשע או לגבי אשתו לא יהא נאמן.

<u>רש"י מסכת סנהדרין דף כה.</u>

רבא לטעמיה - בפרק קמא, דאין אדם משים עצמו כו', אינו יכול לפסול עצמו על פיו, דהא אין קרוב מעיד לא לזכות ולא לחובה, ואדם קרוב אצל עצמו.

<u>רמב"ם הלכות עדות פרק יב הלכה ב</u>

אין אדם נפסל בעבירה על פי עצמו, כיצד הרי שבא לבית דין ואמר שגנב או גזל או הלוה בריבית, אע"פ שמשלם על פי עצמו אינו נפסל, וכן אם אמר שאכל נבילה או בעל אסורה אינו נפסל עד שיהיו שם שני עדים שאין אדם משים את עצמו רשע, לפיכך ראובן שהעיד עליו שמעון שהלוה בריבית והעיד לוי ואמר לי הלוה ברבית, הרי ראובן נפסל בעדות שמעון ולוי אע"פ שהרי הודה לוי שלוה ברבית אינו משים עצמו רשע ונאמן על ראובן ואינו נאמן על עצמו, וכן מי שהעיד שפלוני רבעו בין באונסו של נרבע בין ברצונו הוא ואחר מצטרפין להרגו, פלוני בא על אשתי הוא ואחר מצטרפין להרגו אבל לא להרגה וכן כל כיוצא בזה, פלוני רבע את שורי הוא ואחר מצטרפין להורגו שאין אדם קרוב אצל ממונו. **השגת הראב"ד** וכן כל כיוצא בזה וכו' עד שאין אדם קרוב אצל ממונו. א"א מן המפרשים הטובים יש שמפרשים פלוני רבע את שורי שגם הרובע אינו נהרג לפי שהעדות נגעה על שורו דלא פלגינן דיבורא וגם על שורו נתכוון להעיד וכשם שאינו נאמן על שורו כך אינו נאמן על הרובע דעדות שבטלה מקצתה בטלה כולה.

7. מלוה ברבית (דף כה.)		מסכת סנהדרין – פרק זה בורר

<u>רמב"ם הלכות עדות פרק יג הלכה א</u>

הקרובים פסולים לעדות מן התורה שנאמר לא יומתו אבות על בנים, מפי השמועה למדו שבכלל לאו זה שלא יומתו אבות על פי בנים ולא בנים על פי אבות, והוא הדין לשאר קרובים, אין פסולין מדין תורה אלא קרובים ממשפחת אב בלבד, והם האב עם הבן ועם בן הבן, והאחין מן האב זה עם זה ובניהן זה עם זה ואין צריך לומר הדודים עם בן אחיו, אבל שאר הקרובים מן האם או מדרך האישות כולן פסולין מדבריהם.

<u>רמב"ם הלכות עדות פרק יג הלכה טו</u>

זה שפסלה תורה עדות הקרובים לא מפני שהן בחזקת אוהבין זה את זה, שהרי אינו מעיד לו לא לטובתו ולא לרעתו אלא גזרת הכתוב הוא, לפיכך האוהב והשונא כשר לעדות אע"פ שהוא פסול לדיינות, שלא גזרה תורה אלא על הקרובים.

<u>רמב"ם הלכות סנהדרין פרק יח הלכה ו</u>

הגונב כלי שרת מן המקדש והמקלל בקוסם והבועל ארמית אין בית דין נזקקין להן, אלא הקנאין פוגעין בהן וכל שהורגן זכה, וכן כהן ששמש בטומאה לא היו אחיו הכהנים מביאין אותו לבית דין אלא פרחי כהונה היו מוציאין אותו חוץ לעזרה ופוצעין את מוחו בגזירין, גזירת הכתוב היא שאין ממיתין בית דין ולא מלקין את האדם בהודאת פיו אלא על פי שנים עדים, וזה שהרג יהושע עכן ודוד לגר עמלקי בהודאת פיהם הוראת שעה היתה או דין מלכות היה, אבל הסנהדרין אין ממיתין ולא מלקין המודה בעבירה שמא נטרפה דעתו בדבר זה, שמא מן העמלין מרי נפש הוא המחכים למות שתוקעין החרבות בבטנם ומשליכין עצמן מעל הגגות שמא כך זה יבא ויאמר דבר שלא עשה כדי שיהרג וכללו של דבר גזירת מלך היא.

<u>רדב"ז הלכות סנהדרין פרק יח הלכה ו</u>

גזירת הכתוב הוא וכו'. תניא מי שבא לב"ד ואמר הלקוני אין מלקין אותו והכי אמרינן בכל דוכתא אין אדם משים עצמו רשע והטעם שכתב רבינו לא שייך גבי מלקות ולפיכך כתב וכללו של דבר גזירת המלך היא ואין אנו יודעים הטעם ואפשר לתת קצת טעם לפי שאין נפשו של אדם קניינו אלא קנין הקב"ה שנאמר הנפשות לי הנה (יחזקאל י"ח) הילכך לא תועיל הודאתו בדבר שאינו שלו ומלקות פלגו דמיתה הוא אבל ממונו הוא שלו ומש"ה אמרינן הודאת בעל דין כמאה עדים דמי וכי היכי דאין אדם רשאי להרוג את עצמו כן אין אדם רשאי להודות על עצמו שעשה עבירה שחייב עליה מיתה לפי שאין נפשו קניינו. ועם כל זה אני מודה שהיא גזירת מלכו של עולם ואין להרהר:

<u>מסכת בבא מציעא דף ג:</u>

הודאת בעל דין כמאה עדים דמי

<u>רש"י מסכת יבמות דף כה:</u>

ואין אדם משים - את עדותו עדות אצל עצמו ליעשות רשע והא דקי"ל (ב"מ דף ג:) הודאת פיו כמאה עדים דמי הנ"מ לממונא אבל לקנסא ולעונש מלקות וליפסל לא.

שולחן ערוך חושן משפט סימן לד

סעיף י: המלוה ברבית, פסול. אחד המלוה ואחד הלוה, אם ברבית קצוצה, פסולים מן התורה, ואם ברבית מדרבנן, פסולים מדבריהם. הגה: וי"א דבאבק רבית אינו נפסל אלא המלוה ולא הלוה (נ"י פ' בורר). ועיין בי"ד סימן קס"א.

סעיף כה: אין אדם נפסל בעבירה ע"פ עצמו, אלא על פי עדים שיעידו עליו, שאין אדם משים עצמו רשע (רמב"ם פכ"ב מטוען). הגה: ומכל מקום אין עושין אותו עד, לכתחלה, כדלקמן סימן צ"ב סעיף ה'. וכן אין נפסל על קול וחשד בעלמא, כגון מי שחשוד על עריות, שרגיל עם עריות ומתייחד עמהם, וקול יוצא עליו, כשר לכל עדות חוץ מלעדות אשה (טור). ועיין בדין החשודים בי"ד סימן קי"ט.

8. תשובה (דף כה.-כה:)[1]

הסוגיא הזאת מתחלקת לשני חלקים המשלימות אחד את השני:

חלק א׳ בסוף סוגיית מלוה בריבית – הגמרא בדף כה. שורה 21 עד שורה 30.

חלק ב׳ הברייתא המובאת בקושיא בסוגיית ארא – דף כה: שורה 5 עד שורה 24.

חלק א׳ – דף כה.

״מזיה וטופריה״ – מבואר שיש קשר בין תשובה ל״ניוול עצמי״. ולכאורה הטעם הוא שהחטא מבוסס על תאוות הגוף. אבל קשה אמאי לא מוזכר דין זה ברמב״ם בהל׳ תשובה. ואולי לדעתו זה לא מעיקר מצות תשובה, אלא הוי דין בהכשר לעדות, כדי להאמינם ולהחזיקם שוב בכשרות.[2]

״עד שילך למקום שאין מכירין אותו וכו׳״ – כדי שלא יהיה חשש של ״איערומי קא מערים״ – וקצת צריך עיון איך נדע שלא הלך שם כדי להערים. והרי״ף והרמב״ם (מהל׳ עדות יב:ט) הוסיפו ״ילבש שחורים״.

עיין במאירי שכתב כאן שמי שעבר עבירה שיש בו מלקות ולקה, ״הרי זה בחזקת כשר ובעל תשובה״, וא״כ סוגייתינו הכא הוא דוקא במקרה שעבר עבירה שאין בו מלקות, או בזה״ז שא״א להלקותו. וכן בפסקי הרמב״ם להלן עדות יב:ד.

חלק ב׳ – התוספתא בדף כה:

בענין שבירת פיספסיהם

- עיין במאירי (הנ״ל) שפירש שזה מגלה שחזרתו הוי בלב שלם. ועוד יש לפרש שתשובתו גמורה אפילו בלי שבירתו, אך צריכים את זה כדי שלא יחזור בו מתשובתו. ועיין במה שאמר בזה הגרי״ד סולוביצ׳יק בספר ״על התשובה״ עמ׳ 23–21 בענין תשובה של ״טהרה״.

[1] It is interesting to compare and contrast the issue of re-establishing the trust of a witness with the general concept of תשובה. This is an excellent unit to teach in terms of the values of תשובה, self-improvement, and rehabilitation. The piece from *On Repentance* is very powerful.

[2] The distinction between these two concepts is very important and recurs throughout the פרק. It is important for students to understand that the primary issue in this פרק is not the evaluation of people and their actions, but rather determining the credibility of witnesses.

- והמאירי מקשר את זה לשיטת הרמב"ם דעות (ב:ב) ובשמונה פרקים שכדי לתקן מדה קיצונית צריך לילך לקצה השני. עי' ביד רמה שפירש שצריכים שלא יזיף אף לגוי משום "שהעושה תשובה צריך לקדש עצמו במותר לו ולעשות הרחקה יתירה כדי שלא יבא עוד לידי קלקול". ומשמע דס"ל שהל' כשרות לעדות שוה להל' תשובה, ויש לדון בזה.

בענין רמות שונות של תשובה

השוה לרמב"ם (הל' תשובה ב:א) בענין "תשובה גמורה". ועי' בהקדמה של ר' קוק ל"אורות התשובה", המזכיר שמצד אחד תשובה גמורה היא כמעט בלתי אפשרי, ומצד שני אפי' ע"י הרהור האדם מוגדר כצדיק.

ועי' ברא"ש (סוף סי' י'), שהקשה איך יחזירו את ה"גזילה" כשלא יודעים למי להחזיר. ותירץ שיעשו בהן צרכי רבים.

הלכה למעשה: רמב"ם הל' עדות יב:ד-י, שלחן ערוך חו"מ סי' לד.

מסכת סנהדרין דף כה.-כה:

ההוא טבחא דאישתכח דנפקא טריפתא מתותי ידיה, פסליה רב נחמן ועבריה. אזל רבי מזיה וטופריה. סבר רב נחמן לאכשוריה. אמר ליה רבא: דילמא איערומי קא מערים? - אלא מאי תקנתיה? כדרב אידי בר אבין. דאמר רב אידי בר אבין: החשוד על הטריפות - אין לו תקנה עד שילך למקום שאין מכירין אותו, ויחזיר אבידה בדבר חשוב, או שיוציא טריפה מתחת ידו בדבר חשוב משלו. **[דף כה:]** ...מיתיבי: המשחק בקוביא - אלו הן המשחקים בפיספסים. ולא בפיספסים בלבד אמרו, אלא אפילו קליפי אגוזים וקליפי רימונים. ואימתי חזרתן - משישברו את פיספסיהן ויחזרו בהן חזרה גמורה, דאפילו בחנם לא עבדי. מלוה בריבית - אחד המלוה ואחד הלוה, ואימתי חזרתן - משיקרעו את שטריהן ויחזרו בהן חזרה גמורה, אפילו לנכרי לא מוזפי. ומפריחי יונים - אלו שממרין את היונים. ולא יונים בלבד אמרו, אלא אפילו בהמה חיה ועוף, ואימתי חזרתן - משישברו את פגמיהן, ויחזרו בהן חזרה גמורה, דאפילו במדבר נמי לא עבדי. סוחרי שביעית - אלו שנושאין ונותנין בפירות שביעית, ואימתי חזרתן - משתגיע שביעית אחרת ויבדלו. ואמר רבי נחמיה: לא חזרת דברים בלבד אמרו, אלא חזרת ממון. כיצד? אומר: אני פלוני בר פלוני כינסתי מאתים זוז בפירות שביעית, והרי הן נתונין במתנה לעניים.

רי"ף מסכת סנהדרין דף ה עמוד א

איערומי קא מערים אלא מאי תקנתיה כדרב אידי בר אבין דאמר רב אידי בר אבין ילבש שחורים ויתכסה שחורים וילך למקום שאין מכירין אותו ויחזיר אבדה בממון חשוב אי נמי יוציא טרפה מתחת ידו בדבר חשוב ומשלו:

רמב"ם הלכות עדות פרק יב הלכה ט

מאימתי חזרת המועל בשבועה משיבא לבית דין שאין מכירין אותו ויאמר להם חשוד אני או יתחייב שבועה בבית דין שאין מכירין אותו בממון חשוב ישלם ולא ירצה להשבע, וכן טבח שהיה בודק לעצמו ומוכר ויצאת טרפה מתחת ידו שהרי הוא בכלל אוכלי טרפה שהן פסולין לעדות, הרי זה פסול לעדות עד שיראה ממעשיו שניחם על רעתו, וילבש שחורים ויכסה שחורים וילך למקום שאין מכירין אותו ויחזיר אבדה בממון חשוב, או יוציא טרפה מתחת ידו בדבר חשוב.

בית הבחירה למאירי מסכת סנהדרין דף כה.

מי שנתברר לנו שעבר עבירה הפוסלתו לעדות אם היא מעבירות שיש בהן מלקות ולקה הרי זה בחזקת כשר ובעל תשובה אבל אם עבר בדבר שאין בו מלקות והראה העובר בעצמו שהוא שב מחטאו אין מאמינין בו וחוששין שמא דרך הערמה הוא עד שיתברר לנו מענינו שבכל לבו הוא שב ולא דרך הערמה מעשה היה בטבח שהיה בודק לעצמו ויצאה טריפה מתחת ידו שהיה מוכרה ומאכילה ופסלוהו לעדות והעבירוהו ואח"כ גדל שערו וצפרניו והראה עצמו כמתחסד ושב מחטאו בכל לבו והיו סבורים להחזירו ולהכשירו והקשו קצת חכמיהם ודלמא איערומי קא מיערם אלא אין לו תקנה עד שילך למקום שאין מכירין אותו שאין שם חשש הערמה ויודע לנו שיחזיר אבידה בדבר חשוב או שיוציא טריפה מתחת ידו בדבר חשוב משלו וכן כל כיוצא בזה שיתברר לנו שלא מצד הערמה הוא עושה כן וכן כל הפסולים מחמת חשד חמס או מחמת חמס גמור אף על פי ששלמו אין מכשירין אותן עד שיודע לנו שהם שבים בכל לב מכאן אמרו משחק בקוביא או משאר מיני

השחוק אפילו בקליפי אגוזים ורמונים ואף על פי שאין עשויין לכך הם מתקנין אותם לכך כקוביא עצמה והוא הפספסין כלם פסולין לעדות ואף על פי שהחזירו מה שבא לידן ממנו ומאימתי חזרתם לחזור לכשרותם משישברו את פספסיהם ויחזרו בהם חזרה גמורה שלא ישחקו בהם אף בחנם מלוה ברבית או הלוה משיקרעו את שטריהם מעצמן ויחזרו בהם חזרה גמורה שלא ילוו אפילו לגוי וכן הלווה שלא ילווה אף מן הגוי שאין רפואה לחולי הנפש במצוע הדרכים אא"כ בנטייה אחר הקצוות דרך רפואה

<u>רמב"ם הלכות דעות פרק ב הלכה ב</u>

וכיצד היא רפואתם מי שהוא בעל חמה אומרים לו להנהיג עצמו שאם הוכה וקולל לא ירגיש כלל, וילך בדרך זו זמן מרובה עד שיתעקר החמה מלבו, ואם היה גבה לב ינהיג עצמו בבזיון הרבה וישב למטה מן הכל וילבש בלויי סחבות המבזות את לובשיהם וכיוצא בדברים אלו עד שיעקור גובה הלב ממנו ויחזור לדרך האמצעית שהוא דרך הטובה, ולכשיחזור לדרך האמצעית ילך בה כל ימיו, ועל קו זה יעשה בשאר כל הדעות אם היה רחוק לקצה האחד ירחיק עצמו לקצה השני וינהוג בו זמן רב עד שיחזור בו לדרך הטובה והיא מדה בינונית שבכל דעה ודעה.

<u>יד רמ"ה מסכת סנהדרין דף כה:</u>

מלוה ברבית כו' ומאימתי חזרתן משיקרעו את שטריהן לא מבעיא דאי שקלי רביתא דמחייבי לאהדורי רביתא דשקול אלא אפי' אית להו שטרי דכתיב בהו רבית וצריכי שהויינהו למגבא ממונייהו דלא תחזי כמלוה על פה אסור להו לשהויינהו אלא מחייבי למקרעינהו מיד והדרי ותבעי ליה ללוה בלא שטרא ויחזרו בהן חזרה גמורה דאפי' לגוי נמי לא מוזפי שהעושה תשובה צריך לקדש עצמו במותר לו ולעשות הרחקה יתירה כדי שלא יבא עוד לידי קלקול.

<u>רמב"ם הלכות תשובה פרק ב</u>

הלכה א: אי זו היא תשובה גמורה, זה שבא לידו דבר שעבר בו ואפשר בידו לעשותו ופירש ולא עשה מפני התשובה, לא מיראה ולא מכשלון כח, כיצד הרי שבא על אשה בעבירה ולאחר זמן נתייחד עמה והוא עומד באהבתו בה ובכח גופו ובמדינה שעבר בה ופירש ולא עבר זהו בעל תשובה גמורה, הוא ששלמה אמר וזכור את בוראיך בימי בחורותיך, ואם לא שב אלא בימי זקנותו ובעת שאי אפשר לו לעשות מה שהיה עושה אף על פי שאינה תשובה מעולה מועלת היא לו ובעל תשובה הוא, אפילו עבר כל ימיו ועשה תשובה ביום מיתתו ומת בתשובתו כל עונותיו נמחלין שנאמר עד אשר לא תחשך השמש והאור והירח והכוכבים ושבו העבים אחר הגשם שהוא יום המיתה, מכלל שאם זכר בוראו ושב קודם שימות נסלח לו.

הלכה ב: ומה היא התשובה הוא שיעזוב החוטא חטאו ויסירו ממחשבתו ויגמור בלבו שלא יעשהו עוד שנאמר יעזוב רשע דרכו וגו', וכן יתנחם על שעבר שנאמר כי אחרי שובי נחמתי, ויעיד עליו יודע תעלומות שלא ישוב לזה החטא לעולם שנאמר ולא נאמר עוד אלהינו למעשה ידינו וגו', וצריך להתודות בשפתיו ולומר עניינות אלו שגמר בלבו.

<u>רא"ש מסכת סנהדרין פרק ג סימן י</u>

ת"ר משחק בקוביא שאמרו אלו המשחקין בפספסין. ולא בפספסין בלבד אלא אפי' קליפי אגוזים וקליפי רמונים. ומאימתי חזרתן. משישברו את פספסיהן ויחזרו בהן חזרה גמורה דאפילו בחנם לא עבדי: והמלוה ברבית אחד המלוה ואחד הלוה. ואימתי חזרתן משיקרעו שטריהן ויחזרו בהן חזרה גמורה דאפילו לעובד כוכבים לא אוזפי. ומה שלא פירש חזרת הרבית דמילתא דפשיטא שצריך להוציא גזילה מתחת ידו. ואף אם אין יודע ממי נטל צריך לעשות בהם צרכי רבים אם רוצה לעשות תשובה מעלייתא כי ההיא דפ"ג דמסכת יום טוב (דף כט א) שכינס ממון בבירורי מדות. אלא אפילו שטר שכתוב בו רבית צריך לקורעו ויגבה הקרן בעל פה לרבנן דאמרי (בבא מציעא דף עב א) אין קונסין אותו וכן משחק בקוביא למ"ד אסמכתא הוי וכן מפריחי יונים למ"ד אי תקדמיה יונך ליוני אלא דבסוחרי שביעית לבד הוא דסברי רבנן [לקמן] דכיון דהפקר הוא אין צריך להוציא האיסור מתחת ידו ואף בזה נחלק רבי נחמיה. ובשאר כל ממון אם בא לידו באיסור ורוצה לעשות תשובה צריך להוציא הממון מתחת ידו. כדחזינן לעיל גבי החשוד על הטריפה דאין מקבלין תשובתו עד שיתברר על ידי ממון אחר שהוא שב בתשובה שלימה. כ"ש שאותו ממון של איסור צריך להוציא מתחת ידו:

<u>רמב"ם הלכות עדות פרק יב</u>

הלכה ד: כל מי שנתחייב מלקות בין שעשה תשובה בין שלקה בבית דין חוזר לכשרותו, אבל שאר פסולי עדות שהן פסולין משום ממון שחמסו או שגזלו אף על פי ששלמו צריכין תשובה והרי הן פסולין עד שיודע שחזרו בהן מדרכן הרע.

הלכה ה: מאימתי חזרת מלוים ברבית משיקרעו שטרותיהן מעצמן, ויחזרו בהן חזרה גמורה שלא ילוו ברבית אפילו לעכו"ם.

הלכה ו: מאימתי חזרת המשחקין בקוביא משישברו את פסיפסיהם, ויחזרו בהן חזרה גמורה שלא יעשו אפילו בחנם.

הלכה ז: מאימתי חזרת מפריחי יונים משישברו את הכלים שצדין בהן, ויחזרו בהן חזרה גמורה שאפילו במדבר לא יעשו.

הלכה ח: מאימתי חזרת סוחרי שביעית משתגיע שביעית ויבדקו, ולא חזרת דברים בלבד אלא כותב אני פלוני בן פלוני כנסתי מאתים זוז מפירות שביעית והרי הם נתונים במתנה לעניים.

הלכה ט: מאימתי חזרת המועל בשבועה משיבא לבית דין שאין מכירין אותו ויאמר להם חשוד אני או יתחייב שבועה בבית דין שאין מכירין אותו בממון חשוב ישלם ולא ירצה להשבע, וכן טבח שהיה בודק לעצמו ומוכר ויצאת טרפה מתחת ידו שהרי הוא בכלל אוכלי טרפה שהן פסולין לעדות, הרי זה פסול לעדות עד שיראה ממעשיו שניחם על רעתו, וילבש שחורים ויכסה שחורים וילך למקום שאין מכירין אותו ויחזיר אבדה בממון חשוב, או יוציא טרפה מתחת ידו בדבר חשוב.

הלכה י: וכן עד זומם שהלך למקום שאין מכירין אותו ונתנו לו ממון חשוב להעיד בשקר ולא רצה הרי זה עשה תשובה וחזר לכשרותו וכן כל כיוצא בזה.

<u>שולחן ערוך חושן משפט סימן לד</u>

סעיף כט: כל מי שנתחייב מלקות, כיון שלקה בב"ד חוזר לכשרותו. אבל שאר פסולי עדות, שהם פסולים משום ממון שחמסו או שגזלו, אף על פי ששלמו, צריכים תשובה והרי הם פסולים, עד שיוודע שחזרו בהם

מדרכם הרעה. מאימתי חזרת מלוה ברבית, משיקרעו שטרותיהם מעצמם ויחזרו בהם חזרה גמורה שלא ילוו ברבית אפילו לעובד כוכבים. וצריך להחזיר כל מה שלקח ברבית, לבעליהם; ואם אינו יודע ממי לקח, צריך לעשות בו צרכי רבים. הגה: וי"א דכל זה דווקא במי שרגיל לגזול ולגנוב, אבל מי שגנב וגזל באקראי בעלמא, מיד שהחזיר מה שגנב וגזל, הוי תשובה. ודוקא אם החזירו מעצמו, אבל אם לא החזיר רק ע"י כפיית ב"ד, לא מהני החזרה עד שיעשה תשובה (טור והרא"ש כלל נ"ח), וכן נ"ל.

סעיף ל: מאימתי חזרת המשחקים בקוביא, משישברו פספסיהם (פי' כלי השחוק הנזכר והם הקוביאות) ויחזרו בהם חזרה גמורה שלא יעשו אפילו בחנם.

סעיף לא: מאימתי חזרת מפריחי יונים, משישברו הכלים שצדין בהם ויחזרו בהם חזרה גמורה שאפילו במדבר לא יעשו. (ויש אומרים דגם כאן ובמשחקים בקוביא צריכים להחזיר המעות שהרויחו) (ב"י בשם הרא"ש פ' זה בורר).

סעיף לב: מאימתי חזרת סוחרי שביעית, משתגיע שביעית ויבדקו. ולא חזרת דברים בלבד, אלא כותב: אני פלוני בן פלוני כנסתי ק"ק זוז מפירות שביעית והרי הם נתונים במתנה לעניים.

סעיף לג: מאימתי חזרת המועל בשבועה, משיבא לבית דין שאין מכירין אותו ויאמר להם: חשוד אני, או יתחייב שבועה בבית דין שאין מכירין אותו, בממון חשוב, וישלם ולא ירצה לישבע. הגה: ודוקא מועלי שבועות. אבל עבר על שאר עבירות, מיד כשמקבל בבית דין שבעירו שלא לעשות עוד, סגי ליה (ר"י נ"ב ח"ד ותוס'). ודוקא שלא העבירוהו בשביל העבירה מאיזה אומנות. אבל העבירוהו, דינו כטבח שיתבאר בסמוך (ב"י).

סעיף לד: חזרת טבח שהיה בודק לעצמו ומוכר ויצא טריפה מתחת ידו, שילבש שחורים ויתכסה שחורים, וילך למקום שאין מכירים אותו ויחזיר אבידה בדבר חשוב, או יוציא טריפה מתחת ידו בדבר חשוב. (ועיין בי"ד סי' קי"ט).

סעיף לה: חזרת עד זומם, שילך למקום שאין מכירים אותו, ונתנו לו ממון חשוב להעיד שקר, ולא רצה.

9. ארא (דף כה.-כה:)

הגמרא בדף כה. שורה 30 עד כה: שורה 5. והמשך הסוגיה עד שורה 38.[1]

מה זה "ארא"?

רש"י – אדם שגוזל יונים שאינם שלו. (עי' בפירוש "המתרגם" המופיע בדף לפני הרי"ף)

איך עושים את זה?

1. ר"ח, רב האי גאון (מובא בערוך, ומסומנת ע"י כוכבית בר"ח), יד רמה – מושכים אותם ע"י ציפור אחר עם חוט קשורה לו (וכך גם במרגליות הים)
2. רמב"ם (פיה"מ, וגם משנה תורה הל' גזילה ו:ז) – ע"י זכר ונקבה.
3. מאירי – ע"י השמעת קול (birdcalls)

דרכי שלום

עי' רש"י כאן, וברש"י בב"מ קב. שמסביר שמדובר ביונים שבאים מעליהם ועושים את הקן שלהם בשובך (cote) או עלייה של בית, אבל הם לא צפורים ביתיים (domesticated), אלא גרים שם והולכים ומבקשים מזונותיהם בשדות. ולפיכך אין לבעל הבית קנין עליהם ואף לא סומך עליהם. רב האי גאון (מובא בערוך, ובמרגליות הים) אומר "שמן האויר הם נוטלים", ואולי זה מגלה שאין לבעל השובך שליטה עליהם. והערוך השלחן (חו"מ, שע:ב) מסביר שמשום הנ"ל אין בהם גזל מה"ת, אבל "מ"מ מדרבנן יש בהם גזל מפני דרכי שלום מפני שכל אחד תופס את היונים בשובכו לשלו ויבואו למריבות וקטטות". והוא מוסיף שאם היונים חוזרים תמיד לשובך, יש בהם גזל מה"ת (כנראה בגלל שאז בעה"ב כן יכול לסמוך עליהם).

פסול לעדות?

יש כאן מחלוקת אם ארא פסול לעדות. המחלוקת מבוססת על כמה עניינים:

א) אם ארא אסור מפני דרכי שלום או שזה גזל גמור.

ב) אם מי שעובר על איסור מפני דרכי שלום פסול לעדות.

[1] This unit is difficult and may be skipped (in whole or in part) depending on the class. The major concepts were already included in the previous סוגיא. It may be interesting to compare to the sport of pigeon racing. There are interesting videos of this sport online.

ג) ויותר נראה שהעיקר הענין הוא הספק בגדר של דרכי שלום: האם יש בזה צד גזל (וכלשון הגמרא בחולין שהביא רש"י: "ואסורות בגזל"), או שמכיון שאין בעלים, אין בזה שום איסור גזל וזה תקנה של דרכי שלום בעלמא (וכך משמע מהיד רמה). [ומוכח מהתוספות ד"ה אי נמי (דף כה:) שגם למ"ד ארא, הפסול הוא משום דעבר על דרכי שלום, שגם הוא לא סובר שזה גזל מה"ת.]

הצריכותא

1. הצריכותא כנראה הולכת דוקא לפי שיטת רש"י ש"בידו" הוי טפי אסמכתא.
2. הצריכותא כנראה מניח דמשחק בקוביא פסול משום דהוי אסמכתא, וכרמי בר חמא, וכן כתב בחידושי הר"ן, ושם ביאר את ההשלכות הלכה למעשה. ועיין בגליון הש"ס לגרעק"א שהקש' על הגמ', למה הניחו כרמב"ח, והיה אפשר לפרש להיפך ג"כ, והניח בצ"ע. (ועי' ביד רמה).

התוספתא

- "שממרים" – עי' ברש"י שפי' "מרגיזים זה על זה להילחם". ובערוך (מובא במסורת הש"ס) פי' בדרך של אי תקדימך, וביד רמה פי' את הלשון "ממרים" בין למ"ד ארא ובין למ"ד אי תקדמיה יונך ליון.
- רש"י ד"ה אפילו במדבר – הלשון הזה לא מגופא דתוספתא. ועי' בתוספתא (מצויין במסורת הש"ס) ומבואר שם כדברי רש"י. [כאן הזדמנות להראות לתלמידים תוספתא בפנים.]

אפשר להפסיק את הסוגיא בסוף התירוץ של הברייתא ("...מן חיה")

הגזלנין והחמסנין

- ההשואה לארא – תוס' ד"ה אי נמי – זה רק למ"ד אי תקדימך, מאירי – מחלק ביניהם אם יש דרכי שלום מצד הנגזל עצמו או מצד קרוביו.
- חמסנין – עי' רש"י ותוספות ד"ה מעיקרא, והשוה לרמב"ם דעיקר האיסור דלא תחמוד הוא החימוד בלב. ועי' בשלטי גיבורים דף ה. אות א'.

- [רועים – עי' ברבינו חננאל שמחלק בין בהמה דידהו לבהמה דעלמא, משום שאין אדם חוטא ולא לו. ועי' ברי"ף ובנמוקי יוסף שהוסיפו שאל"כ "אנן היכי יהבינן חיותא למרעה והא כתיב לפני עור לא תתן מכשול".]

מסכת סנהדרין דף כה.-כה:

ומפריחי יונים. מאי מפריחי יונים? הכא תרגומה: אי תקדמיה יונך ליון, רבי חמא בר אושעיא אמר: ארא. מאן דאמר אי תקדמיה יונן ליון - מאי טעמא לא אמר ארא? - אמר לך: ארא - מפני דרכי שלום בעלמא. ומאן דאמר ארא, מאי טעמא לא אמר אי תקדמיה יונן ליון? - אמר לך: היינו משחק בקוביא. ואידך: תנא תולה בדעת עצמו, ותנא תולה בדעת יונו. וצריכא, דאי תנא תולה בדעת עצמו - התם הוא דלא גמר ומקני, דאמר **[דף כה:]** קים לי בנפשאי דידענא טפי. אבל תולה בדעת יונו - אימא לא. ואי תנא תולה בדעת יונו - דאמר: בנקשא תליא מילתא, ואנא ידענא לנקושי טפי. אבל תולה בדעת עצמו - אימא לא, צריכא. מיתיבי: המשחק בקוביא - אלו הן המשחקים בפיספסים. ולא בפיספסים בלבד אמרו, אלא אפילו קליפי אגוזים וקליפי רימונים. ואימתי חזרתן - משישברו את פיספסיהן ויחזרו בהן חזרה גמורה, דאפילו בחנם לא עבדי. מלוה בריבית - אחד המלוה ואחד הלוה, ואימתי חזרתן - משיקרעו את שטריהן ויחזרו בהן חזרה גמורה, אפילו לנכרי לא מוזפי. ומפריחי יונים - אלו שממרין את היונים. ולא יונים בלבד אמרו, אלא אפילו בהמה חיה ועוף, ואימתי חזרתן - משישברו את פגמיהן, ויחזרו בהן חזרה גמורה, דאפילו במדבר נמי לא עבדי. סוחרי שביעית - אלו שנושאין ונותנין בפירות שביעית, ואימתי חזרתן - משתגיע שביעית אחרת ויבדלו. ואמר רבי נחמיה: לא חזרת דברים בלבד אמרו, אלא חזרת ממון. כיצד? אומר: אני פלוני בר פלוני כינסתי מאתים זוז בפירות שביעית, והרי הן נתונין במתנה לעניים. קתני מיהת בהמה. בשלמא למאן דאמר אי תקדמיה יונך ליון - היינו דמשכחת לה בהמה, אלא למאן דאמר ארא - בהמה בת הכי היא? - אין, בשור הבר, וכמאן דאמר שור הבר מין בהמה הוא, דתנן: שור הבר מין בהמה הוא, רבי יוסי אומר: מין חיה.

תנא: הוסיפו עליהן הגזלנין והחמסנין. - גזלן דאורייתא הוא - לא נצרכא אלא למציאת חרש שוטה וקטן. מעיקרא סבור: מציאת חרש שוטה וקטן לא שכיחא, אי נמי - מפני דרכי שלום בעלמא. כיון דחזו דסוף סוף ממונא הוא דקא שקלי - פסלינהו רבנן. החמסנין, מעיקרא סבור: דמי קא יהיב, אקראי בעלמא הוא. כיון דחזו דקא חטפי - גזרו בהו רבנן.

רש"י מסכת סנהדרין דף כה.-כה:

ארא - אשתליו"ן, אדם המתעה יונים לבוא אליו על ידי יונה מאולפת וכד', מלומד להביא יונים ממקומן לבית בעלים על כרחן, ויש בהן גזל.

מפני דרכי שלום בעלמא - דתניא (חולין קלט, ב): יוני שובך ויוני עלייה יש בהן גזל מפני דרכי שלום, ולא גזל גמור, דלא זכה בהן בעל השובך, דממילא קאתו ורבו להתם, ובגמרא דהשואל (בבא מציעא קב, א) גרס לה.

שממרים את היונים - מרגיזים אותן זה על זה להלחם.

אפילו במדבר - דלא שכיחי יונים דיישוב, והאי פירושא ללישנא דארא נקיט לה, ולא מגופא דברייתא היא, וללישנא דאי תקדמה יונך ליון איכא לפרושי: חזרה גמורה - דהא אפילו בחנם נמי לא עבדו, כדפרישית גבי קוביא.

יד רמ"ה מסכת סנהדרין דף כה.

פיסקא ומפריחי יונים הכי תרגימו בבבל אי תקדמה יונך ליון מתנין ביניה אם יונתך קודמת ליונתי אני נותן לך כך וכך ומפריחין אותן כאחת ומנקשין אחריהן וכל אחת ואחת מכרת ניקוש של בעליה וממהרת לעוף לקול הניקוש ומי שיונתו קודמת נוטל מחבירו כפי תנאו ר' חמא בר אושעיא אמר קושרין חוט ארוך ביונים וקצהו

בעץ כדי שלא תוכל היונה לנשאו ולברוח ומפריחין אותן על הגגין והן מצפצפין ויוני שובכין ויוני עליות של בני העיר מתקבצין שם לקולן והוא פורש להן רשתות ונוטלן והו"ל גזל:

<u>פירוש המשנה לרמב"ם מסכת סנהדרין פרק ג</u>

ומפריחי יונים, לוקחים רכוש לא להם לפי שהם מושכים הזכרים בנקבות והנקבות בזכרים, כפי שזה מפורסם אצל העושים כן.

<u>בית הבחירה למאירי מסכת סנהדרין דף כה.</u>

ומפריחי יונים לדעת המפרש בהם ארא והוא שממרין את היונים ר"ל שמרגיזין אותם בקשקוש על דפים להנידם מקיניהם ואח"כ מצפצפין בתחבולות עד שבאים לידם וכן העושים בדרך זו בבהמות על הדרך האמור בסוף השמועה בשור הבר שהבייתיות אין נדות ממקומם בקשקושו אלא בשור הבר שהיא בהמה לענין איסור חלבו כמו שיתבאר במשנת כלאים בסדר זרעים וכן בחיה ושאר עופות

<u>רש"י מסכת בבא מציעא דף קב.</u>

יוני שובך - שמבקשים מזונותיהן בשדה וקניהן בשובך, ואין אלו יוני הרדסיאות הגדילים בבתים.

<u>רמב"ם הלכות גזלה ואבדה פרק ו הלכה ז</u>

דברים הרבה אסרו חכמים משום גזל והעובר עליהן הרי זה גזלן מדבריהם, כגון מפריחי יונים והמשחקין בקוביא. מפריחי יונים כיצד, לא יפריח אדם יונים בתוך הישוב שהרי לוקח ממון אחרים שלא כדין מפני שמשלח זכר ויביא נקבה משובך אחר או נקבה ותביא זכר, ולא יונים בלבד אלא כל העושה כזה בשאר עופות או חיה ובהמה הרי זה גזלן מדבריהם.

<u>ערוך השולחן חושן משפט הלכות גזילה סימן שע סעיף ב</u>

מפריחי יונים כיצד יש יונים מלומדים להביא עוד יונים לשובך זה שמשלח זכר ומביא עמו נקבה או נקבה ומביאה זכר ושולח היונים שלו שיביאו יונים מן המדבר ולפעמים מביאין מן הישוב ואין בזה גזל מן התורה שהרי גם בעל השובך אין לו בהם קנין גמור אף שהשובך שלו הוא אם אינו מגדלן בביתו או ברפתו ונותן להם מזונות אלא שמגדלן בשובך העומד מחוץ לחצרו ונזונין מן השדה ואינו קונה אותם בדמים אלא מתאספין להשובך יונים ממקומות הפקר ומתגדלין בשם ולפעמים יוצאין משם ולא סמכה דעתא דבעל שובך עלייהו ולכן אין בזה מן התורה גזל ומ"מ מדרבנן יש בזה גזל מפני דרכי שלום מפני שכל אחד תופס את היונים הנמצאים בשובכו לשלו ויבואו למריבות וקטטות ויונים שחוזרים תמיד לשובכן יש בהם גזל גמור מן התורה כבכל העופות שברשותו של אדם [כ"מ מב"מ ק"ב. ומסוף חולין מרש"י ד"ה ואב"א וטעם דדרכי שלום הוא בסנהדרין כ"ה. ובגיטין נ"ט: כלול זה במשנה עם מצודות חיה ועופות דגם זהו כעין מצודה]:

<u>תוספות מסכת סנהדרין דף כה:</u>

אי נמי מפני דרכי שלום - תימה למ"ד מפריחי יונים ארא א"כ מעיקרא נמי פסולים מפני דרכי שלום וי"ל דהא דאמרי' מפני דרכי שלום קאי אלישנא דתקדמיה יונך ליון.

מעיקרא סבור דמי קיהיב - וא"ת וליפסול מדאורייתא דקא עבר אלאו דלא תחמוד וי"ל דלא תחמוד משמע דלא יהיב דמי וכי יהיב דמי ליכא לאו דחמוד כלל וא"ת והא אמרינן בפ"ק דבבא מציעא (דף ה:) לא תחמוד בלא דמי משמע להו משמע לאינשי דווקא הוא דמשתמע כך אבל הם טועים דלא תחמוד הוו אפי' בדיהיב דמי וי"ל דמשמע להו דקאמר ר"ל נמי דכן הוא האמת ועי"ל דהכא הכי קאמר דמי קא יהבי והיו מפייסים אותם עד שיאמרו רוצה אני אם כן לא עברי אלאו דלא תחמוד כיון דחזו דשקלי בעל כרחייהו ולא היו חוששין אם יתפייסו פסלינהו.

<u>חידושי הר"ן מסכת סנהדרין דף כה.</u>

וצריכא דאי תנא תולה בדעת עצמו. הך סוגיא אזלא אליבא דרמי בר חמא דאמר משום אסמכתא. וקשה דהא קיימא לן כרבי שמעון משום דקאי לעיל כרבי יהושע בן לוי שהלכה כמותו בכל מקום שאימתי לפרש ובמה לחלוק. ואיכא למימר דמ"ה אזלא הך סוגיא כרמי בר חמא משום דמאן דאמר אי תקדמיה יונך ליון ודאי קאי כרמי בר חמא דאי ס"ל כרב ששת משום דאין עסוקין בישובו של עולם היינו משחק בקוביא ותרתי למה לי. הילכך ודאי רב ששת כרב חמא בר אושעיא דאמר ארא. ומ"ד אי תקדמיה יונך ליון היינו כרמי בר חמא ומ"ה עבדינן האי אצרכתא אליביה.

<u>רי"ף מסכת סנהדרין דף ה. בדפי הרי"ף</u>

אמר רב יהודה סתם רועה פסול סתם גבאי כשר ואוקימנא להא דאמר רב יהודה סתם רועה פסול בפ' שנים אוחזים בטלית ברועה דידיה אבל ברועה דעלמא סתמיה כשר דאי לא תימא הכי אנן חיותא לרעיא היכי מסרינן הא כתיב ולפני עור לא תתן מכשול אלא חזקה אין אדם חוטא ולא לו:

10. אוכלי דבר אחר (דף כו:)[1]

הגמרא בדף כו: שורה 36 עד שורה 39

מזה "אוכלי דבר אחר"?

- רש"י ותוס' ד"ה אוכלי דבר אחר – מקבלי צדקה מן הנכרי, דהוי חילול השם מחמת ממון, והוה ליה רשע דחמס. ואיסור זה דלקיחת צדקה מן הנכרי נלמד מהגמרא (בבא בתרא דף י), ונפסק ברמב"ם בהל' מתנות עניים (ח:ט). ובפשיטות, טעם הדבר הוא שמראה שאין אנו יכולים לפרנס את העניים שלנו, וצריכים לקבל מעכו"ם, וכעין זה כתב הר"י מלוניל (מובא בבירור הלכה) והלבוש (יו"ד סי' רנד).[2]
- הרמב"ם הביא פסול זה בהל' עדות (יא:ה) (אינו מצויין כאן ב"עין משפט") – ומכלל אלו האוכלין צדקה של עכו"ם בפרהסיא אע"פ שאפשר להן שיזונו בצנעה מבזין את עצמן ואינן חוששין. כל אלו פסולין מדבריהן." ופי' הכסף משנה והרדב"ז דלמד דין זה מהגמ' שלנו דאוכלי דבר אחר. אך מבואר ברמב"ם דהטעם הוא משום שהוא בכלל הבזויין ובכלל אלו שהולכים בשוק ערומים, ודלא כפי' רש"י דהוי חילול השם (ואילו התוס' הנ"ל לא הזכיר טעם לפסול זה). ומבואר להדיא ברמב"ם דאין פסול זה קשור לאיסור דילפינן מגמ' ב"ב, משא"כ לרש"י, דהוי רשע דחמס מחמת האיסור. [מאידך, כשהביא הרמב"ם את דין זה בהלכות מתנות עניים חילק בין צינעה לפרסהיא, ואם אפשר לאיתזוני בצנאה, כי בזה מראה שכן מתבייש. (וכך אומר המאירי בב"ב י:). וחילוקים הללו אינם מפורשים שם בבבא בתרא, ורק אצלנו לגבי פסול לעדות, וע"כ דתלוי האיסור בפסול, ויש לעיין בזה.]

  ובאמת אף לקבל צדקה מישראל הוי בזיון, וכדקי"ל "עשה שבתך חול ואל תצטרך לבריות," ועי' במה שכתב בזה הערוך השלחן (רנה).[3]
- מהו ההוה אמינא של רש"י ותוס' לפרש ד"דבר אחר" הוא חזיר? משום דבמקומות אחרות קראו לחזיר "דבר אחר", בפסחים (דף עו).

[1] This is a very good סוגיא to teach. The values are all easily derived, important, and relevant to contemporary life.
[2] This highlights an important value – that we must take care of our poor and that we should be embarrassed if we do not.
[3] This also teaches important values about not taking charity. The difference between taking from Jews and non-Jews is that Jews are like close family relatives; it is more shameful to ask for help from a stranger than from a relative.

- **האם אסור בכל גויים, או רק בעכו"ם?** בלשון הגמ' כאן, ובלשון הרמב"ם בהל' עדות ובהל' מתנות עניים, סתמו "גוים" ו"נכרים," אבל בהלכות מלכים כתב הרמב"ם (י:י) הלשון "עכו"ם". ועי' בערוך השלחן (רנד:א) שפסק דאסור רק בעכו"ם.[4]
- **האם מותר למוסד יהודי לקבל צדקה מנכרים?** פסק הערוך השלחן (רנד:ד) דמותר לבית כנסת לקבל נדבות מנכרים, דהוי כמו קרבנות לבית המקדש דמקבלים מגוים. ומשמע דלשאר מוסדות יש איסור. ויש לעיין אם איסור זה שייך דוקא בצדקה לעניים ממש, או גם לכל מוסדות, שאינם ממש עניים.
- **ט"ז** (יו"ד רנד)- מותר ליקח צדקה מעכו"ם אם הוא נותן לכל בני המדינה, ולא רק ליהודים (לדוגמא, welfare) וזה אינו נחשב כחילול ה'.[5]

[4] This is a frequent ambiguity and relates back to the very first סוגיא in the פרק, with regard to the prohibition of bringing court cases to idolatrous courts.
[5] This is an important point in terms of practical הלכה.

<u>מסכת סנהדרין דף כו:</u>

(סימן: דב"ר ועריו"ת גנ"ב). אמר רב נחמן: אוכלי דבר אחר פסולין לעדות. הני מילי - בפרהסיא, אבל בצינעה - לא. ובפרהסיא נמי לא אמרן אלא דאפשר ליה לאיתזוני בצינעה, וקא מבזי נפשיה בפרהסיא, אבל לא אפשר ליה - חיותיה הוא,

<u>רש"י מסכת סנהדרין דף כו:</u>

אוכלי דבר אחר - מקבלי צדקה מן הנכרים דהוי חילול השם מחמת ממון, הוה ליה כרשע דחמס.

<u>תוספות מסכת סנהדרין דף כו:</u>

אוכלי דבר אחר פסולין להעיד - ליכא לפרושי אוכלי דבר אחר דהיינו אוכלי חזיר דאי באוכלי חזיר היכי מפליג בין צינעא לפרהסיא וכי גרע מאוכל נבלות לתיאבון דאמרינן לקמן (דף כז.) דפסול לעדות בכל ענין אלא נראה כפי' הקונטרס דהיינו מקבלי צדקה מן הנכרים.

<u>מסכת בבא בתרא דף י:</u>

אמר להם רבן יוחנן בן זכאי: כשם שהחטאת מכפרת על ישראל, כך צדקה מכפרת על אומות העולם. איפרא הורמיז אימיה דשבור מלכא, שדרה ארבע מאה דינרי לקמיה דרבי אמי ולא קבלינהו; שדרינהו קמיה דרבא, קבלינהו משום שלום מלכות. שמע רבי אמי איקפד, אמר: לית ליה (ישעיהו כ"ז) ביבש קצירה תשברנה נשים באות מאירות אותה? ורבא? משום שלום מלכות. ורבי אמי נמי משום שלום מלכות? דאיבעי ליה למפלגינהו לעניי עובדי כוכבים. ורבא נמי לעניי עובדי כוכבים יהבינהו, ור' אמי דאיקפד הוא

<u>רמב"ם הלכות מתנות עניים פרק ח הלכה ט</u>

אסור לישראל ליטול צדקה מן העכו"ם בפרהסיא, ואם אינו יכול לחיות בצדקה של ישראל ואינו יכול ליטלה מן העכו"ם בצנעה הרי זה מותר, ומלך או שר מן העכו"ם ששלח ממון לישראל לצדקה אין מחזירין אותו לו משום שלום מלכות, אלא נוטלין ממנו וינתן לעניי עכו"ם בסתר כדי שלא ישמע המלך.

<u>לבוש יורה דעה סימן רנד סעיף א</u>

אסור לישראל לקבל צדקה מן הגוים בפרהסיא משום שיש בה חילול השם, שאומרים הגוים כמה מגונה אומה זו שאין מפרנסין ענייהם. והני מילי דאפשר ליה לאיתזוני בצינעה, אבל אם אי אפשר לו לחיות בצדקה של ישראל וגם אינו יכול ליטלה בצינעה מן הגוים הרי זה מותר, דאנוס הוא להחיות את עצמו.

<u>רמב"ם הלכות עדות פרק יא הלכה ה</u>

וכן הבזויין פסולין לעדות מדבריהם והם האנשים שהולכין ואוכלין בשוק בפני כל העם וכגון אלו שהולכין ערומים בשוק בעת שהן עוסקין במלאכה מנוולת וכיוצא באלו שאין מקפידין על הבושת, שכל אלו חשובין ככלב ואין מקפידין על עדות שקר, ומכלל אלו האוכלין צדקה של עכו"ם בפרהסיא אע"פ שאפשר להן שיזונו בצנעה מבזים עצמן ואינן חוששין, כל אלו פסולין מדבריהם.

כסף משנה הלכות עדות פרק יא הלכה ה

ומכלל אלו האוכלים וכו'. סנהד' פרק זה בורר (דף כ"ו:) אמר ר"נ אוכלי צדקה של העכו"ם (בגמרא אוכלי דבר אחר ופירש"י מקבלי צדקה מן העכו"ם ומוכרח הוא כמ"ש התוספות שם) בפרהסיא פסולים לעדות והוא דאפשר ליה לאיתזוני בצנעה ומבזי נפשיה:

ערוך השולחן יורה דעה סימן רנה

סעיף א: לעולם ירחיק אדם א"ע מקבלת צדקה אם רק אפשר לו לחיות אפילו בדוחק ואפילו לאכול בשבת כבחול כמה שאמרו חז"ל עשה שבתך חול ואל תצטרך לבריות ואפילו היה חכם מכובד והעני יעסוק באומנות ואפילו באומנות מנוולת ולא יצטרך לבריות וכך צוו חז"ל בפסחים [קי"ג א] ע"ש אך אם יש בזה בזיון התורה לא יעשה כן וכבר כתבנו בזה בסי' רמ"ב:

סעיף ב: וכך שנו חכמים במשנה סוף פאה דכל מי שא"צ ליטול מהצדקה ונוטל והיינו שמרמה העם ואומר עני הוא אינו מת עד שבאמת יצטרך לבריות וכן להיפך כשצריך ליטול ואינו יכול להרויח כגון זקן או חולה או בעל יסורין או שיש לו בנות רבות ואין לו במה להשיאן ומגיס דעתו ואינו נוטל ה"ז שופך דמים ומתחייב בנפשו ואין לו בצערו אלא עוונות וחטאים אמנם מי שצריך ליטול ובדוחק יכול לחיות ומצער עצמו ודוחק את השעה וחי חיי צער בלחם ומים כדי שלא יצטרך ליטול ולא יטריח על הציבור ולא מפני הגאוה אינו מת מן הזקנה עד שיפרנס אחרים משלו ועליו הכתוב אומר ברוך הגבר אשר יבטח בד' והיה ד' מבטחו:

מסכת פסחים דף עו:

עביד לוי עובדא בי ריש גלותא בגדי ודבר אחר.

רש"י מסכת פסחים דף עו:

דבר אחר - חזיר.

רמב"ם הלכות מלכים פרק י הלכה י

בן נח שרצה לעשות מצוה משאר מצות התורה כדי לקבל שכר, אין מונעין אותו לעשותה כהלכתה, ואם הביא עולה מקבלין ממנו, נתן צדקה מקבלין ממנו, ויראה לי שנותנין אותה לעניי ישראל, הואיל והוא ניזון מישראל ומצוה עליהם להחיותו, אבל העכו"ם שנתן צדקה מקבלין ממנו ונותנין אותה לעניי עכו"ם.

ערוך השולחן יורה דעה סימן רנד

סעיף א: אסור לישראל ליטול צדקה מן העובדי כוכבים בפרהסיא מפני חילול ד' ובגמ' [ב"ב י' א] דרשו זה מקרא דביבוש קצירה תשברנה ע"ש ולפ"ז גם בצינעא אסור ומ"מ אם אינו יכול לחיות בצדקה של ישראל יטול מהם בצינעא ואם אינו יכול בצינעא יטול בפרהסיא וטעמו של דבר נ"ל דבאמת אין זה מגדר חילול ד' כלל אלא שאין זה כבוד שיצטרכו לצדקה של אחרים וגם הדרשא של ביבוש קצירה בגמ' אסמכתא בעלמא הוא ולכן במקום הכרח גמור ובאין ברירה מותר [ובזה מתורץ קושיות הדרישה והט"ז סק"א ע"ש] ויש מי שרוצה לחלק בין יחיד לרבים דיחיד מותר [דרישה] ואין סברא כלל לחלק בזה [ט"ז]:

סעיף ד: וכל זה בנתינת מעות לצדקה אבל כשמנדבין דבר לבהכ"נ מקבלין מהם דזהו כמו קרבן שמקבלין מהם דדרשינן איש איש ללמד עליהם שמקבלין מהן קרבן נדרים ונדבות ויתבאר בסי' רנ"ט ומן הנהפך לישמעאל אין מקבלין ויש אומרם דמקבלין ולא דמי לקרבן [עי' ש"ך סק"ה]:

<u>ט"ז יורה דעה סימן רנד</u>

(ב) **וינתן לעניי עובדי כוכבים.** - אבל לישראל לא דכתיב ביבוש קצירה תשברנה פירוש כשיכלה לחלוחית זכות של עובדי כוכבים אז ישברו. וקשה דברישא התירו לקבל בצינעא ולא איכפת לן במה שיהיה לעובד כוכבים זכות בזה ובדרישה הקשה זה ותירץ שיחיד המקבל כיון שהוא נהנה מותר אבל גבאי שאין לו הנאה אסור לגרום זכות לעובד כוכבים בשביל הנאת אחרים והוא תמוה דהיאך נתיר לו להאריך הגלות בשביל הנאתו ונראה לי שאין שייך ביבוש קצירה אלא כשהעובד כוכבים מכוין דוקא לעניי ישראל ובזה מייקר שם ישראל בזה יש זכות גדול כגון הכא וכמעשה דאימיה דשבור מלכא בגמ' ששלחה לחלק לישראל ואע"ג דכתב רש"י שהיא ידעה גם כן שמפרנסין ג"כ עניי עובדי כוכבים עם ישראל דאם לא כן הוי ליה גניבת דעת וכמו שנעתיק בסמוך מ"מ העיקר בשביל עניי ישראל בזה הקפידו משום ביבוש קצירה משא"כ ברישא שהעובד כוכבים אין כוונתו דוקא על ישראל אלא הוא מצד טבעו רחמן על כל הפושט יד אין זה זכות גדול ולית ביה משום ביבוש קצירה כן נ"ל עיקר. ונותנין לעניי עובדי כוכבים בסתר. א"ל מזה על מה שכתבתי דעיקר כוונת העובד כוכבים היה על ישראל דכאן נותן הכל לעניי עובדי כוכבים והוה ליה גניבת דעת יש לומר דלא שייך גניבת דעת אלא אם הוא עושה מעשה בדרך גניבה דהיינו אם הנותן נתכוין לתת לישראל ולא לעובד כוכבים נמצא דבשעת נתינה לעובד כוכבים עובר על דעתו של העובד כוכבים הנותן מה שאין כן כאן דיש עכ"פ היתר בנתינה לעובד כוכבים אלא במה שאין נותן לישראל כלום הוא עובר על דעתו בשב ואל תעשה אין בזה איסור גניבת דעת כן נראה לי נכון ועיין מ"ש עוד בסימן ק"כ מענין גניבת דעת עובדי כוכבים:

11. החשוד על העריות (דף כו:)

גמרא: דף כו: שורות 15–20, ויש גם להמשיך עד סוף העמוד בסוגיה דפועל.[1]

מה פירוש "חשוד על העריות"?[2]

א) רש"י ותוספות (בדעה הא') – לא בא ממש על הערוה, דא"כ ודאי היה פסול לכו"ע, אלא שיש כאן **שמועה** לחשוד אותו על איסור עריות.

a) לרב נחמן כשר משום שלא עבר על איסור גמור.

b) לרב ששת פסול – וקשה, הרי לא עבר על איסור? ותי' התוספות והיד רמה – כי כל מי שלוקה במלקות נקרא "רשע" כדכתיב, "אם בן הכות הרשע." בעל המאור – שאם לא פוסלים אותו, יאמרו שמי שבא ממש על הערוה ג"כ כשר. (רא"ש – באמת רב ששת אינו חולק, אלא רק מתמהה על ר' נחמן.)

ב) כעין שיטה הנ"ל, שלא בא ממש, אבל עבר על האיסור של **יחוד** (תוספות ביבמות בדף כה: ד"ה ואין, ובסנהדרין דף ט: ד"ה לרצונו)[3]

a) לר' נחמן כשר – וקשה, הרי עבר על איסור גמור, והוה רשע. תירץ הר"ן (בשם הבעה"מ) שאע"פ שיחוד אסור מדאורייתא, מ"מ לא משמע ליה לאיניש שיש בזה איסור גמור, ודמי לגנב ניסן וכו'. (ועיין לעיל בבעין זה בתוספות כד: ד"ה ואלו.)

b) לרב ששת פסול, משום שעבר על איסור גמור.

ג) תוספות ד"ה החשוד (דעה ב'), וכן הבין הנמוקי יוסף בדעת הרי"ף (ה: "יצרו תקפו"), והיד רמה – **יש עדים שבא על ערוה.** [ועי' ברמב"ן במלחמות שמסביר שכך פי' לשון "חשוד" בכל הש"ס – שממש עשה עבירה. והגמרא לא נקטה "בועל את הערוה" כי זה רק למי שרגיל בכך. אבל משמע מכאן, שאם רגיל בכך, גם פסול לר' נחמן. וקשה, דמהו ההבדל? ואולי יש לחלק כי אם רגיל בכך כבר א"א לטעון יצרו תקפו, שזה רק טענה חד פעמית.]

[1] This סוגיא is valuable if one is interested in raising the issues of ערוה.

[2] This is a key question of the סוגיא and different answers are suggested. If they are too detailed and complex, the גמרא can be studied without addressing this question. The גמרא itself is interesting and can lead to a valuable discussion on this topic.

[3] This is a good opportunity to introduce students to the idea of יחוד, which may be אסור מדאורייתא.

a) לר' נחמן כשר – וקשה – מאי שנא ממומר אוכל נבילות לתיאבון? מאי שנא מ"פלוני רבעני לרצוני" דפסול לעדות [בבה"ג שנאמן, ואינו משים עצמו רשע]?

(א) תוס' – שאני הכא, דבעריות יצרו תוקפו ביותר (ואע"פ שעבר על אסור ערוה, לא היה משקר בעדות).

(ב) רא"ש, תוספות (סנהדרין דף ט:) – יצרו תוקפו ג"כ במשכב זכר, אלא שפסול רק ב"אותו עדות", כפלוני רבעני, אבל לשאר עדויות כשר.

(ג) נמוקי יוסף (ה: בדפי הריף שורה 9) – בשם הגאונים – רב נחמן ס"ל כרבא, דבעינן רשע דחמס. (וא"כ צ"ע אם קי"ל כר"נ וגם כאביי, וע"ש שדן בזה הנמוקי יוסף.) וכן משמע מרש"י.

b) לר' ששת – פסול – שעבר על איסור גמור.

ד) רמב"ם (הל' איסורי ביאה כא:א–ב) הגדיר "חשוד על העריות" כ"בא על הערוה דרך אברים או שחבק ונשק דרך תאוה וכו'" ולוקה ופסול. וע' במגיד משנה בהל' ב' שביאר שפסק הרמב"ם כר' ששת. והמגיד משנה בהל' א' הביא את דעת הרמב"ן שחלק על הרמב"ם, ופסק שאין לוקין על קירבה לערוה. (ועי' בהל' עדות שלא הביא הרמב"ם את ההלכה במפורש, ולכאורה משום שנכלל ברשע שחייב מלקות, הל' עדות י:א–ב.)

a) לר' נחמן – כשר – לא פסק הרב"ם כותיה, ואולי הבין אותו כא' מהטעמים הנ"ל.

b) לר' ששת – פסול – ופסק הרמב"ם הכי, כיון דעבר על איסור גמור דאורייתא, ונקרא רשע.

פסק ההלכה:

1. הרי"ף פוסק כמו ר"ש, דהלכא כר"ש באיסורי.
2. הבעה"מ חולק ואומר שזה מקרה של דין (פסולי עדות), ולא איסור.

אולי חולקים אם הפסול עדות תלוי על האיסור (רי"ף) או שהפסול עומד בנפרד מהאיסור (בעה"מ), אך קשה, דלא פליגי לענין איסור.

3. רמ"א (חו"מ לד:כה)– פוסק כר"נ לפי הראשונים שמסבירים שחשוד בעלמא. והמחבר לא הביא את ההלכה, ואף לא את החילוק בעדות אשה, ולכאורה משום שזה כבר נכלל בהלכות אחרות, מכיון שכבר פוסקים כאביי.

עדות אשה

מבואר בגמ' שפסוק רק לאפוקה, אבל הרי"ף גורס גם לעיולה, ופי' <u>הנמוקי יוסף</u> שהיה לו גירסה אחרת בגמרא. ונראה דסברתו היא או כה"א דגמ', דמים גנובים ימתקו (וכן פירש הנמוקי יוסף), או משום דנחשב כפסול גמור לאותו דבר, ואינו מעיד בו בכלל.

בגמרא, גנב ניסן...באריסא, פי' <u>רש"י</u> – שמורה היתר בעצמו, <u>והרא"ש</u> (סי' יד) כתב שאין בעה"ב מקפיד.

נגמרה מלאכתן או לא – תלוי בגירסה:

1. <u>רש"י</u>, <u>יד רמה</u>, <u>רמ"א</u> (חו"מ לד:טו)
2. <u>רי"ף</u>, <u>רמב"ם</u>, <u>מאירי</u>, <u>מחבר</u> (שם)

מסכת סנהדרין דף כו:

אמר רב נחמן: החשוד על העריות כשר לעדות. אמר רב ששת: עני מרי, ארבעין בכתפיה וכשר? אמר רבא: ומודה רב נחמן לענין עדות אשה שהוא פסול. אמר רבינא ואיתימא רב פפא: לא אמרן אלא לאפוקה, אבל לעיולה - לית לן בה. - פשיטא! - מהו דתימא: הא עדיפא ליה, דכתיב (משלי ט') מים גנובים ימתקו וגו', קא משמע לן: דכמה דקיימא הכי - שכיחא ליה. ואמר רב נחמן: גנב ניסן וגנב תשרי - לא שמיה גנב. הני מילי - באריסא, ודבר מועט, ובדבר שנגמרה מלאכתו. איכריה דרב זביד חד גנב קבא דשערי ופסליה, וחד גנב קיבורא דאהיני ופסליה. הנהו קבוראי דקבור נפשא ביום טוב ראשון של עצרת, שמתינהו רב פפא, ופסלינהו לעדות. ואכשרינהו רב הונא בריה דרב יהושע. אמר ליה רב פפא: והא רשעים נינהו? - סברי מצוה קא עבדי. - והא קא משמתינא להו! - סברי: כפרה קא עבדי לן רבנן.

רש"י מסכת סנהדרין דף כו:

ארבעין בכתפיה - חייב מלקות הוא, אף על פי שאין שם התראה, דאמר מר (קדושין פא, א): מלקין על לא טובה השמועה, שנאמר אל בני כי לא טובה השמועה.

תוספות מסכת סנהדרין דף כו:

החשוד על העריות כשר לעדות - תימה מאי שנא מאוכל נבלות לתיאבון ומפלוני רבעני לרצוני דפסולין לעדות וי"ל דמיירי הכא בחשוד בעלמא בלא עדים דאין כאן כי אם שמועה ומ"מ הא דאמרינן ארבעים בכתפיה ניחא כדאמרינן מלקין על לא טובה השמועה אי נמי הכא משום דיצרו תוקפו ולא דמי לנבלה וגם לרביעה דליכא יצרו תוקפו כל כך כמו בערוה.

תוספות מסכת יבמות דף כה:

ואין אדם משים עצמו רשע - היינו לפסול את עצמו אבל נאמן הוא לומר גבי אכילת חלב מזיד הייתי כדאמר בכריתות (דף יב. ושם) דאין לנו לכופו להביא חולין לעזרה לפי דבריו והא דקאמרינן בהאיש מקדש (קדושין דף נ. ושם) גבי הבא לי מן החלון או מן הדלוסקמא דלא עביד איניש דמשוי נפשיה רשיעא לומר מזיד הייתי לאו משום שלא יהא נאמן לומר מזיד הייתי דפשיטא דנאמן אלא כלומר שאין ברצון אומר בענין דמשוי נפשיה רשיעא וא"ת דהשתא משמע דנרבע לרצונו פסול לעדות ובפרק זה בורר (סנהדרין דף כו:) איכא למ"ד דחשוד על העריות כשר לעדות וי"ל דהתם בחשוד שהוא פריץ ומתייחד עם העריות ולא ודאי בא על הערוה כדפי' התם בקונטרס ומאן דפריך התם עני מרי ארבעים בכתפיה וכשר היינו משום דמלקין על לא טובה השמועה וא"ת וכי ודאי בא על הערוה אמאי פסול הא רשע דחמס בעינן שיהא רע לשמים ולבריות וזה אין רע לבריות כגון אוכל נבלות להכעיס דכשר לרבא בפרק זה בורר (שם כ"ז.) וי"ל דהוי כמו אוכל נבלות לתאבון דפסול לכולי עלמא אע"פ שאין רע לבריות דכיון דחשוד לעבור בשביל הנאת עצמו חשוד נמי להעיד שקר בשביל ממון והכי נמי בא על הערוה.

תוספות מסכת סנהדרין דף ט:

לרצונו רשע הוא - ואע"ג דרבא בעי רשע דחמס בפרק זה בורר (לקמן דף כז.) האי כמו רשע דחמס הוא דומיא דאוכל נבילות לתיאבון כיון שעובר להנאתו על דעת קונו כמו כן היה עושה בשביל הנאת ממון ומעיד שקר

והא דאמר התם (דף כו:) החשוד על העריות כשר לעדות פירש בקונטרס לאו דאיכא סהדי שבא על הערוה אלא שהוא גס בעריות ומתייחד עמהן והאי דקאמר ארבעים בכתפיה וכשר היינו משום דמלקין על ייחוד כל העריות חוץ מאשת איש דמלקין על לא טובה השמועה אי נמי התם כשר משום דיצרו תוקפו כ״כ וחשוב כאנוס אבל ארביעה אין יצרו תוקפו כ״כ א״נ ה״נ יצרו תוקפו וכשר לעדות אחרת ולא ארביעה דחשוד על הדבר לא דנו ולא מעידו והא דפריך בפ״ק דמכות (דף ו. ושם) נרבע יציל אין לפרש יציל לפי שהוא פסול מחמת ששונא הרובע שרבעו לאונסו שכך היה נראה לפרש דומיא דהרוג יציל דהכי מוכח דלאונסו כשר ואין שונאו כמו הרוג ועוד דהרוג גופיה מצינא לפרש דלא מיפסל מחמת שנאה אלא מחמת שהוא טריפה ואינו ראוי להעיד ונראה לפרש דהתם מנרבע לרצונו פריך ואע״ג דלרבא כשר התם איירי שיש עדים שנרבע לרצונו דאז אינו ראוי להעיד והוי נמצא עד אחד מהן פסול ועדותן בטלה וק״ק כיון דבנרבע לרצונו איירי בחנם נקט לבסוף הורג ורובע יציל פירוש יצילו על עצמם דמנרבע לרצונו דמיירי ביה הוי מצי למיפרך אכתי שיציל את עצמו וי״מ דמהרוג ונרבע כשהם קרובים פריך דיציל וכ״ת ה״נ הא כתיב ביה (שמות כא) מכה אביו ואמו וגו׳ אף על פי שהוא קרוב ונרבע נמי כתיב ערות אביך ואיכא למאן דדריש לקמן (דף נד.) ערות אביך ממש.

<u>רי״ף מסכת סנהדרין דף ה:</u>

א״ר נחמן החשוד על העריות כשר לעדות אמר ליה רב ששת ארבעין בכתפיה וכשר התם יצרו תקפו אמר רבא ומודה רב נחמן לעדות אשה שפסול בין לאפוקה בין לעיולה: חזינן לרבותא דקא פסקו הילכתא כרב ששת וקא יהבי טעמא למילתא משום דהלכתא כרב ששת באיסורי:

<u>רא״ש מסכת סנהדרין פרק ג סימן יג</u>

א״ר נחמן החשוד על העריות כשר לעדות. פר״ת שבא על הערוה וכן מוכח מתוך פירוש רש״י שפירש ארבעין בכתפיה וכשר חייב מלקות הוא אע״פ שאין בו התראה דאמר מר מלקין על לא טובה השמועה. ולא דמי לאוכלי נבילות דפסולים דהתם אין יצרו תוקפו כמו בערוה. והא דאמר בפ״ק (דף ט ב) פלוני רבעו לרצונו רשע הוא ופסול לעדות התם אין יצרו תוקפו כל כך. אי נמי לההוא מילתא דוקא מיפסיל כדאמר בכורות (דף ל א) החשוד על הדבר לא דנו ולא מעידו אבל לעדות אחרת כשר. וכן משמע מתוך דכתב רב אלפס ז״ל דגריס אמר רב ששת ארבעים בכתפיה וכשר אמר ליה התם יצרו תוקפו. ולישנא דחשוד לא משמע לפרושי הכי דהוה ליה למימר הבא על הערוה. ועוד דדוחק הוא לחלק בעריות ולומר דבמשכב זכור אין יצרו תוקפו כל כך ופסול. וגם לישנא דרשע הוא משמע שפסול לכל עדות. ונראה לפרש החשוד על העריות שהוא רגיל וגס בעריות ומתייחד עמהם וסגי שומעניה. וארבעים בכתפיה דמלקין על היחוד (קדושין פא א) של כל עריות חוץ מאשת איש. ומלקין על לא טובה השמועה קלא דלא פסיק כשהמון עם מעבירים עליו קול:

אמר רבא ומודה רב נחמן בעדות אשה שהוא פסול בין לאפוקי בין לעיולי. חזינא מרבוותא דפסקי הלכתא כרב ששת ויהבי טעמא למילתיה משום דהלכה כרב ששת באיסורי ונראה דהלכה כרב נחמן דלא נחלק רב ששת בהדיא אלא כמתמיה על דבריו ארבעין בכתפיה וכשר מכשרת ליה. ואין תימא כל כך דלא מלקינן ליה אלא על לא טובה השמועה. וגם מדשקלו וטרו רבא ורבינא ואיתימא רב פפא במילתיה דרב נחמן סברי כוותיה ועוד פסול לעדות טפי דמי לדינא מלאיסורא:

רמב"ם הלכות איסורי ביאה פרק כא

הלכה א: כל הבא על ערוה מן העריות דרך איברים או שחבק ונשק דרך תאוה ונהנה בקרוב בשר הרי זה לוקה מן התורה, שנאמר לבלתי עשות מחקות התועבות וגו' ונאמר לא תקרבו לגלות ערוה, כלומר לא תקרבו לדברים המביאין לידי גילוי ערוה.

הלכה ב: העושה דבר מחוקות אלו הרי הוא חשוד על העריות, ואסור לאדם לקרוץ בידיו וברגליו או לרמוז בעיניו לאחת מן העריות או לשחוק עמה או להקל ראש ואפילו להריח בשמים שעליה או להביט ביפיה אסור, ומכין למתכוין לדבר זה מכת מרדות, והמסתכל אפילו באצבע קטנה של אשה ונתכוון להנות כמי שנסתכל במקום התורף ואפילו לשמוע קול הערוה או לראות שערה אסור.

מגיד משנה הלכות איסורי ביאה פרק כא

הלכה א: כל הבא על ערוה וכו'. כבר כתב רבינו בספר המצות מצוה (כן הביא הרמב"ן לשון רבינו בהשגותיו על ס' המצות אבל יש איזה שינוי בין לשון ללשון) שנמנענו מלהתעדן באחת מכל העריות ואפילו בלא ביאה כגון חבוק ונשוק והדומה להם מפעולות המעמיקים בזימה והוא אמרו ית' אל כל שאר בשרו לא תקרבו לגלות ערוה ולשון ספרא נאמר ואל אשה בנדת טומאתה לא תקרב לגלות ערותה אין לי אלא שלא יגלה מנין שלא יקרב ת"ל לא תקרב אין לי אלא נדה שהיא בבל תקרב ובל תגלה מנין לכל עריות שהן בבל תקרבו ובל תגלו ת"ל לא תקרבו לגלות עכ"ל. ומפני זה כתב כאן שאם חבק או נשק ה"ז לוקה ואין דעת רבינו שילקה בקריבה אלא בחייבי כריתות או בחייבי מיתות ב"ד הכתובים בפרשה והם הנקראים עריות אבל בחייבי לאוין יש בהן בדברים אלו איסור אבל לא מלקות וזה מתבאר במ"ש כאן ולפי דעתו ז"ל ומה שאמרו ביבמות (דף נ"ה) הערעה זו הכנסת עטרה וכו' מכאן ואילך אינו אלא נשיקה ופטור עליה והוא המימרא שכתבתי פרק ראשון י"ל דפטור משום ביאה קאמר אבל מחמת קריבה שאפילו המחבק לוקה לא הוצרכו לומר שם שהמנשק באבר באותו מקום שהוא לוקה ונ"מ לחייבי לאוין שהוא פטור לגמרי בנשיקה זו וההיא דר' פדת דאמר בפ"ק דשבת (דף י"ג) לא אסרה תורה אלא קריבה של גילוי עריות בלבד אין הלכה כמותו אלא כמאן דפליג עליה כמו שאמרו שם באותו תלמיד שמת ונענש מפני שהיה ישן עם אשתו בימי ליבונה בקירוב בשר ולא עלה על דעתו לתשמיש ואעפ"כ נענש למיתה ואמרו שם ברוך המקום שהרגו שלא נשא פנים לתורה שהרי אמרה תורה ואל אשה בנדת טומאתה לא תקרב וכבר אמרו ביוצאה וראשה פרוע שהוא אסור מן התורה זה דעת רבינו אבל הרמב"ן נחלק עליו בהשגות שחבר על ספר המצות ואמר שהדרשא הזאת שבספרא אינה אלא אסמכתא ואין בכאן מלקות מן התורה אלא בביאה גמורה או בהערעה והאריך בזה להוכיח דעתו ז"ל:

הלכה ב: העושה דבר מחוקות אלו וכו'. רבינו סובר שמ"ש בסנהדרין גבי חשוד על העריות ארבעין בכתפיה שהוא המחבק והמנשק ולכך אמרו החשוד ואמרו שלוקה ארבעי' וכו' ויש בו פי' אחר:

ואסור לאדם לקרוץ וכו'. מבואר בברייתא באבות דר' נתן ואמרו באבות שחוק וקלות ראש מרגילין לערוה ואמרו אל תרבה שיחה עם האשה וכמה דברים כיוצא באלו ובפרק במה אשה (דף ס"ב:) וברגליהן תעכסנה שהיו מטילות מור ואפרסמון במנעליהן ואפילו בבגדי צבע שלה אסור להסתכל כמו שיתבאר ויש בדברים אלו מכת מרדות כידוע בכל איסור שהוא מדבריהם:

שולחן ערוך חושן משפט סימן לד סעיף כה

אין אדם נפסל בעבירה ע"פ עצמו, אלא על פי עדים שיעידו עליו, שאין אדם משים עצמו רשע (רמב"ם פכ"ב מטוען).

הגה: ומכל מקום אין עושין אותו עד, לכתחלה, כדלקמן סימן צ"ב סעיף ה'. וכן אין נפסל על קול וחשד בעלמא, כגון מי שחשוד על עריות, שרגיל עם עריות ומתייחד עמהם, וקול יוצא עליו, כשר לכל עדות חוץ מלעדות אשה (טור). ועיין בדין החשודים בי"ד סימן קי"ט.

רש"י מסכת סנהדרין דף כו:

באריסא - דטרח בה, ומורה היתירא ליטול דבר מועט יותר על חלקו מפני טרחו.

ודבר שנגמרה מלאכתו - דמשויה נפשיה כפועל, ומורי בה היתירא וסבר לא קפיד.

ראש מסכת סנהדרין פרק ג סימן יד

א"ר נחמן גנב ניסן וגנב תשרי לא שמיה גנב. וה"מ באריסא ובדבר מועט ובדבר שנגמרה מלאכתו. ודוקא אם הוא אריס שיש לו חלק בפירות לפיכך אין בעל הבית מקפיד על דבר מועט בדבר שנגמרה מלאכתו כדין פועל האוכל. אבל אם אינו אריס לא כהא דאכירי דרב זביד חד גנב כיפא דשערי פי' עומר שעורים וחד גנב קבורא דאהיני ופסלינהו:

רמב"ם הלכות עדות פרק י הלכה ה

אריס שלקח דבר מועט מן הפירות שבכרו בימי ניסן וימי תשרי קודם שתגמר מלאכתן, אע"פ שלקח שלא מדעת בעל השדה אינו גנב וכשר לעדות, שאין בעל השדה מקפיד עליו וכן כל כיוצא בזה.

רי"ף מסכת סנהדרין דף ה:

ואמר רב נחמן גנב בניסן וגנב בתשרי לא שמיה גנב והני מילי באריסא ובדבר מועט ובדבר שלא נגמרה מלאכתו:

שולחן ערוך חושן משפט סימן לד סעיף טו

אריס שלקח דבר מועט מהפירות שבכרו ביומי ניסן ויומי תשרי קודם שתגמור מלאכתן, (ויש אומרים בדבר שנגמר מלאכתם) (טור) אעפ"י שלקח שלא מדעת בעל השדה, אינו גנב, וכשר לעדות, שאין בעל השדה מקפיד עליו, וכן כל כיוצא בזה.

12. עד זומם (כז.)[1]

הגמרא: דף כז. - 15 שורות הראשונות

הקדמה: דברים (יט: טו–כא)

[לעזור לזכירת השיטות: **אביי** (האות הראשון בא"ב)–למפרע, **רבא** (בסוף הא"ב) מכאן ולהבא]

תוספות:

1. תוד"ה רבא - יש לדלג
2. תוד"ה אין – **קושית התוספות:** מהו החידוש?[2] "מאי חידוש הוא גבי הזמה אי פסלינן עדים הראשונים?" - לכאורה צ"ע בזה, דהתם, לענין הכחשה פסלינן ליה בתורת ספק, ומוקמינן לממונא בחזקת בעליהם (לפי פירוש הרשב"ם בבא בתרא דף לא), והכא חידשה התורה דפסלינן לראשונים בתורת ודאי ופסלינן אותם ומענשים אותם. וע"כ חולקים התוס' על הרשב"ם הנ"ל.[3]

   תירוץ התוספות–

   a) דעה א' בתוס' – דכת ראשונה פסול.

   b) דעה ב' בתוס' – דכת שני כשר. קושית הגליון הש"ס. [ואפשר דעוד יש לחלק, דהתם החידוש הוא דגדר האיסור הוא בשר שנתבשל בחלב, ולהיפך, ולכן מסתבר דאסור בנתינת טעם, משא"כ בשאר איסורים.]

3. תוד"ה דאסהידו. **קושית התוספות**– דעה א' בתוס' – דכת ראשונה פסול.

   תירוץ התוספות–

   a) ר"ת – גרס רק פעם אחד "תרי בחד".

   b) חידושי הר"ן – מיירי בעדות מיוחדת.

   c) חידושי הר"ן – "אי נמי" – זה מעיד על הלואה באחד בשבת, וזה מעיד על הלואה בשני בשבת.

   d) יד רמה – מדובר בעד אחד בשבועה.

[1] This is a very interesting and challenging סוגיא that may be reserved for a strong class. It is interesting and stimulating, and it offers many important ידיעות as well as textual skills. For the most part, it is unrelated to the rest of the פרק, so it can easily be skipped.

[2] It is very important to explain the idea of "חידוש" – something that is not consistent with the other laws of the Torah, and therefore behaves differently and cannot be compared to the general principles of the Torah and logic.

[3] It is worthwhile to learn the גמרא in בבא בתרא inside.

מסכת סנהדרין דף כו:-כז.

איתמר, **[דף כז.]** עד זומם; אביי אמר: למפרע הוא נפסל, ורבא אמר: מיכן ולהבא הוא נפסל. אביי אמר: למפרע הוא נפסל, מעידנא דאסהיד רשע הוא, והתורה אמרה (שמות כ"ג) אל תשת ידך עם רשע - אל תשת רשע עד. רבא אמר: מיכן ולהבא הוא נפסל; עד זומם חידוש הוא: מאי חזית דסמכת אהני? סמוך אהני! אין לך בו אלא משעת חידושו ואילך. איכא דאמרי, רבא נמי כאביי סבירא ליה, ומאי טעם קאמר מכאן ולהבא - משום פסידא דלקוחות. מאי בינייהו? - איכא בינייהו דאסהידו בי תרי בחד, אי נמי דפסלינהו בגזלנותא. ואמר רבי ירמיה מדיפתי: עבד רב פפי עובדא כוותיה דרבא. מר בר רב אשי אמר: הלכתא כוותיה דאביי. והלכתא כוותיה דאביי ביע"ל קג"ם.

דברים פרק יט

(טו) לֹא יָקוּם עֵד אֶחָד בְּאִישׁ לְכָל עָוֹן וּלְכָל חַטָּאת בְּכָל חֵטְא אֲשֶׁר יֶחֱטָא עַל פִּי שְׁנֵי עֵדִים אוֹ עַל פִּי שְׁלֹשָׁה עֵדִים יָקוּם דָּבָר: (טז) כִּי יָקוּם עֵד חָמָס בְּאִישׁ לַעֲנוֹת בּוֹ סָרָה: (יז) וְעָמְדוּ שְׁנֵי הָאֲנָשִׁים אֲשֶׁר לָהֶם הָרִיב לִפְנֵי יְקֹוָק לִפְנֵי הַכֹּהֲנִים וְהַשֹּׁפְטִים אֲשֶׁר יִהְיוּ בַּיָּמִים הָהֵם: (יח) וְדָרְשׁוּ הַשֹּׁפְטִים הֵיטֵב וְהִנֵּה עֵד שֶׁקֶר הָעֵד שֶׁקֶר עָנָה בְאָחִיו: (יט) וַעֲשִׂיתֶם לוֹ כַּאֲשֶׁר זָמַם לַעֲשׂוֹת לְאָחִיו וּבִעַרְתָּ הָרָע מִקִּרְבֶּךָ: (כ) וְהַנִּשְׁאָרִים יִשְׁמְעוּ וְיִרָאוּ וְלֹא יֹסִפוּ לַעֲשׂוֹת עוֹד כַּדָּבָר הָרָע הַזֶּה בְּקִרְבֶּךָ: (כא) וְלֹא תָחוֹס עֵינֶךָ נֶפֶשׁ בְּנֶפֶשׁ עַיִן בְּעַיִן שֵׁן בְּשֵׁן יָד בְּיָד רֶגֶל בְּרָגֶל:

תוספות מסכת סנהדרין דף כז.

אין לך בו אלא חידושו - משמע דהחידוש הוי ממה שאני פוסל את הראשונים תימה דהתם (ב"ב דף לא:) קאמר לימא רבא דאמר כרב חסדא דאמר בהדי סהדי שקרי למה לי ומפסלי שתי העדות אפי' בהוכחשו בעלמא דמכחשי אהדדי תרווייהו פסולי ואם כן מאי חידוש הוא גבי הזמה אי פסלינן עדים הראשונים ויש לומר דלמאי דבעי למימר התם מעיקרא דרבא סבירא ליה דרב חסדא היינו ללישנא דפסידא דלקוחות וי"מ דהא דקאמר הכא חידוש לאו אפסולא דקמאי קאי אלא אהכשירא דבתראי כלומר היה לנו לפוסלן כל שתי כיתות וכיון דאיכא חידוש לא ילפינן אף לגבי הפסול לפוסלן כלל הראשונים למפרע וכי האי גוונא אמרינן פרק גיד הנשה (חולין דף צט ושם) דלא ילפינן דטעם כעיקר מבשר בחלב משום דאיכא בו חידוש בהתירו דהא אי תרו ליה בחלבא כולי יומא שרי ובבישול חדא שעה אסור.

מסכת בבא בתרא דף לא.-לא:

זה אומר של אבותי וזה אומר של אבותי, האי אייתי סהדי דאבהתיה ואכלה שני חזקה, והאי אייתי סהדי דאכלה שני חזקה - אמר רב נחמן: אוקי אכילה לבהדי אכילה, ואוקי ארעא בחזקת אבהתא. א"ל רבא: הא עדות מוכחשת היא! אמר ליה: נהי דאיתכחש באכילתה, **[דף לא:]** באבהתא מי אתכחש. לימא, רבא ורב נחמן בפלוגתא דרב הונא ורב חסדא קמיפלגי! דאיתמר: ב' כתי עדים המכחישות זו את זו - אמר רב הונא: זו באה בפני עצמה ומעידה, וזו באה בפני עצמה ומעידה, ורב חסדא אמר: בהדי סהדי שקרי למה לי, לימא, רב נחמן דאמר כרב הונא, ורבא כרב חסדא! אליבא דרב חסדא כולי עלמא לא פליגי, כי פליגי - אליבא דרב הונא, רב נחמן כרב הונא, ורבא? עד כאן לא קאמר רב הונא - אלא לעדות אחרת, אבל לאותה עדות לא.

רשב"ם מסכת בבא בתרא דף לא:

המכחישות זו את זו - בעדות אחת כגון שנים אומרים פלוני לוה מפלוני מנה ושנים אחרים הכחישום ואמרו לא לוה ממנו כלום שהרי באותו היום שאתם אומרים שלוה ממנו היה עמנו הלוה כל אותו היום ולא לוה משום אדם כלום ובעדות כזה לא האמינה תורה האחרונים יותר מן הראשונים אלא בעדות הזמה כגון שמעידים על העדים עצמם עמנו הייתם במקום פלוני ולא ראיתם שלוה. **זו באה בפני עצמה ומעידה -** כשאר עדיות שבעולם דלא נחזיקנה בפסולה מספק. **וזו באה כו' -** בעדות אחרת אבל אחד אחד מכת זו ואחד מכת זו אין מצטרפין לעדות אחת דהא אחד מהם פסול בודאי ואין כאן אלא חצי עדות וטעם דרב הונא משום דאוקי גברא אחזקיה ולא תפסלינהו מספק. (א"ר חסדא) [רב חסדא אמר] **בהדי סהדי שקרי למה לי -** ולא יעידו בשום עדות בעולם דאוקי ממונא אחזקיה ולא תוציאנו מספק שמא העדים פסולים. **לימא רב נחמן -** שמכשיר עדות דאבהתא שהעידו עדים מוכחשים דהיינו עדות אחרת שלא הוכחשו בה כדרב הונא שהכשירם בעדות אחרת שלא הוכחשו בה. **אליבא דרב חסדא כ"ע לא פליגי -** לומר כל אחד אנא סבירא כרב חסדא דודאי רב נחמן לא סבירא ליה כרב חסדא דהא רב חסדא אפילו בעדות אחרת בעלמא פוסל כל שכן בעדות דאבהתא שהוכחשו העדים מאכילה באותו עדות של אותו קרקע. **אבל באותו עדות -** דאותו קרקע עצמו לא [והלכתא כר"נ שהרי נפסק הדין על פיו כדמוכח לקמן אנן אחתינן].

תוספות מסכת סנהדרין דף כז.

דאסהידו בי תרי בחד ותרי בחד - וקשה לר"ת חדא דמאי קאמר דאסהידו בי תרי בחד ותרי בחד ומשום הכי ליכא חידוש הא תרי כמאה ועוד דמאי קאמר דפסלינהו בגזלנותא הא לא הוי מעין פלוגתייהו כלל דפליגי בהזמה ולא שייך איכא בינייהו אלא מעין פלוגתייהו ועוד דעדים זוממין מבעי ליה לעיל למימר כיון דאמרת תרי בחד ותרי בחד ואמאי נקט עד זומם ונראה לר"ת דגרסינן דאסהידו תרי [בחד] ותו לא שלא הוזם כי אם האחד והשתא ניחא דלהכי נקיט לעיל עד זומם לשון יחיד וניחא נמי הא דמהני תרי המזימים טפי מההוא חד ולאו חידוש הוא וגרסינן נמי דפסליה בגזלנותא פירוש דאחד נפסל בגזלנותא והשני הוזם והשתא הוה מעין פלוגתייהו קצת.

חידושי הר"ן מסכת סנהדרין דף כז.

איכא בנייהו דאסהידו תרי בחד תרי בחד. זו היא גרסת רש"י ז"ל ופירש דאתו ארבעה עדים והזימו השני עדים ראשונים תרי בחד ותרי בחד. והקשו עליו דמאי שנא דלא דהוי השתא חידוש טפי מכי אתו תרי לבהדי תרי דלענין עדות פשיטא דתרי כמאה ומאה כתרי. ויש מתרצין דמיירי הכא בגוונא דליכא חדוש כגון שלא ראו שתיהן יחד אלא אחד מחלון זה ואחד מחלון זה ולא ראו שניהם זה את זה דהאחד אינו יכול לסייע דברי חבירו לומר אני הייתי עמו. אי נמי זה מעיד הלואה באחד בשבת והאחר אהלואה בשני בשבת דאין אחד מסייע דברי חבירו. אבל רבינו תם ז"ל גריס דאסהידו תרי בחד חדא זימנא. ופירש דהכי קאמר כגון דאסהידו תרי בחד כלומר שלא היתה מתחלה אלא עד אחד שהעיד והוזם על פי שנים עדים דהכא ודאי ליכא חדוש:

יד רמ"ה מסכת סנהדרין דף כז.

ואי קשיא לך להא דאמרי' איכא בינייהו דאסהידו תרי בחד מאי נפקא מינה מכל מקום הני ארבעה והני תרי מכחשי להו אכתי חידוש הוא דקא קי"ל תרי כמאה ומאה כתרי. ואית דמוקמי לה בעדות מיוחדת דאשתכח

דהנך תרי קמאי לא מסייעי אהדדי. ולא ידענא מאי קא קשיא להו דהא גמרא לא קאמר אלא כגון דאסהידו תרי בחד דמשמע דלא קא מיירי אלא בחד סהדא גרידא כגון דאתא לחיוביה שבועה ואיתזים ואינהו הוא דקארו מוקמ' לה בדאסהידו תרי בחד ותרי באידך חד ואמטו להכי קשיא להו:

13. מומר אוכל נבילות (כז.)

גמרא: דף כז. –"מומר אוכל נבילות..." שורות 15–20

מחלוקת רבא ואביי: לפי רבא, אינו פסול אלא אי הוי רשע דחמס. ולפי אביי, כל רשע פסול, כלומר, כל העובר על לאו שיש לו מלקות, פסול. הניח אביי שהעובר על חייבי לאוין הוי רשע, ע"פ הפסוק, (דברים פרק כה): "אם בן הכות הרשע וכו'".

לפי רבא, למה מומר אוכל נבילות לתיאבון פסול, הרי לכאורה אינו כרשע דחמס?

- רש"י: הוא כמו רשע דחמס דעבר מחמת חימוד ממון, שבשר נבילה שכיח יותר בזול מבשר שחוטה.
- תוספות (ט: ד"ה לרצונו): דומה לרשע דחמס כיון שעובר על דעת קונו להנאתו, וכמו כן היה עושה בשביל הנאת ממון.[1] וכ"כ רבינו חננאל.
- נפקא מינה – נראה שנפקא מינה בכל הדברים שאינם כגזל, והוו מחמת תאוה אחרת, כעריות וכדומה, שפסול לפי תוספות ולא לפי רש"י.
- קובץ שיעורים בבא בתרא (דף קנט, סי' תקפא–ב) – חקר למה פסול, אי הוי חשש משקר או גזיה"כ.

מסקנת הסוגיה ופסק ההלכה:

נפסק בגמרא כאביי, וזהו ה"מ" דיע"ל קג"ם.[2]

- פסק הרמב"ם (הל' עדות י:ג) כאביי, דמומר אוכל נבילות, בין לתיאבון ובין להכעיס, פסול. ובהל' ד' שם כתב הרמב"ם דרשע דחמס פסול, וכלשון רבא. ולכאורה ברור דפסק כשניהם, דלא בעינן רשע דחמס, אבל חמס בלא "רשע" גם כן פסול – כלומר, גנב שאינו חייב מלקות.
- רש"י – נראה ברור שרש"י גם כן סובר כמו הרמב"ם בזה, דשניהם פסולים. ועל פי זה יש ליישב את קושית הטורי אבן (ראש השנה כב.), במה שפירש רש"י בכמה מקומות שיש לפסול רשע דוקא משום דהוי חמס, אע"ג דקי"ל כאביי, דלא בעינן חמס.[3]

[1] This relates to a גמרא that came up in relation to סוגיא #7.

[2] The meaning of the acronym יע"ל קג"ם is a valuable ידיעה. It may be worthwhile for the students to learn the meaning of all six cases.

(א) רש״י דף כד: ד״ה סוחרי שביעית – פירש רש״י דפסול, הואיל וחימוד ממון מעבירו על דברי תורה, הוה ליה כרשע דחמס.

Q: קי״ל כאביי, ובלאו הכי פסול, דרשע הוא.

A: אין לוקין על סחורה בשביעית, כיון דאינו לאו אלא ביטול עשה ד״לאכלה״, ואינו בכלל ״רשע״, ואינו פסול אלא משום דהוי ״רשע דחמס״.

(ב) רש״י דף כה. ד״ה לוה ברבית פסול– וכיון דחימוד ממון מעבירו על דת הוה ליה כרשע דחמס

Q: קי״ל כאביי, ובלאו הכי פסול, דרשע הוא.

A: אין לוקין על לאו זה, וכמו שכתב הרמב״ם (הל׳ מו״ל ד:ג): אע״פ שהמלוה והלוה עוברין על כל אלו הלאוין אין לוקין עליו מפני שניתן להשבון, שכל המלוה בריבית, אם היתה ריבית קצוצה שהיא אסורה מן התורה, הרי זו יוצאה בדיינין ומוציאין אותה מן המלוה ומחזירין ללוה, ואם מת המלוה אין מוציאין מיד הבנים.

(ג) רש״י דף כה. ד״ה ויחזיר אבידה – דכיון דמחזיר אבידה הוא, ודאי הדר ביה מחמדת ממון.

Q: קי״ל כאביי, ובלאו הכי פסול, דרשע הוא.

A: האיסור שעבר בו הטבח הזאת, שהוציא טריפה וכו׳ הוי מדין לפני עור, ואין לוקין על לפני עור, ובמו שכתב הספר החינוך (מצוה רלב): ואין לוקין עליו לפי שאין בו מעשה.

[3] This is an interesting issue to raise; the question is very strong and compelling based on many of the sources that were studied in the past few units. This answer is relatively clear and seems to be correct.

<u>מסכת סנהדרין דף כז.</u>

מומר אוכל נבילות לתיאבון - דברי הכל פסול. להכעיס, אביי אמר: פסול, רבא אמר: כשר. אביי אמר: פסול, דהוה ליה רשע, ורחמנא אמר אל תשת רשע עד. ורבא אמר: כשר, רשע דחמס בעינן

<u>שמות פרק כג פסוק א</u>

לֹא תִשָּׂא שֵׁמַע שָׁוְא אַל תָּשֶׁת יָדְךָ עִם רָשָׁע לִהְיֹת עֵד חָמָס:

<u>דברים פרק כה</u>

(א) כִּי יִהְיֶה רִיב בֵּין אֲנָשִׁים וְנִגְּשׁוּ אֶל הַמִּשְׁפָּט וּשְׁפָטוּם וְהִצְדִּיקוּ אֶת הַצַּדִּיק וְהִרְשִׁיעוּ אֶת הָרָשָׁע: (ב) וְהָיָה אִם בִּן הַכּוֹת הָרָשָׁע וְהִפִּילוֹ הַשֹּׁפֵט וְהִכָּהוּ לְפָנָיו כְּדֵי רִשְׁעָתוֹ בְּמִסְפָּר: (ג) אַרְבָּעִים יַכֶּנּוּ לֹא יֹסִיף פֶּן יֹסִיף לְהַכֹּתוֹ עַל אֵלֶּה מַכָּה רַבָּה וְנִקְלָה אָחִיךָ לְעֵינֶיךָ: ס

<u>רש"י מסכת סנהדרין דף כז.</u>

הכי גרסינן: מומר אוכל נבילות לתיאבון דברי הכל פסול - דכיון דמשום ממון קעביד, דהא שכיחא בזול טפי מדהיתירא, הוה ליה כרשע דחמס ופסול לעדות.

<u>תוספות מסכת סנהדרין דף ט:</u>

לרצונו רשע הוא - ואע"ג דרבא בעי רשע דחמס בפרק זה בורר (לקמן דף כז.) האי כמו רשע דחמס הוא דומיא דאוכל נבילות לתיאבון כיון שעובר להנאתו על דעת קונו כמו כן היה עושה בשביל הנאת ממון ומעיד שקר והא דאמר התם (דף כו:) החשוד על העריות כשר לעדות פירש בקונטרס לאו דאיכא סהדי שבא על הערוה אלא שהוא גס בעריות ומתייחד עמהן והאי דקאמר ארבעים בכתפיה וכשר היינו משום דמלקין על ייחוד כל העריות חוץ מאשת איש דמלקין על לא טובה השמועה אי נמי התם כשר משום דיצרו תוקפו כ"כ וחשוב כאנוס אבל ארביעה אין יצרו תוקפו כ"כ א"נ ה"נ יצרו תוקפו וכשר לעדות אחרת ולא ארביעה דחשוד על הדבר לא דנו ולא מעידו והא דפריך בפ"ק דמכות (דף ו. ושם) נרבע יציל אין לפרש יציל לפי שהוא פסול מחמת ששונא הרובע שרבעו לאונסו שכך היה נראה לפרש דומיא דהרוג יציל דהכי מוכח דלאונסו כשר ואין שונאו כמו הרוג ועוד דהרוג גופיה מצינא לפרש דלא מיפסל מחמת שנאה אלא מחמת שהוא טריפה ואינו ראוי להעיד ונראה לפרש דהתם מנרבע לרצונו פריך ואע"ג דלרבא כשר התם איירי שיש עדים שנרבע לרצונו דאז אינו ראוי להעיד והוי נמצא עד אחד מהן פסול ועדותן בטלה וק"ק כיון דבנרבע לרצונו איירי בחנם נקט לבסוף הורג ורובע יציל פירוש יצילו על עצמם דמנרבע לרצונו דמיירי ביה הוי מצי למיפרך אכתי שיציל את עצמו וי"מ דמהרוג ונרבע כשהם קרובים פריך דיציל וכ"ת ה"נ הא כתיב ביה (שמות כא) מכה אביו ואמו וגו' אף על פי שהוא קרוב ונרבע נמי כתיב ערות אביך ואיכא למאן דדריש לקמן (דף נד.) ערות אביך ממש.

<u>רמב"ם הלכות עדות פרק י</u>

הלכה ג: עבר עבירה שחייבין עליה מלקות מן התורה הרי זה פסול מן התורה, ואם היה החיוב שבה מדבריהם הרי זה פסול מדבריהם, כיצד אכל בשר בהמה בחלב או שאכל נבלות ושקצים וכיוצא בהן בין לתיאבון בין להכעיס, או שחלל את יום טוב הראשון, או שלבש שעטנז שהוא שוע או טווי או נוז הרי זה פסול לעדות מן

התורה, אבל אם אכל בשר עוף בחלב, או שחלל יום טוב שני של גליות, או שלבש בגד צמר שאבד בו חוט של פשתן וכיוצא בו הרי הוא פסול מדבריהם, וכבר מנינו כל עבירה שחייבין עליה מלקות, וכבר נתבאר בכל מצוה ומצוה דברים שאסורים מן התורה ודברים שאסורין מדבריהם.

הלכה ד: ועוד יש שם רשעים שהן פסולין לעדות אע"פ שהן בני תשלומין ואינן בני מלקות, הואיל ולוקחים ממון שאינו שלהם בחמס פסולין שנאמר כי יקום עד חמס באיש, כגון הגנבים והחמסנים אע"פ שהחזיר פסול לעדות מעת שגנב או גזל, וכן עד זומם אע"פ שהוזם בעדות ממון ושלם הרי זה פסול מן התורה לכל עדות, ומאימתי הוא נפסל מעת שהעיד בבית דין, אע"פ שלא הוזם על אותה עדות אלא אחר כמה ימים, וכן המלוה ברבית אחד המלוה ואחד הלוה שניהם פסולין לעדות, אם רבית קצוצה עשו הרי הן פסולין מן התורה ואם אבק רבית עשו הרי הן פסולין מדבריהם, וכן כל העובר על גזל של דבריהם הרי הוא פסול מדבריהם, כיצד החמסנים והם הלוקחים קרקע או מטלטלין שלא ברצון הבעלים אע"פ שנותנין הדמים הרי אלו פסולין מדבריהם, וכן הרועים אחד רועי בהמה דקה ואחד רועי בהמה גסה של עצמן הרי הן פסולין שחזקתן פושטין ידיהן בגזל ומניחים בהמתן לרעות בשדות ופרדסים של אחרים ולפיכך סתם רועה פסול, ומגדלי בהמה דקה בארץ ישראל פסולין אבל בחוצה לארץ כשרין, ומותר לגדל בהמה גסה בכל מקום, וכן המוכסין סתמן פסולין מפני שחזקתן ליקח יותר מדבר הקצוב להם בדין המלכות ולוקחין היתר לעצמן, אבל גבאי מנת המלך סתמן כשרין ואם נודע שלקחו אפילו פעם אחת יתר מן הראוי להם לגבות הרי אלו פסולין. וכן מפריחי יונים ביישוב פסולין מפני שחזקתן שגוזלים יונים של אחרים בחנם, וכן סוחרי שביעית והם בני אדם שיושבין בטלים, וכיון שבאה שביעית פושטים ידיהן ומתחילין לישא וליתן בפירות שחזקת אלו שהן אוספין פירות שביעית ועושין בהן סחורה, וכן משחק בקוביא והוא שלא תהיה לו אומנות אלא הוא, הואיל ואינו עוסק ביישובו של עולם הרי זה בחזקת שאוכל מן הקוביא שהוא אבק גזל, ולא בקוביא בלבד אלא אפילו משחקים בקליפי אגוזים וקליפי רמונים, וכן לא יונים בלבד אמרו אלא אפילו המשחקים בבהמה חיה ועוף ואומר כל הקודם את חבירו או כל הנוצח את חבירו יטול בעליו את שניהן וכן כל כיוצא בשחוק זה, והוא שלא תהיה לו אומנות אלא שחוק זה הרי הוא פסול, וכל אלו פסולין מדבריהם.

<u>**טורי אבן מסכת ראש השנה דף כב.**</u>

אלו הן הפסולין. רש"י פי' טעמא דכל הני פסולים דחשיב לפי שנחשדו כל אלו לעבור על דת מחמת ממון חשודין להיות מעידין שקר ע"י ממון ושוחד. וק"ל למה פי' דלא כהלכתא(קלד) דה"ט ליתא אלא לרבא ואנן קי"ל כאביי דאמר בפ' זה בורר (סנהדרין דף כ"ז) מומר אוכל נבילות לתיאבון ד"ה פסול להכעיס אביי אמר פסול דה"ל רשע ורחמנא אמר אל תשת רשע עד רבא אמר כשר רשע דחמס בעינן ואיפסק' התם הלכתא כאביי דאפי' להכעיס אע"ג דאינו עובר על דת מחמת ממון אפ"ה פסול. ועוד דמסיק התם הלכתא כאביי דקאי כר"מ דאמר התם דעד זומם פסול לכל התורה דברי ר"מ ר"י אומר בד"א שהוזם בדיני נפשות אבל הוזם בדיני ממונות כשר לד"נ משום דסתם לן כר"מ דתני הכא זה הכלל כל עדות שאין האשה כשירה לה אף הן אינן כשירין לה ולר"י הא איכא עדות ד"נ שאין אשה כשירה והן כשרים אלא לאו ר"מ היא. הרי למסקנא זו דמתניתין כר"מ דעד זומם דממון פסול אפי' לד"נ ומדמי לה לאוכל נבילות להכעיס דפסול נמי מה"ט אע"ג דלא דמי לרשע דחמס משום תרי טעמי חדא דלאו רשע דחמוד ממון הוא דהא להכעיס עבד ולאו משום דנבילה בזול יותר מן הכשירה. ועוד דאוכל נבילה אינו אלא רע לשמים ועדות שקר חמור טפי דרע לבריות נמי אפ"ה מקולא לחומרא אמר וש"מ טעמא דמתני' לאו משום חשד ממון הוי כיון דמתני' ר"מ היא ולדידי' להכעיס נמי

13. מומר אוכל נבילות (כז.) מסכת סנהדרין – פרק זה בורר

פסול אע״ג דאינו רשע מחמת ממון אפ״ה פסול מגזירת הכתוב. אלא דהא שמעתתא דפ׳ זה בורר גופי׳ קשיא אלא שאין זה מקומו:

(קלד) נ״ב לא שת לבו לדברי התוס׳ ב״מ (דף ע״ב) שכתבו לחד תירוצא דברבית דרבנן לא מפסלי דלא מפסלי באיסור דרבנן כיון שאין מרויחין כלום ע״כ וכן דעת העיטור ורבי׳ ירוחם כמוזכר בחוה״מ סי׳ ל״ד סעי׳ ג׳ שבכל עבירה דרבנן אי ליכא חימוד ממון לא מיפסל: (הגהות ברוך טעם)

<u>רש״י מסכת סנהדרין דף כד:</u>

וסוחרי שביעית - הואיל וחימוד ממון מעבירו על דברי תורה הוה ליה כרשע דחמס, ופסול לדון ולהעיד שנוטה אחרי הבצע.

<u>רש״י מסכת סנהדרין דף כה.</u>

לוה בריבית פסול לעדות - דקיימא לן (בבא מציעא עה, ב) המלוה והלוה עוברין בלא תעשה, וכיון דחימוד ממון מעבירו על דת הוה ליה כרשע דחמס, דעובר נמי על לא תעשה מפני חימוד ממון.

<u>רמב״ם הלכות מלוה ולוה פרק ד הלכה ג</u>

אע״פ שהמלוה והלוה עוברין על כל אלו הלאוין אין לוקין עליו מפני שניתן להשבון, שכל המלוה בריבית אם היתה ריבית קצוצה שהיא אסורה מן התורה הרי זו יוצאה בדיינין ומוציאין אותה מן המלוה ומחזירין ללוה, ואם מת המלוה אין מוציאין מיד הבנים.

<u>רש״י מסכת סנהדרין דף כה.</u>

ויחזיר אבידה - אם ימצא אבידת חבירו, דכיון דמחזיר אבידה הוא, ודאי הדר ביה מחמדת ממון.

<u>ספר החינוך מצוה רלב</u>

ונוהגת בכל מקום ובכל זמן בזכרים ונקבות. ועובר עליה והשיא את חבירו לדעת עצה שאינה הוגנת לו, או סייע אותו בדבר עבירה, כגון המושיט כוס יין לנזיר וכל כיוצא בזה, עבר על לאו זה, והוא כעובר על מצות מלך, ואין לוקין עליו לפי שאין בו מעשה.

14. המקור לפסול קרובים¹ – אגדתא (כז:)

המשנה בחוץ, וגמרא בפנים עד סוף העמוד.

מקור – דברים כד:טז, רש"י
רמב"ם (הל' עדות יג:א)

חקירה – אי הוי משום חשש משקר או רק גזירת הכתוב, ועי' בבא בתרא קנט. – אפילו משה ואהרן.

---

¹ This can serve as a brief introduction to the idea of פסול קרובים or can be skipped.

<u>מסכת סנהדרין דף כז:</u>

משנה. ואלו הן הקרובין: אחיו, ואחי אביו, ואחי אמו, ובעל אחותו, ובעל אחות אביו, ובעל אחות אמו, ובעל אמו, וחמיו, וגיסו. הן ובניהן וחתניהן, וחורגו לבדו. אמר רבי יוסי: זו משנת רבי עקיבא. אבל משנה ראשונה: דודו, ובן דודו, וכל הראוי ליורשו, וכל הקרוב לו באותה שעה. היה קרוב ונתרחק - הרי זה כשר. רבי יהודה אומר: אפילו מתה בתו ויש לו בנים ממנה - הרי זה קרוב. האוהב והשונא. אוהב - זה שושבינו, שונא - כל שלא דבר עמו שלשה ימים באיבה. אמרו לו: לא נחשדו ישראל על כך.

גמרא. מנהני מילי? - דתנו רבנן: (דברים כ"ד) לא יומתו אבות על בנים, מה תלמוד לומר? אם ללמד שלא ימותו אבות בעון בנים ובנים בעון אבות - הרי כבר נאמר (דברים כ"ד) איש בחטאו יומתו. אלא, לא יומתו אבות על בנים - בעדות בנים, ובנים לא יומתו על אבות - בעדות אבות. ובנים בעון אבות לא? והכתיב (שמות ל"ד) פוקד עון אבות על בנים! - התם כשאוחזין מעשה אבותיהן בידיהן. כדתניא: (ויקרא כ"ו) ואף בעונות אבותם אתם ימקו - כשאוחזין מעשה אבותיהם בידיהם. אתה אומר כשאוחזין, או אינו אלא כשאין אוחזין? כשהוא אומר איש בחטאו יומתו - הרי כשאוחזין מעשה אבותיהן בידיהן. ולא? והכתיב: (ויקרא כ"ו) וכשלו איש באחיו - איש בעון אחיו, מלמד שכולן ערבים זה בזה! - התם שהיה בידם למחות ולא מיחו.

<u>דברים פרק כד פסוק טז</u>

לֹא יוּמְתוּ אָבוֹת עַל בָּנִים וּבָנִים לֹא יוּמְתוּ עַל אָבוֹת אִישׁ בְּחֶטְאוֹ יוּמָתוּ: ס

<u>רש"י דברים פרק כד פסוק טז</u>

לא יומתו אבות על בנים - בעדות בנים. ואם תאמר בעון בנים, כבר נאמר איש בחטאו יומתו, אבל מי שאינו איש מת בעון אביו, הקטנים מתים בעון אבותם בידי שמים:

<u>רמב"ם הלכות עדות פרק יג הלכה א</u>

הקרובים פסולים לעדות מן התורה שנאמר לא יומתו אבות על בנים, מפי השמועה למדו שבכלל לאו זה שלא יומתו אבות על פי בנים ולא בנים על פי אבות, והוא הדין לשאר קרובים, אין פסולין מדין תורה אלא קרובים ממשפחת אב בלבד, והם האב עם הבן ועם בן הבן, והאחין מן האב זה עם זה ובניהן זה עם זה ואין צריך לומר הדודים עם בן אחיו, אבל שאר הקרובים מן האם או מדרך האישות כולן פסולין מדבריהם.

<u>מסכת בבא בתרא דף קנט.</u>

דלמא גזירת מלך היא דאיהו לא מהימן ואחריני מהימני, ולאו משום דמשקר! דאי לא תימא הכי, משה ואהרן לחותנם משום דלא מהימני הוא? אלא גזירת מלך הוא שלא יעידו להם, ה"נ גזירת מלך הוא שלא יעיד על כתב ידו לחותנו!

פרק שמיני – פרק בן סורר ומורה

1. בן סורר ומורה

לפני שעוסקים בסוגית "הבא במחתרת," כדאי לבאר באופן כללי את הענין של בן סורר ומורה.[1]

הקדמה

הדין של בן סורר ומורה קשור לסוגית פסולי עדות שלמדנו בפרק זה בורר משום שגם כאן מדובר על אדם העובר על איסורים, אך עיקר הענין אינו **חומר האיסורים**, אלא מה שאיסורים האלו מורים על האישיות של האדם הזאת, וכדתנן (עא:) "בן סורר ומורה נדון על שם סופו," וכדתניא בגמ' (עב.), "רבי יוסי הגלילי אומר וכי מפני שאכל זה תרמיטר בשר ושתה חצי לוג יין האיטלקי אמרה תורה לבית דין ליסקל, וכו'". ועי' **במהרש"א** שכתב דלאו דוקא ליסטות, אלא דיעבור נמי על איסורי סקילה.[2]

מקור לדין בן סורר ומורה – <u>דברים</u> כא: יח–כא.

המסר

הגמרא (עא.) מלמדת, "בן סורר ומורה לא היה ולא יהיה, ולמה נכתב בתורה, אלא דרוש וקבל שכר." ברור דאיננו צריכים עוד ג' דפים של גמרא כדי לקבל שכר תלמוד תורה, ועל כרחך שיש מסר בפרשה הזאת:

א. אל תרדוף אחרי הגשמיות יותר מדי – עי' <u>אגרות משה</u> יו"ד ח"ג ס' לה, וכעין זה כתב הספר החינוך (מצוה רמח)

ב. <u>כלי יקר</u> (דברים כא:יח) – קח מוסר!

ג. אל תשתכר יותר מדי – עי' <u>אבן עזרא</u> (דברים כא:כ) [ואל תיקח סמים – <u>אגרות משה</u> הנ"ל]

ד. <u>רבינו בחיי</u> (דברים כא:כא) – בעקרון חייב האב להתגבר על רחמיו ולהביא את בנו למיתה, אם כך חייבה התורה, וכעקידת יצחק (ומענין שבשני הפעמים לא נעשה למעשה לבסוף).

ה. <u>כלי יקר</u> הנ"ל – שלא נסמוך על ה"פרוטקציה" שלנו, במה שאנו "בנים לה.'"

---

[1] Although our focus is on the end of this פרק, which discusses the topics of קידוש ה' and הבא במחתרת, it is nevertheless worthwhile to present a brief introduction to the topic of בן סורר ומורה, as some important values can be learned from these sources. In addition, since it is the name of the פרק, students should have a basic understanding of what it is.

[2] The Maharsha is valuable in terms of explaining the פשט and also provides a good way to connect this unit to previous units.

במה שנידון על שם סופו, יש להקשות למה אין לדון אותו "באשר הוא שם", וכישמעאל³ בבראשית (כא:ה). ועיין במזרחי (מובא בשפתי חכמים) ובמהרש"א (ראש השנה דף טז: ד"ה אלא) שדנו בסתירה זו וחילקו דשאני בן סורר ומורה שכבר התחיל, או שנידון על שם סופו של עצמו, ולא זרעו.⁴

ועוד יש לומר במה שבן סורר ומורה "לא עתיד להיות", היינו משום שלעולם אי אפשר להיות מקרה שיודעים בהחלט מה יהיה בסופו, ואין אדם בעולם שיכולים לדון אותו על שם סופו. ואולי זהו הטעם שלעולם דנים את האדם "באשר הוא שם" והיינו הך. ובדרך דרוש אולי יש לומר שזהו גם המסר שיש ללמוד מפרשת בן סורר– "דרוש וקבל שכר" שאין להתייאש על שום אדם.⁵

³ This is a very important question to address because it is a clear contradiction and represents a philosophical question that the students will be bothered by. This truly seems to be an "unfair" law.
⁴ These sources are important as they demonstrate the importance of the question and offer possible distinctions. While they effectively reconcile the two sources, they will not satisfy the unfairness of the law of Ben Sorer in the minds of students.
⁵ This approach can be very inspiring in that it emphasizes our undying hope in all people. It also can make the concepts palatable and meaningful to students as it resolves the issue of "unfairness".

מסכת סנהדרין דף עא:-עב.

משנה בן סורר ומורה נידון על שם סופו ימות זכאי ואל ימות חייב שמיתתן של רשעים הנאה להן והנאה לעולם לצדיקים רע להן ורע לעולם יין ושינה לרשעים הנאה להן והנאה לעולם ולצדיקים רע להן ורע לעולם פיזור לרשעים הנאה להן והנאה לעולם ולצדיקים רע להן ורע לעולם כנוס לרשעים רע להן ורע לעולם ולצדיקים הנאה להן והנאה לעולם שקט לרשעים רע להן ורע לעולם לצדיקים הנאה להן והנאה לעולם **[דף עב.] גמרא** תניא רבי יוסי הגלילי אומר וכי מפני שאכל זה תרטימר בשר ושתה חצי לוג יין האיטלקי אמרה תורה יצא לבית דין ליסקל אלא הגיעה תורה לסוף דעתו של בן סורר ומורה שסוף מגמר נכסי אביו ומבקש למודו ואינו מוצא ויוצא לפרשת דרכים ומלסטם את הבריות אמרה תורה ימות זכאי ואל ימות חייב שמיתתן של רשעים הנאה להם והנאה לעולם ולצדיקים רע להם ורע לעולם שינה ויין לרשעים הנאה להם והנאה לעולם לצדיקים רע להם ורע לעולם שקט לרשעים רע להם ורע לעולם ולצדיקים הנאה להם והנאה לעולם פיזור לרשעים הנאה להם והנאה לעולם ולצדיקים רע להם ורע לעולם

מהרש"א חידושי אגדות מסכת סנהדרין דף עב.

אלא הגיעה התורה לסוף דעתו וכו' ומלסטם כו'. גם זה אין ממש סוף דעתו דאם כן אכתי לא היה חייב סקילה החמורה אלא שיבא לידי עבירות החמורות בתורה ויהי' בהם דינם בסקילה וכדאמרי' החייב שתי מיתות נידון בחמורה וק"ל:

דברים פרק כא

(יח) כִּי יִהְיֶה לְאִישׁ בֵּן סוֹרֵר וּמוֹרֶה אֵינֶנּוּ שֹׁמֵעַ בְּקוֹל אָבִיו וּבְקוֹל אִמּוֹ וְיִסְּרוּ אֹתוֹ וְלֹא יִשְׁמַע אֲלֵיהֶם: (יט) וְתָפְשׂוּ
בוֹ אָבִיו וְאִמּוֹ וְהוֹצִיאוּ אֹתוֹ אֶל זִקְנֵי עִירוֹ וְאֶל שַׁעַר מְקֹמוֹ: (כ) וְאָמְרוּ אֶל זִקְנֵי עִירוֹ בְּנֵנוּ זֶה סוֹרֵר וּמֹרֶה אֵינֶנּוּ
שֹׁמֵעַ בְּקֹלֵנוּ זוֹלֵל וְסֹבֵא: (כא) וּרְגָמֻהוּ כָּל אַנְשֵׁי עִירוֹ בָאֲבָנִים וָמֵת וּבִעַרְתָּ הָרָע מִקִּרְבֶּךָ וְכָל יִשְׂרָאֵל יִשְׁמְעוּ וְיִרָאוּ:

מסכת סנהדרין דף עא.

תניא נמי הכי רבי יהודה אומר אם לא היתה אמו שוה לאביו בקול ובמראה ובקומה אינו נעשה בן סורר ומורה מאי טעמא דאמר קרא איננו שמע בקלנו מדקול בעינן שוין מראה וקומה נמי בעינן שוין כמאן אזלא הא דתניא בן סורר ומורה לא היה ולא עתיד להיות ולמה נכתב דרוש וקבל שכר כמאן כרבי יהודה

איבעית אימא רבי שמעון היא דתניא אמר רבי שמעון וכי מפני שאכל זה תרטימר בשר ושתה חצי לוג יין האיטלקי אביו ואמו מוציאין אותו לסקלו אלא לא היה ולא עתיד להיות ולמה נכתב דרוש וקבל שכר

שו"ת אגרות משה יורה דעה חלק ג סימן לה

איסור עישון סמים בע"ה. ב' דר"ח אייר תשל"ג. מע"כ מוה"ר ירוחם פראם שליט"א.

הנה בדבר אשר התחילו איזה בחורים מהישיבה לעשן חשיש (מעראוואנא), פשוט שהוא דבר אסור מכמה עיקרי דינים שבתורה חדא שהוא מקלקל ומכלה את הגוף, ואף אם נמצאו אנשים בריאים שלא מזיק להם כל כך אבל מקלקל הוא את הדעת ואינם יכולים להבין דבר לאשורו שזה עוד יותר חמור שלבד שמונע עצמו מלמוד התורה כראוי הוא מניעה גם מתפלה וממצות התורה שעשיה בלא דעת הראוי הוא כלא קיימם. ועוד שהוא גורם תאוה גדולה אשר הוא יותר מתאות אכילה וכדומה הצריכים להאדם לחיותו ויש שלא יוכלו

לצמצם ולהעביר תאותם, והוא איסור החמור שנאמר בבן סורר ומורה על תאוה היותר גדולה שיש לו לאכילה אף שהוא לאכילת כשרות, וכ"ש שאסור להביא עצמו לתאוה גדולה עוד יותר ולדבר שליכא שום צורך להאדם בזה שהוא אסור, ואף שלמלקות נימא שאין עונשין מן הדין מ"מ לאיסורא ודאי עובר על לאו זה ואיכא גם הטעם דאיכא בבן סורר ומורה שסופו שילסטם את הבריות כדאיתא בסנהדרין בפ' בן סורר (ס"ח ע"ב). ועוד שהאב והאם של אלו שמעשנין זה מצטערים מאד אשר עוברין על מצות כבוד אב ואם. ועוד איכא איסור העשה דקדושים תהיו כפירוש הרמב"ן בחומש. וגם הם גורמים לאיסורים הרבה אחרים לבד זה, סוף דבר הוא פשוט וברור שהוא מאיסורים חמורים וצריך להשתדל בכל היכולת להעביר טומאה זו מכל בני ישראל ובפרט מאלו שלומדין בישיבות. והנני ידידו מוקירו, משה פיינשטיין.

<u>ספר החינוך מצוה רמח</u>

משרשי המצוה, לפי שרוב חטאות בני אדם יעשו בסבת ריבוי האכילה והשתיה, כמו שכתוב [שם ל"ב, ט"ו] וישמן ישורון ויבעט, וכן שמנת עבית כשית ויטוש אלוה עשהו [שם], וכן אמרו זכרונם לברכה [ברכות ל"ב ע"א] מי גרם לך שתבעטי בי, כרשינין שהאכלתיך, ודרך כלל אמרו [שם] מלא כריסא זני בישא, כלומר אחר מילוי הכרס יבוא בן אדם לעשות חטאים רעים.

והענין הוא לפי שהמזונות הם עיסת החומר, וההתבוננות במושכל וביראת אלהים ובמצוותיו היקרות היא עיסת הנפש, והנפש והחומר הפכים גמורים כמו שכתבתי בראש הספר, ועל כן בהתגבר עיסת החומר תחלש קצת עיסת הנפש. ומזה השורש היו מן החכמים זכרונם לברכה שלא היו נהנין במזונות רק למה שצריך להחיות נפשם לבד, וכמו שכתוב [משלי י"ג, כ"ה] צדיק אוכל לשובע נפשו.

ועל כן תמנענו תורתנו השלימה לטובתנו מהרבות באכילה ושתיה יותר מדי, פן יתגבר החומר על הנפש הרבה עד שיחליאה ויאבד אותה לגמרי, ולכן להרחיק הענין עד תכלית הוזהרנו על זה בעונש חזק, והוא עונש המיתה, זהו הנראה לי בענין.

והוזהר האדם על זה בתחילת תוקף חום בחרותו ובראשית בואו בחיוב שמירת נפשו, והם שלשה חדשים הראשונים משהתחיל להביא שתי שערות עד שיקיף כל הגיד. ומאותו הזמן יקח מוסר לכל ימיו, כי מהיות דבר המזון ענין תמידי באדם אי אפשר לו זולתו לא חייבתו התורה עליו בכל עת, רק שחרו מוסר בזמן אחד להועיל לו לכל הזמנים.

<u>כלי יקר דברים פרשת שופטים - כי תצא פרק כא פסוק יח</u>

כי יהיה לאיש בן סורר ומורה. אמרו חז"ל (סנהדרין עא א) בן סורר ומורה לא היה ולא יהיה ולמה נכתב בתורה אלא דרוש וקבל שכר. ומכל מקום חל עלינו חובת ביאור דבר זה למה כתבה תורה דבר שאינו בנמצא כלל. גם יש להתבונן במה שנאמר כאן וכל ישראל ישמעו ויראו יותר מבשאר מצוות פרטיות. ועוד למה לא נאמר כאן ולא יזידון עוד כמו שנאמר בפרשת שופטים (יז יג). ואולי טעמו של דבר לפי שבן סורר ומורה לא היה ולא יהיה ולא נכתבה הפרשה כי אם כדי שישמעו הבנים ויראו ולא יעשו כדבר הזה, ומה שאמר וכל ישראל ישמעו היינו שישמעו פרשה זו ומשפט הכתוב בה ויראו הבנים מלמרות עיני כבודם של אב ואם. ולכך לא נאמר ולא יזידון עוד, כי לשון עוד מורה על דבר הנעשה כבר שלא יהיה נעשה עוד וזה אינו שהרי בן סורר ומורה לא היה דברים מעולם ולא נכתבה פרשה זו כי אם להפיל אימתה ופחד על הבנים:

אך קשה לי וכל ישראל ישמעו, וכל הבנים הוה ליה לומר כי אין צורך לפחד זה כי אם לבנים. ובספר הזוהר דרש פרשה זו על כל ישראל ואני אומר שאין צורך בזה כי גם מפשוטה של הפרשה יש מוסר נפלא לכל ישראל שנקראו בנים לאל חי ויש לחוש שיסמכו על זה ויאמרו מאחר שאנחנו בניו אם כן ודאי אם יהיו בנים סוררים לא יביט און ביעקב וירחם עליהם כרחם אב על בנים ויוותר להם כדרך שהאב מוותר לבנו ויאמרו הקב"ה וותרן, וכן אמר משה בניו מומם (דברים לב ה), רצה לומר מה שקראם בניו זהו מומם כי סמכו על זה ועשו עבירות חבילות חבילות ובטחו באביהם שלא ימסרם ביד מדת הדין, על כן כתבה התורה שהדין דין אמת שאפילו האב חייב להביא את בנו לבית דין ולמוסרו למיתה ועל ידי זה ישמעו פרשה זו כל ישראל ויראו את ה' ולא יסמכו על מה שקראם בנים כי גם בבית דין שלמטה חייב האב למסור את בנו לבית דין וכן הדין גם בבית דין שלמעלה:

<u>אבן עזרא דברים פרק כא:יח</u>

סורר ומורה - כנגד השם וכנגד האבות, אם היו יראי השם. סורר - כמו כפרה סוררה (הושע ד, טז), שלא ישמור מצות עשה. **ומורה** - במצות לא תעשה. ויסרו אותו בפני עדים, מצוה שהם יתפשוהו ויוציאוהו, ודברי הקבלה אמת. **זולל** - מפורש והוא זולל בשר, רק הוא שם כלל לנותן בכל מה שיתאוה כל מה שיבוקש ממנו. **וסובא** - מרבה לשתות והוא המשתכר. והנה זה כמו אפיקורוס, כי לא יבקש חיי העולם הזה, כי אם להתענג בכל מיני מאכל ומשתה. ונסמכה זו הפרשה בעבור אשת יפת תאר (יא), והעד: ושם אמו, והרמז שרמזתי בבני אהרן:

<u>רבינו בחיי דברים פרשת שופטים - כי תצא פרק כא פסוק כא</u>

וכל ישראל ישמעו ויראו. היו מכריזין בכל ישראל: ב"ד פלוני סקלו את פלוני מפני שהיה בן סורר ומורה. אמרו רז"ל (סנהדרין עא א) כי דין זה של סורר ומורה לא אירע מעולם, והוא שתמצא בפרק בן סורר ומורה: תניא בן סורר ומורה ועיר הנדחת לא היו ולא עתידין להיות, ולמה נכתבו, דרוש וקבל שכר. וא"כ יש לשאול: מפני מה הוצרכה תורה להודיע ולכתוב מה שלא היה, ומה שאין ענינו נוהג בדרך העולם, אבל זה היה מחכמת התורה ללמד דעת את העם בגודל חיוב אהבת הש"י, שהרי אין לך אהבה חזקה בעולם כאהבת האב והאם לבן, וכיון שהבן עובר על מצות השם יתעלה, וזה דרכו כסל לו, חייבין הם שתגבר עליהם אהבת הש"י על אהבת הבן עד שיצטרכו להביא אותו הם בעצמן לב"ד לסקילה. וכבר בא הענין הזה בחיוב גודל אהבה להש"י מפורש בתורה בענין העקדה, כי אברהם עם היות אהבתו של יצחק עזה וחזקה כבן שבא אליו אחר הזקנה והיאוש, אעפ"כ כשצוהו להקריבו עולה טרח בדבר מיד, והגביר אהבת הש"י על אהבתו של יצחק, ועל שלמות המעלה הזאת קראו: (ישעיה מא, ח) "אברהם אוהבי", ואז נתפרסם לכל העולם גודל חיוב האהבה לשם יתעלה שהיא ראויה לעבור כל מיני אהבה, ומזה אמרו: דרוש וקבל שכר. כך שמעתי מפי הרב ר"ש מורי שיחיה.
ומה שנמצא שם: אמר ר' יוחנן אני ישבתי על קברו של בן סורר ומורה ועל תלה של עיר הנדחת, אפשר לומר דפליג אברייתא, או שמא הא דר' יוחנן לא היה בן סורר ומורה גמור אלא כענין אבשלום, אבל לא היה בן סורר ומורה גמור כדין תורה שנגמר לסקילה.

"באשר הוא שם"

<u>בראשית פרק כא</u>

(יז) וַיִּשְׁמַע אֱלֹהִים אֶת קוֹל הַנַּעַר וַיִּקְרָא מַלְאַךְ אֱלֹהִים אֶל הָגָר מִן הַשָּׁמַיִם וַיֹּאמֶר לָהּ מַה לָּךְ הָגָר אַל תִּירְאִי כִּי שָׁמַע אֱלֹהִים אֶל קוֹל הַנַּעַר בַּאֲשֶׁר הוּא שָׁם:

<u>רש"י בראשית פרק כא</u>

באשר הוא שם - לפי מעשים שהוא עושה עכשיו הוא נדון ולא לפי מה שהוא עתיד לעשות, לפי שהיו מלאכי השרת מקטרגים ואומרים רבונו של עולם, מי שעתיד זרעו להמית בניך בצמא אתה מעלה לו באר. והוא משיבם עכשיו מה הוא, צדיק או רשע, אמרו לו צדיק, אמר להם לפי מעשיו של עכשיו אני דנו וזהו באשר הוא שם. והיכן המית את ישראל בצמא, כשהגלם נבוכדנצר, שנאמר (ישעיה כא יג - יד) משא בערב וגו' לקראת צמא התיו מים וגו' כשהיו מוליכין אותם אצל ערביים היו ישראל אומרים לשוביהם בבקשה מכם, הוליכונו אצל בני דודנו ישמעאל וירחמו עלינו, שנאמר (שם שם) אורחות דודנים [אל תקרי דודנים אלא דודים] ואלו יוצאים לקראתם ומביאין להם בשר ודג מלוח ונודות נפוחים, כסבורים ישראל שמלאים מים, וכשמכניסו לתוך פיו ופותחו, הרוח נכנס בגופו ומת:

<u>מזרחי (רא"ם) בראשית פרק כא</u>

[באשר הוא שם] לפי מעשיו של עכשו הוא נידון. אבל בן סורר ומורה דאמרינן בסנהדרין (סנהדרין עא ב) שהוא נהרג על שם סופו, היינו מפני שכבר התחיל בדרכים המביאים למעשים הרעים שבסופו:

<u>מהרש"א חידושי אגדות מסכת ראש השנה דף טז:</u>

אלא לפי מעשיו שבאותה שעה כו' שנאמר באשר גו'. מפורש בב"ר כפרש"י דלפי פשוטו הוא יתורא דקרא וע"כ דרשו דכמו דמלת שם מורה על המקום שבא הסיפור ממנו כבר כן הוא מורה כאן על הזמן ההוא שאנו קיימין בו יהא נידון ולא על העתיד והא דבן סורר נידון ע"ש סופו עיין תירוצו ברא"ם ועי"ל דבן סורר נידון ע"ש סופו של עצמו מה שאין כן בישמעאל על שם סופו של בניו לא נידון:

2. טעם ומקור לדין דהבא במחתרת (דף עב.)

מקור בתורה: שמות כא:לז, כב:א–ג, רש״י. עי׳ רש״י ואבן עזרא בפירוש מלת ״דמים״.[1]
המשנה בדף עב. והגמרא (3 שורות)

משנה

״נידון על שם סופו״: יש לבאר אם לשון המשנה הוא דוקא, ובאמת נידון משום מה שיעשה בעתיד, או אי הוי לאו דוקא, ונכתב ככה אגב לשון המשנה הקודמת של הבן סורר ומורה. ומרש״י משמע להדיא דהוי דוקא (ואולי סובר שאף כל רודף נידון על שם סופו).

קושית הגמרא

אמר רבא מאי טעמא דמחתרת – יש להעיר במה שלא הקשה הגמרא בלשון ״מנא הני מילי״. ולכאורה משום שידעו שהמקור הוא פסוק מפורש, וכ״כ רש״י בד״ה מאי טעמא דמחתרת – ״שאמרה תורה אין לו דמים״. ולכאורה לא בא הגמרא לפרש **טעמא** דקרא, אלא **גדר** הדין, כלומר, איך דין זה דומה לכללי התורה הרגילים. וחשוב ללמד את החילוק בין ״מקור״, ״טעם״ ו״גדר״ המצוה, ואת ההבדל ביניהם, שהוא אם יש ללמוד נ״מ לדינא ע״פ הטעם.[2] ויש לקשר את זה ל״חידוש״ שלמדנו בסוגית עד זומם, שהוא דין תורה שפועל נגד הכללים הרגילים.[3]

בתירוץ של הגמ׳ יש 3 שלבים:

1. **חזקה אין אדם מעמיד עצמו על ממונו**–
   - פירש רש״י שלא ישתוק, אלא משתדל להציל את ממונו.
2. **והאי מימר אמרה אי אזילנא קאי לאפאי ולא שביק לי, ואי קאי לאפאי קטילנא ליה** – כלומר, הגנב יודע את זה, ומוכן להרוג את בעל הבית.
   - לפי רש״י, היינו משום שיש חזקה על הגנב הבא במחתרת שיהרוג את בעה״ב כדי לגנוב, דאחרת, למה הוא בא לתוך ביתו של זה?

[1] The definition of this word is very important in order to understand this סוגיא properly. The discussion also highlights the idea of a dispute without a נפקא מינה.
[2] This is an important concept in terms of understanding the entire system of תורה שבעל פה, as well as that of טעמי המצות.
[3] This is connected to material from the third פרק, which may have been previously studied.

- הקשה עליו הר"ן דאין זה סברת "כל" הגנבים, שמקצתם ירוץ לביתם אם יעמוד בעה"ב להציל את ממונו. ולכן פירשו הר"ן והיד רמה שהבעל הבית מוכן להרוג את הגנב, ולכן מוכן הגנב להרוג את בעל הבית כדי להציל את עצמו. ועי' להלן למה מותר לבעל הבית להרוג אותו. [ולכאורה רש"י יתרץ על פי מה שכתב לקמן בדף עב: בד"ה זו היא התראתו.][4]

3. **והתורה אמרה אם בא להרגך השכם להרגו** – לכן מותר לבעל הבית להרוג את הגנב.

- רש"י – אמרה התורה כאן "אין לו דמים" – ללמדך שמותר להורגו משום שהגנב הוא כרודף. (וע' ברש"י בברכות בדף נח. ובדף סב:)
- המאירי מפרש ש"התורה אמרה" בהקשר אחר – "צרור את המדינים" (במדבר כה:טז–יח). ועיין ברש"י על התורה שפירש את הפסוק בענין אחר.[5]

לפי הר"ן והיד רמה, הגנב הוי כמו רודף, אף על פי שהבעל הבית דומה יותר לרודף, ונתנו טעמים נפרדים לכך:

- לפי היד רמה, הטעם הוא משום שהגנב התכוין להרוג מקודם, מיד כשבא במחתרת, לפני שידע בעל הבית שהגנב נמצא.
- לפי הר"ן, אמרה תורה שהוא הרודף משום שהוא "התחיל במריבה". ולכאורה כונתו היא שעבר על איסור גניבה בכה"ג שיכול לבא לידי רציחה, ובעבור זה נחשב כרודף.[6] ומובן לפי זה מה שהביא הרמב"ם את ההלכה של הבא במחתרת בהלכות גניבה, ולא בהלכות רציחה.

[4] This is an important dispute, with these views reflecting different understandings of how this entire *halacha* works. It will come up again multiple times throughout the סוגיא.

[5] According to all views, this law can be described as "pre-emptive self-defense." This can be compared to common wartime dilemmas, such as "The Lone Survivor."

[6] It is interesting to note how this resembles the "Felony Murder Law."

<u>שמות פרק כא</u>

(לז) כִּי יִגְנֹב אִישׁ שׁוֹר אוֹ שֶׂה וּטְבָחוֹ אוֹ מְכָרוֹ חֲמִשָּׁה בָקָר יְשַׁלֵּם תַּחַת הַשּׁוֹר וְאַרְבַּע צֹאן תַּחַת הַשֶּׂה:

<u>שמות פרק כב</u>

(א) אִם בַּמַּחְתֶּרֶת יִמָּצֵא הַגַּנָּב וְהֻכָּה וָמֵת אֵין לוֹ דָּמִים: (ב) אִם זָרְחָה הַשֶּׁמֶשׁ עָלָיו דָּמִים לוֹ שַׁלֵּם יְשַׁלֵּם אִם אֵין לוֹ וְנִמְכַּר בִּגְנֵבָתוֹ: (ג) אִם הִמָּצֵא תִמָּצֵא בְיָדוֹ הַגְּנֵבָה מִשּׁוֹר עַד חֲמוֹר עַד שֶׂה חַיִּים שְׁנַיִם יְשַׁלֵּם: ס

<u>רש"י שמות פרק כב</u>

אין לו דמים - אין זו רציחה, הרי הוא כמת מעיקרו.

<u>אבן עזרא שמות פרק כב</u>

ופי' **אין לו דמים** אין על הורגו שפיכות דמים.

<u>מסכת סנהדרין דף עב.</u>

משנה הבא במחתרת נידון על שם סופו היה בא במחתרת ושבר את החבית אם יש לו דמים חייב אם אין לו דמים פטור. **גמרא** אמר רבא מאי טעמא דמחתרת חזקה אין אדם מעמיד עצמו על ממונו והאי מימר אמר אי אזילנא קאי לאפאי ולא שביק לי ואי קאי לאפאי קטילנא ליה והתורה אמרה אם בא להורגך השכם להורגו

<u>רש"י שם</u>

נידון על שם סופו - דהא לא קטל, ומקטיל משום דסופו להרוג בעל הבית כשיעמוד כנגדו להציל ממונו.
מאי טעמא דמחתרת - שאמרה תורה אין לו דמים כלומר, הרי הוא לך כמי שאין לו דם ונשמה ומותר להורגו.

<u>חידושי הר"ן למסכת סנהדרין דף עב.</u>

ואי קאי לאפאי קטילנא ליה. ודאי שאין כל הגנבים באין על עסקי נפשות ואי קאי בעל הבית לאפיה ושקיל ממוניה מיד גנב, לא קטיל ליה, דאי לא יכול גנב למיגנב ליזיל לנפשיה. אלא בעל הבית הוא העומד כנגדו על מנת להרוג אם לא יניח לו את הכלים מיד, שאע"פ שאינו בדין להרגו על כך, חזקה שאין אדם מעמיד עצמו על ממונו, והגנב שיודע זה כשהוא עומד כנגדו על עסקי נפשות הוא עומד, והוא שהתחיל במריבה ובא במחתרת עשאו הכתוב רודף ואמר שאין לו דמים.

<u>יד רמה על מסכת סנהדרין דף עב.</u>

אמר רבא מאי טעמא דמחתרת דאמר רחמנא אם במחתרת ימצא וכו' אין לו דמים ,חזקה אין אדם מעמיד עצמו על ממונו, אלא טורח להציל בכל דבר ואפילו בנפשו של גנב, והאי גנב כיון דאתי למיגנב ודאי אי לאו דדעתיה למקטליה לבעל הבית כי קאי באפיה לא הוה אתי, לפיכך אמרה תורה הבא להורגך השכם להרגו, וכי תימא אם כן הוה ליה בעל הבית נמי רודף, בעל הבית לאו רודף הוא, אי משום דקטיל ליה השתא, משום דאתי איהו למקטליה הוא דקטל ליה, מאי אמרת אי לאו חזקה קאין אדם מעמיד עצמו על ממונו לא הוה אתי איהו אדעתא למקטליה, מכל מקום בעל הבית לא קא עביד השתא ולא מידי והשתא אמאי אתי איהו לקטליה, הוה

ליה רודף והתורה אמרה הבא להרגך השכם להורגו, ולא מצינן למימר דהאי דקאמר חזקה אין אדם מעמיד עצמו על ממונו דלהצלה בעלמא הוא ולאו לאצוליה בנפשו של גנב, דאם כן אכתי מנא ידעינן דדעתיה דגנב למקטליה לבעל הבית כי היכי דלדייניה כרודף, האי מימר אמר אי יכילנא ליה לבעל הבית שקילנא ליה לממוניה בעל כרחיה ואי לא שביקנא ליה ולממוניה וערקנא, אלא משום דידע ביה בבעת הבית דאי יכל ליה קטיל ליה הילכך כי אתי אדעתא דקדים איהו וקטיל ליה, הילכך הוה ליה רודף כדאמרן.

<u>במדבר פרק כה</u>

(טז) וַיְדַבֵּר יְקֹוָק אֶל מֹשֶׁה לֵּאמֹר: (יז) צָרוֹר אֶת הַמִּדְיָנִים וְהִכִּיתֶם אוֹתָם: (יח) כִּי צֹרְרִים הֵם לָכֶם בְּנִכְלֵיהֶם אֲשֶׁר נִכְּלוּ לָכֶם עַל דְּבַר פְּעוֹר וְעַל דְּבַר כָּזְבִּי בַת נְשִׂיא מִדְיָן אֲחֹתָם הַמֻּכָּה בְיוֹם הַמַּגֵּפָה עַל דְּבַר פְּעוֹר:

<u>רש"י מסכת ברכות דף נח.</u>

התורה אמרה אם בא להרגך השכם להרגו - אם במחתרת [ימצא] וגו' (שמות כ"ב) לפי שבא על עסקי נפשות, שיודע הוא שאם (ימצא) תמצאנו חותר לא תעמיד עצמך מלהציל ממונך, והוא בא לדעת כן שיקום עליך ויהרגך, אמרה תורה: השכם אתה והרגהו.

<u>רש"י מסכת ברכות דף סב:</u>

התורה אמרה וכו' - אם במחתרת ימצא הגנב וגו' (שמות כ"ב), וכבר פירשנוהו למעלה במעשה דרבי שילא (ברכות דף נח.).

<u>חידושי המאירי בבא קמא דף עב.</u>

....והתורה אמרה הבא להרגך השכם להרגו והיכן אמרה פירשוה במדרש תנחומא מצרור את המדינים כי צוררים הם לכם ולשון צוררים ר"ל מתמידים להצר לכם ומעתה הצרו להם אחר שדעתם להצר לכם

<u>רש"י במדבר פרק כה</u>

(יז) **צרור** - כמו זכור, שמור, לשון הווה. עליכם לאייב אותם: (יח) **כי צוררים הם לכם וגו' על דבר פעור** - שהפקירו בנותיהם לזנות, כדי להטעותכם אחר פעור. ואת מואב לא צוה להשמיד, מפני רות שהיתה עתידה לצאת מהם, כדאמרינן בבבא קמא (לח ב):

3. קם ליה בדרבה מיניה (דף עב.)

הגמרא בדף עב.שורה 20 עד שורה 34.

יש להדגיש שהדין של קם ליה בדרבה מיניה[1] פטור רק בדיני אדם, ולא בדיני שמים. ואפשר ליסד את זה מתוך התוספות בסוגייתנו או ע״י הגמרא בב״ק או ב״מ.[2]

מקור בתורה: שמות (כא:כב–כה)

משנה

פטור מלשלם בשביל שבירת החבית דקלבד״מ. ופי׳ רש״י (ד״ה אין לו דמים) דאע״פ שלא נהרג, פטור, כחייבי מיתות שוגגין שפטורין. וע׳ ביד רמה שפירש שאפילו למ״ד דחייבי מיתות שוגגין אינם נפטרין ממּמון, מ״מ פטור כאן.

גמרא

מחלוקת רב ורבא – אם נטל חייב או פטור. ופסק הרמב״ם (הלכות גניבה ג:ב, ט:יג) כרבא, דפטור (לפי המגיד משנה).

רש״י ד״ה מסתברא – שיבר פטור, בין ששיבר עכשיו ובין לאחר זמן. וכתב הנימוקי יוסף דאם שיבר לאחר זמן ודאי חייב, אלא מדובר דוקא אם שיבר בעודו במחתרת.

מעשה דרבא – ״רבא איגנבו להו דיכרי במחתרתא, אהדרינהו ולא קבלינהו, אמר, הואיל ונפק מפומיה דרב.״ והקשו הראשונים, שהרי מ״מ חייב הגנב לשלם כדי לצאת ידי שמים, כדמוכח מדין אתנן (ב״מ צא), וא״כ אמאי לא קבלינהו?

1. תוספות ד״ה לא – תירצו דכאן לא היו רוצים להחזיר אא״כ יתחייבו בדיני אדם.[3] ופירש הקצות החושן (ריש סימן כח) על פי המהרש״ל דאינו חייב לצאת ידי שמים אלא אם לא נעשה

[1] This *gemara* is very difficult and complex, and many students might find the view of Rav to be difficult to understand. Nevertheless, the idea of קם ליה is an important ידיעה for students to be familiar with.

[2] It is very important to teach this "detail," as it sharpens the moral message of קם ליה. The money is still owed to the "victim."

[3] This is a valuable source, as it notes a critical limitation of קם ליה. In addition, the answer of תוספות says a lot about the integrity of Rava. This can also be connected to the earlier סוגיא of אסמכתא, where we see that it is not honest to take gambling winnings, even when the loser gives the money to the winner willingly, because it is based on an invalid קנין.

העונש החמור, כשוגג, אבל אם קיבל העונש החמור, פטור לגמרי מהממון. וכתב הקצות דמחתרת דומה למי שנענש ממש, שנתחייב ממש מיתה, ודומה למי שברח לאחר גמר הדין. וע״ש בנתיבות המשפט שביאר דלא מהני תפיסה אלא בדיעבד, ולכתחילה אסור לתפוס, ולהכי לא קבלתינהו.

2. החידושי הר״ן תירץ בשם רבינו דוד דקם ליה אינו דומה לאתנן. באתנן חייב לצאת ידי שמים, אבל הכא קנינהו בדמיו לרב לגמרי, ואינו חייב בכלל. וכתב הקצות החושן (ריש סימן כח) דדבריו דחוקים, והעיקר הוא כפירוש התוספות.

עוד בענין חיוב לצאת ידי שמים

כתבו הראשונים (הנ״ל) דהא דפטרינן ליה מדין קם ליה אינו אלא הלכה בבית דין, אבל לצאת ידי שמים חייב להחזיר. והוכיחו את זה מהגמרא (בבא מציעא דף צא. ובבא קמא דף ע:–עא.) במה דאתנן אסרה תורה ואפילו בא על אמו, ופירש רש״י שם בב״מ (בד״ה רבא אמר אתנן) דקי״ל דאע״ג דאינו מחויב לשלם את האתנן דקם ליה בדרבה מיניה, מ״מ נקרא אתנן ואסור לגבוה, ומדחל ביה דין אתנן, ע״כ דיש חיוב לצאת ידי שמים. והכי פירש הגרי״ז על התורה במה שכתוב ״ונתן בפלילים״.

וכדאי לעורר דחיוב ״לצאת ידי שמים״ אינו כעין ״לפנים משורת הדין״,[4] אלא דהכונה היא דאין ב״ד כופין אותו לשלם, אבל מחויב הוא ממש, וכמו שכתב רש״י בב״מ בדף לז., דחייב לשלם כדי שלא יענש.

[4] It is important to make students familiar with these terms and their meanings.

מסכת סנהדרין דף עב.

אמר רב הבא במחתרת ונטל כלים ויצא פטור מאי טעמא בדמים קננהו אמר רבא מסתברא מילתיה דרב בששיבר דליתנהו אבל נטל לא והאלהים אמר רב אפילו נטל דהא יש לו דמים ונאנסו חייב אלמא ברשותיה קיימי הכא נמי ברשותיה קיימי ולא היא כי אוקמינא רחמנא ברשותיה לענין אונסין אבל לענין מקנא ברשותיה דמרייהו קיימי מידי דהוה אשואל תנן בא במחתרת ושיבר את החבית יש לו דמים חייב אין לו דמים פטור טעמא דשיבר דכי אין לו דמים פטור הא נטל לא הוא הדין דאפילו נטל נמי והא דקא תני שבר את החבית קא משמע לן דכי יש לו דמים אף על גב דשיבר נמי חייב פשיטא מזיק הוא הא קא משמע לן דאפילו שלא בכוונה מאי קא משמע לן אדם מועד לעולם תנינא אדם מועד לעולם בין בשוגג בין במזיד בין באונס בין ברצון קשיא מתיב רב ביבי בר אביי הגונב כיס בשבת חייב שהרי נתחייב בגניבה קודם שיבא לידי איסור שבת היה מגרר ויוצא פטור שהרי איסור גנבה ואיסור סקילה באין כאחד והלכתא דשדנהו בנהרא רבא איגנבו ליה דיכרי במחתרתא אהדרינהו ניהליה ולא קבלינהו אמר הואיל ונפק מפומיה דרב

רש"י שם

אין לו דמים - כגון שאר כל האדם שניתן רשות לבעל הבית להורגו - פטור מלשלם, דחיוב מיתה וחיוב תשלומין באין כאחד, ואף על פי שניצל - פטור מן התשלומין, דקיימא לן (כתובות לה, א) חייבי מיתות שוגגין כגון שלא התרו בהן - אין משלמין ממון שעם המיתה, אף על פי שאין נהרגין.
מסתברא - מילתא דרב דפטור בששבר בין עכשיו בין לאחר זמן, דליתנהו, ותשלומין מדידיה לא מצינן לחיוביה במקום מיתה.

תוספות שם

לא קבלינהו הואיל ונפק מפומיה דרב - תימה הא מיחייב לצאת ידי שמים כדאמר בפ' הפועלים (ב"מ דף צא. ושם) גבי החוסם פרה ודש בה (ואתנן) אסרה תורה אפילו בא על אמו ויש לומר דכאן לא היו רוצים להחזיר אא"כ יתחייבו בדיני אדם.

שמות פרק כא

(כב) וְכִי יִנָּצוּ אֲנָשִׁים וְנָגְפוּ אִשָּׁה הָרָה וְיָצְאוּ יְלָדֶיהָ וְלֹא יִהְיֶה אָסוֹן עָנוֹשׁ יֵעָנֵשׁ כַּאֲשֶׁר יָשִׁית עָלָיו בַּעַל הָאִשָּׁה וְנָתַן בִּפְלִלִים: (כג) וְאִם אָסוֹן יִהְיֶה וְנָתַתָּה נֶפֶשׁ תַּחַת נָפֶשׁ: (כד) עַיִן תַּחַת עַיִן שֵׁן תַּחַת שֵׁן יָד תַּחַת יָד רֶגֶל תַּחַת רָגֶל: (כה) כְּוִיָּה תַּחַת כְּוִיָּה פֶּצַע תַּחַת פָּצַע חַבּוּרָה תַּחַת חַבּוּרָה: ס

יד רמ"ה מסכת סנהדרין דף עב.

מתני' הבא במחתרת נידון על שם סופו בגמרא מפרש לה. היה בא במחתרת ושבר את החבית אם יש לו דמים כלומר אם יש לו דין דמים שהשופך דמו נהרג עליו חייב לשלם דלא מתחייב בנפשו הוא ואם אין לו דין דמים שאם נשפך דמו אין חייבין עליו פטור דמתחייב בנפשו הוא ופטור מתשלומין דכתיב ולא יהיה אסון ענוש יענש הא אם יש אסון לא יענשו ואע"פ שניצול ולא נהרג פטור מלשלם הואיל ונתחייב מיתה בשעת שבירת החבית ואפילו למאן דאמר חייבי מיתות שוגגין חייבין לשלם התם הוא דלא הוה חיוב מיתה כלל הכא בההיא שעתא מיהת הוה איכא חיוב מיתה. כיצד אמרו יש לו דמים ואין לו דמים אם ברור לך הדבר שיש לו

שלום עמך שאם תעמוד כנגדו להציל את ממונך אינו נהרג ודמים לו אל תהרגהו ואם לאו אין לו דמים והרגהו ובגמרא מפרש לה שפיר לקמן ומשוי חילוק בין הבן שבא על האב ובין האב שבא על הבן:

רמב"ם הלכות גניבה פרק ג הלכה ב

כיצד, זרק חץ בשבת מתחלת ארבע לסוף ארבע וקרא בגד חבירו בהליכתו, או שהדליק גדיש חבירו בשבת, או שגנב כיס בשבת והיה מגררו עד שהוציאו מרשות הבעלים שהיא רשות היחיד לרשות הרבים ואבדו שם, הרי זה פטור מן התשלומין שאיסור שבת ואיסור גניבה והזק באין כאחת. אבל אם גנב כיס בשבת והגביהו שם ברשות היחיד ואחר כך הוציאו לרשות הרבים והשליכו לנהר חייב לשלם תשלומי כפל שהרי נתחייב באיסור גניבה קודם שיתחייב באיסור סקילה וכן כל כיוצא בזה. וכן אם קצץ אילן חבירו ביום טוב והתרו בו, או שהדליק את הגדיש ביום הכפורים והתרו בו, או גנב וטבח ביום הכפורים והתרו בו, פטור מן התשלומין, אבל אם לא התרו בו חייב בתשלומין ומשלם תשלומי ארבעה וחמשה.

רמב"ם הלכות גניבה פרק ט הלכה יג

כל גנב שיש לו דמים אם נפל עליו גל בשבת מפקחים עליו ואם שבר כלים בביאתו חייב בתשלומין, אבל מי שאין לו דמים ששבר כלים בביאתו פטור כמו שביארנו. בריך רחמנא דסייען.

מגיד משנה הלכות גניבה פרק ט הלכה יג

ואם שיבר כלים בביאתו וכו'. מפורש במשנה ומסקנא בגמ' דדוקא שבר דליתנהו אבל נטל דאיתנהו חייב להחזיר אע"פ שאין לו דמים וכן עיקר:

נימוקי יוסף מסכת סנהדרין דף יז. בדפי הרי"ף

אבל נטל וכו'. כלומר ואיתנהו בעין לא דהא לאו תשלומין הוא דכל היכא דאיתיה ברשותא דמריה איתיה ופקדון נינהו גבי דהאי וכדמפרש לקמן: וכתבו עליו דלא נהירא דהא לא אפשר למפטר שבר אחר שנטלן דהא מודית דבשנטלן ואיתנהו בעין חייב משום דפקדון הוא גביה וכיון שכן אם שברם אח"כ ודאי חייב שהרי הוא שולח יד בפקדון אלא הנכון דה"ק מסתבר מילתיה דרב בששבר בעודו במחתרת אבל נטלה משם ויצא אע"פ ששברן אחר כך חייב שכבר נתחייב בהן משנטלן דהוו להו פקדון גביה וכששברן ה"ל שולח יד בפקדון וחייב כדפרישנא ומשום דהכי הוא דכשנטלן והוציאן ואח"כ שברן חייב לשלם לא הביאה רבינו אלפסי ז"ל בהלכותיו דכיון דקי"ל כרבא דאינו פטור אלא כששבר בעודו במחתרת לא צריך לאשמעינן הא שכבר הביא [בפ' הגוזל בתרא] הא דרודף שהיה רודף אחר חבירו ושבר את הכלים בין שלו בין של כל אדם פטור מ"ט מתחייב בנפשו הוא כך כתבו בשם הרמב"ן ז"ל:

מסכת בבא מציעא דף צא.

תנו רבנן החוסם את הפרה ודש בה לוקה ומשלם ארבעה קבין לפרה ושלשה קבין לחמור והא אינו לוקה ומת ואינו לוקה ומשלם אמר אביי הא מני רבי מאיר היא דאמר לוקה ומשלם. רבא אמר אתנן אסרה תורה ואפילו בא על אמו

<u>**רש"י שם**</u>

רבא אמר אתנן אסרה תורה אפילו בא על אמו - ונתן לה טלה באתנן - אתנן הוא, ואסור לקרבן, דאתנן סתמא כתיב (דברים כג), לא שנא אמו ולא שנא פנויה, ואף על גב דאי תבעה ליה בדינא קמן תן לי אתנני - לא מחייבינן ליה, דהא קם ליה בדרבה מיניה, כי יהביה ניהלה - אתנן הוא, אלמא: אפילו במקום מיתה נמי רמו תשלומין עליה, אלא שאין כח לענשו בשתים, אבל ידי שמים לא יצא עד שישלם, דאי לא רמו תשלומין עליה, כי יהביה ניהלה מי הוה אתנן, מתנה בעלמא הוא דיהיב לה, וגבי חוסם נמי, תשלומין רמו עליה, אלא שאין כח בבית דין לענשו שתים, וכיון דרמו תשלומין עליה - לא יצא ידי חובתו עד שישלם, אי נמי: אי תפיס לא מפקינן מיניה, כך שמעתי מפי מורי הזקן, ויש דוגמתו בבבא קמא בפרק מרובה (ע, ב) ושם מפורש יותר, והביא לי מורי ראיה על זה.

<u>**חידושי הר"ן מסכת סנהדרין דף עב.**</u>

אהדרינהו ניהליה ולא קבלינהו. הא דאהדרינהו רבא להני דיכרי ודאי ממידות חסידות היתה שאין הלכה כרב דהא אמרינן בגרא והילכתא דשדנהו בנהרא אבל מכל מקום אף על פי שלגבי עצמו היה חסידות שלא רצה לקבלם משום דקיננהו גנבי לפי סברת רב מכל מקום לפי הפסק וההלכה דקי"ל כרבה תמה דאכתי היו הגנבים צריכין לצאת ידי שמים להחזיר מה שנטלו ממנו שלא כדין אע"פ שלא היו מחוייבין להחזיר בדיני אדם משום דנחייבו בנפשם והראיה מדאמרי' בפרק הפועלים (דף צא) אתנן אסרה תורה אפילו בא על אמו כלומר שאע"פ שהוא פטור מן האתנן מפני שהוא מתחייב בנפשו אע"פ כן צריך הוא לתת האתנן לה לקיים דבריו וכיון שכן חל עליו איסור אתנן ואסור להקריבו וכ"ש כאן שהממון של אחרים בידו שאינו בדין שיעכבוהו ברשותו חנם כך הקשו בתוספות ז"ל. ותירץ ה"ר דוד ז"ל דלא דמי דהתם גבי אתנן צריך האדם לעמוד בדבורו אעפ"י שלא יתחייב מן הדין אבל כאן אחר שקני הני דיכרי בדמיהו לפי סברתו של רב נמצא גנבה זו קנויה לגמרי ביד הגנבים ולא נתנה להשבון וכך הוא עובר אם הוא מחזיר כמי שאינו מחזיר שאחר שקנאה אם החזיר מתנה בעלמא הוא דקא יהיב. וגם אינו צריך למחילה של בעל הממון לפי שקנאם בדמו ולפיכך לא היה לו שום תועלת לגנב בחזרתו אם היה הדין כרב ורבא מדרך חסידות החמיר על עצמו כרב: אלו דבריו וצ"ע:

<u>**קצות החושן חושן משפט סימן כח ס"ק א**</u>

וחייב בדיני שמים. כתב הריב"ש (סי' שצ"ב ד"ה ובנדון זה ג"כ) דכל היכא דמחויב לצאת ידי שמים אי תפס מפקינן מיניה והובא בשיירי כנסת הגדולה. ועיין משנה למלך הלכות ריבית (פ"ד ממלוה ה"ו ד"ה כתב הטור). ולא כן משמע בהא דאמרינן פרק הפועלים (ב"מ) דף צ"א (ע"א) גבי חוסם פי פרה ודש בה לוקה ומשלם ארבעה קבין לפרה, ופריך והא אינו לוקה ומשלם כו', רבא אמר אתנן אסרה תורה אפילו בא על אמו, וכתב רש"י (ד"ה רבא) ז"ל, אתנן [אסרה תורה] אפילו בא על אמו ונתן לה באתננה טלה אתנן הוא ואסור לקרבן דאתנן סתמא כתיב כו', ואע"ג דאי תבעה לקמן לדינא תן לי אתנני לא מחייבין ליה דקים ליה בדרבה מיניה, כי יהיב ניהלה אתנן הוא, אלמא אף במקום מיתה נמי רמי תשלומין עליה [אלא שאין כח לענשו בשתים אבל ידי שמים לא יצא עד שישלם, דאי לא רמו תשלומין עליה] כי יהיב ניהלה [מי הוי אתנן מתנה בעלמא הוא דיהיב לה], וגבי חוסם נמי תשלומין רמי עליה אלא שאין כח בב"ד לעונשו שתים וכיון דרמי תשלומין עליה לא יצא ידי חובתו עד שישלם, א"נ אי תפיס לא מפקינן מיניה, כך שמעתי מפי מורי הזקן עכ"ל. ומשמע מזה דדינא לצאת ידי שמים אי תפיס לא מפקינן מיניה.

אמנם מוהרש"ל (ב"ק) בפרק הכונס ביש"ש סי' ו' כתב וז"ל, ונראה דכל היכא דחייב לצאת ידי שמים אי תפס מפקינן מיניה אפילו לפירוש רש"י פרק השוכר וכו', מכל מקום כה"ג מפקינן מיניה, בשלמא בקים ליה בדרבה מיניה חייב הוא רק דלא [קטלינן בתרי קטלי ו]עבדינן החומרא, הלכך היכא דלא עבדינן החומרא כגון בשוגג או שלא בהתראה או בזמן הזה א"כ נוכל לומר שהסברא נותנת אם תפס לא מפקינן מיניה דהא סוף סוף חייב הוא, אבל היכא שגרמא בנזקין הוא ואין בו חיוב מן הדין אלא לצאת ידי שמים א"כ פשיטא דאי תפס מפקינן מיניה עכ"ל. והנה משמע מדברי מוהרש"ל דאפילו בקים ליה בדרבה מיניה לא מהני תפיסה אלא דוקא היכא דלא עבדינן החומרא כגון בשוגג או בזמן הזה או שלא בהתראה, אבל היכא דעבדינן החומרא תו לא מחייב כלל בתשלומין ואפילו תפס מפקינן מיניה. ולכאורה דברי מוהרש"ל המה דברי נביאות, דהא שפיר מצינן למימר דאפילו עבדינן החומרא רמי עליו תשלומין, וכן משמע לישנא דש"ס דפריך והא אינו לוקה ומשלם ולזה אמר רבא אתנן אסרה תורה אפילו בא על אמו.

אמנם נראה דברי מוהרש"ל מוכרחין, והוא דבסנהדרין דף ע"ב (ע"א) רבא איגנבו ליה דיכרי במחתרת אהדרינהו ניהליה ולא קבלינהו הואיל ונפק מפומיה דרב דבדמים קנינהו, והקשו בתוס' (ד"ה לא קבלינהו) כיון דחייב הוא לצאת ידי שמים אמאי לא קיבל, ותירצו שהם לא היו מחזירין אלא משום שהיו סבורין שבדין חייבין להחזיר ולא רצו לצאת ידי שמים ולכך לא קבלינהו ע"כ. והנה לשיטת רש"י דמהני תפיסה א"כ אפילו לא רצו לצאת ידי שמים למה אהדר רבא בתר דקבלם כיון דמהני תפיסה. אבל לפי מ"ש מוהרש"ל דלא מהני תפיסה אלא היכא דלא עבדינן החומרא אבל היכא דעבדינן החומרא כגון במזיד והתראה אין עליו שום עונש אחר בדיני אדם, וא"כ הבא במחתרת עבדינן ליה החומרא דאין לו דמים ורשאין להרוג אותו ואין עליו שום חיוב תשלומין. ואע"ג דניצול ולא נהרג לא הוי כשוגג אלא כמו מזיד ובהתראה וברח דזה ודאי כל דין מזיד עליו כיון דכבר נתחייב בהחומרא, משא"כ שלא בהתראה או בזמן הזה מעולם לא היה עליו החומרא אלא דהתורה פטרה משום דלא חלקת בין שוגג למזיד (שם עט, ב), עכ"פ יש עליו חיוב תשלומין ומש"ה מהני תפיסה, אבל היכא דעבדינן החומרא דאינו ראוי לו לשלם לצאת ידי שמים לא מהני תפיסה כיון דכבר היה בו עונש החומרא, ומחתרת כמו מזיד והתראה בפני הבית ודו"ק.

ובחידושי הר"ן (ד"ה אהדרינהו) הקשה ג"כ קושית תוס' דהא לצאת ידי שמים מחוייבין להחזיר, ותירץ בשם הר"ר דוד וז"ל, דלא דמי דהתם גבי אתנן צריך האדם לעמוד בדיבורו אע"פ שלא יתחייב מן הדין, אבל כאן אחר שקנו הני דיכרי בדמייהו לפי סברא דרב נמצא גניבה זו קנויה לגמרי ביד הגנב ולא ניתן להישבון ע"ש. וקשה דאי נימא משום דחייב לעמוד בדיבורו ונתן לה הוי אתנן, א"כ הא דאמרינן בפרק השוכר את הפועל (ע"ז סג, א) בא עליה ואח"כ נתן לה אתננה מותר, ורמינהו בא עליה ואח"כ נתן אפילו מכאן ועד שלש שנים, ע"ש דפריך וכי אמר טלה זה מאי הוי הא מיחסרא משיכה, והא התם ג"כ מחוייב לעמוד בדיבורו כיון שהבטיח לה וצ"ע. ולכן העיקר כדברי רש"י, אלא דהיכא דעבדינן החומרא לא מהני תפיסה וכמ"ש....

<u>מסכת בבא קמא דף ע:-עא.</u>

גנב ומכר בשבת [וכו'] והתניא פטור אמר רמי בר חמא כי תניא ההיא דפטור באומר לו עקוץ (לך) תאינה מתאינתי ותיקני לי גניבותיך אמרי וכיון דכי תבע ליה קמן בדינא לא אמרינן ליה זיל שלים דמחייב בנפשו הוא הא מכירה נמי לאו מכירה היא אלא אמר רב פפא באומר לו זרוק גניבותיך לחצרי ותיקני לי גניבותיך כמאן כר"ע דאמר קלוטה כמי שהונחה דמיא דאי כרבנן כיון דמטיא לחצר ביתו קנה לענין שבת לא מחייב עד דמטיא לארעא באומר לא תיקני לי גניבותיך עד שתנוח רבא אמר לעולם כרמי בר חמא אתנן אסרה תורה ואפילו בא

על אמו ואי תבעה ליה קמן בדינא מי אמרינן ליה קום הב לה אתנן אלא אע"ג דכי קא תבעה ליה בדינא לא אמרינן ליה זיל הב לה כיון דכי יהיב לה הוי אתנן הכא נמי אע"ג דלענין תשלומין אי תבע בדינא קמן לא אמרינן ליה זיל שלים [**דף עא.**] אפילו הכי כיון דקא מקני ליה בהכי הויא מכירה

רש"י מסכת בבא מציעא דף לז.

הכא בבא לצאת ידי שמים - מאליו בא לימלך מה יעשה ולא יענש, דהשתא ודאי אמרינן ידי שמים לא יצאת עד שתתן לשניהם, שאם תהא מונחת עד שיבא אליהו - נמצא הנגזל מפסיד על ידך.

4. אם זרחה עליו השמש (דף עב.–עב:)

הגמרא בדף עב. שורה 34 עד עב: שורה 6.

גמרא – ת"ר ... תניא אידך.

עי' ברש"י (ד"ה ה"ג ת"ר אין לו) שפירש דלפי הברייתא הראשונה שמובא בגמ', דרשינן סמוכין. וענין זה לומדים בגמרא במסכת ברכות (י.) – "אמר רבי יוחנן, סמוכין מן התורה מנין, שנאמר: (תהלים קי"א) סמוכים לעד לעולם עשויים באמת וישר."

ועי' ביד רמה שפירש דלמד את זה מדכתיב "אם זרחה", ולא "ואם זרחה" בוא"ו החיבור.

ולכאורה יש להקשות:

1. מהי סברת הברייתא הראשונה? הרי אף אם דרשינן סמוכין, הרי מ"מ עדיף לדרוש מאותו הפסוק בעצמו, דהוי גם סמוך וגם באותו פסוק, ועוד שמסתבר לפי פשט הפסוק. (ובאמת בא היד רמה ליישב את זה, אך מ"מ קשה, ובפרט לפי רש"י).

2. אמאי אוקמוה לברייתא קמייתא באוקימתא דחוקה ביותר, באב על הבן, והאחרת בבן על האב ובכל אדם?

3. מנא ליה לגמרא לתרץ דלא פליגי ב' הברייתות (ואע"פ שיש לתרץ שלעולם עדיף ליה לגמרא לומר דלא פליגי)?

ונראה לתרץ:

דעיקר הדרשה בודאי היא בפשיטות באותו הפסוק, וכברייתא השניה, אלא דבא התנא הראשון להוסיף שיש ללמוד גם מסמוך ליה דרשה נוספת. ולהכי פשיטא ליה דלא פליגי, וברייתא הב' מיירי בכל בני אדם, והברייתא הראשונה בא ללמד דוקא באב על הבן.[1]

פשוטו של מקרא: "אם זרחה עליו השמש":[2]

1. דרשה הגמרא דפירושו הוא – "אם ברור לך כשמש."

---

[1] This explanation makes this גמרא much more understandable.

[2] The idea of אין מקרא יוצא מידי פשוטו is important in terms of the general understanding of פשט ודרש, and it is related to discussions in תנ"ך class as well.

2. ועיין בתרגום אונקלוס, שפירש "אם ברור לך על ידי עדים."

3. ועיין בהשגת הראב"ד על הרמב"ם (הל' גניבה ט:ח) שפסק להלכה שאין מקרא יוצא מידי פשוטו, וביום אסור להרוג אפילו אם ברור לך שאין לו שלום עמך. [אבל לכאורה אם קם להרגו ניתן להצילו בנפשו מדין רודף.]

מסכת סנהדרין דף עב.-עב:

תנו רבנן (שמות כ"ב) אין לו דמים אם זרחה השמש עליו וכי השמש עליו בלבד זרחה אלא אם ברור לך הדבר כשמש שאין לו שלום עמך הרגהו ואם לאו אל תהרגהו תניא אידך אם זרחה השמש עליו דמים לו וכי השמש עליו בלבד זרחה אלא אם ברור לך כשמש שיש לו שלום עמך אל תהרגהו ואם לאו הרגהו קשיא סתמא אסתמא לא קשיא **[דף עב:]** כאן באב על הבן כאן בבן על האב אמר רב כל דאתי עלאי במחתרתא קטילנא ליה לבר מרב חנינא בר שילא מאי טעמא אילימא משום דצדיק הוא הא קאתי במחתרתא אלא משום דקים לי בגוויה דמרחם עלי כרחם אב על הבן

רש"י שם

הכי גרסינן: תנו רבנן אין לו דמים אם זרחה וגו' אלא אם ברור לך הדבר כשמש שאין לו שלום עמך הרגהו וכו' אין לו דמים וסמיך ליה אם זרחה השמש, ודרשינן סמוכין: אימתי מותר להורגו - בזמן שהשמש זרחה עליו, כלומר: שברור לך שלהרגך בא אם תעמוד כנגדו, אבל מספק - אל תהרגהו.

מסכת ברכות דף י.

דאמר רבי יוחנן סמוכין מן התורה מנין שנאמר (תהלים קי"א) סמוכים לעד לעולם עשוים באמת וישר

יד רמ"ה מסכת סנהדרין דף עב.

תנו רבנן אם זרחה השמש עליו דמים לו יש אומרים הרי הוא לך כמי שיש לו דם ונשמה ואסור להרגו אין לו דמים הרי הוא לך כמי שאין לו דם ונשמה ומותר להרגו ויש לפרש דמים [לו יש] לדמיו תשלומין כענין שנאמר שופך דם האדם באדם דמו ישפך ולארץ לא יכופר לדם אשר שפך בה כי אם בדם שפכו. אם זרחה השמש כו' וכי השמש עליו לבדו זרחה אלא אם ברור לך כשמש שברור ונראה לכל שהוא רחמני עליך שאם תעמוד כנגדו להציל את ממונך אינו הורגך דמים לו אל תקדום להרגו ואם אין הדבר ברור עליך הרגהו. תניא אידך אם זרחה השמש עליו אם ברור לך הדבר כשמש שאין לו שלום עמך שאם אתה עומד כנגדו הורגך הרגהו ספק אל תהרגהו והאי תנא בתרא לאו דמים לו קא דריש דא"כ איפכא מסתברא אלא משום דכתיב באידך קרא אין לו דמים וסמיך ליה אם זרחה השמש עליו מדכתיב אם ולא כתיב ואם משמע דאקרא קמא קאי והכי קאמר רחמנא אין לו דמים אם זרחה השמש עליו ודרשיה להאי אם זרחה השמש להכא ולהכא.

שמות פרק כב

(א) אִם בַּמַּחְתֶּרֶת יִמָּצֵא הַגַּנָּב וְהֻכָּה וָמֵת אֵין לוֹ דָּמִים: (ב) אִם זָרְחָה הַשֶּׁמֶשׁ עָלָיו דָּמִים לוֹ שַׁלֵּם יְשַׁלֵּם אִם אֵין לוֹ וְנִמְכַּר בִּגְנֵבָתוֹ:

אונקלוס שמות פרק כב

(ב) אם עינא דסהדיא נפלת עלוהי דמא ליה שלמא ישלים אם לית ליה ויזדבן בגנובתיה:

<u>רמב"ם הלכות גניבה פרק ט הלכה ח</u>

ואחד הבא במחתרת או גנב שנמצא בתוך גגו של אדם או בתוך חצרו או בתוך קרפיפו בין ביום בין בלילה, ולמה נאמר במחתרת לפי שדרך רוב הגנבים לבוא במחתרת בלילה. **השגת הראב"ד:** ואחד הבא במחתרת או גנב שנמצא בתוך גגו של אדם או בתוך חצרו או בתוך קרפיפו בין ביום בין בלילה. א"א איני נמנע מלכתוב את דעתי שנ"ל אע"פ שדרשו חכמים אם זרחה השמש עליו דרך משל אם ברור לך הדבר כשמש שלא בא על עסקי נפשות וכו' אעפ"כ אין מקרא יוצא מידי פשוטו ביום אינו רשאי להרגו שאין גנב בא ביום אלא להשמטה שומט ובורח מיד ואינו מתעכב לגנוב ממון גדול ולעמוד על בעליו להרגו אלא גנב בלילה מפני שגנב לילה יודע שבעל הבית בבית או בא להרוג או ליהרג אבל גנב יום אין בעל הבית מצוי בביתו ושמוטה בעלמא הוא וחיי ראשי כל מבין די לו בזה.

5. הבא במחתרת בשבת (דף עב:)

הגמרא בדף עב: שורות 6–12. [אולי יש לדלג את הסוגיא.[1]]

הוה אמינא: "סלקא דעתך אמינא מידי דהוה אהרוגי בית דין דבשבת לא קטלינן." יש להקשות, מהי סברת ההוה אמינא, ולמה דחו אותה? ופירש רש"י, דה"א דאסור כמו חייבי מיתות ב"ד, וכדאמרינן בדף לה, מ"לא תבערו אש בכל מושבותיכם".

- ויש לעיין בסברת ההו"א, דאי הוי פיקוח נפש, פשיטא דמחללין את השבת, וכמו שפירש"י במסקנה. ולכאורה הסברא היא שכיון שאין מחללין את השבת כדי להציל את ממונו, ממילא ה"א דאינו רשאי להעמיד עצמו על ממונו, וחייב לאבד את ממונו, ולכן אין כאן חזקה ואינו פקוח נפש. וצ"ע בסברת המסקנה, אמאי דחו את זה.
- ויש לעיין בסברת ההו"א, אם היינו אוסרים **דוקא** משום דבא במחתרת דומה למיתת ב"ד, או דאסור **אע"פ** דהוי כמיתת ב"ד, דה"א דדוחה שבת (וכדאמרינן בדף לה), וכל שכן אם אינו כמיתת ב"ד, דאסור ליטול נשמה. ומלשון רש"י משמע קצת דדוקא משום דהוי כמיתת ב"ד. ולכאורה צ"ע דכ"ש אם אינו מיתת ב"ד דהוי חילול שבת להרגו, וצ"ע.
- ובגדר מצוה זו, עי' ברמב"ם (הל' שבת כד:ז ובספר המצות ל"ת שכב), ומשמע מדבריו דהוי איסור בפני עצמו להעניש בב"ד, ואפילו אם אינו מלאכת שבת, כחרמים. אך דעת השלטי גיבורים היא דאינו אסור אלא אם יש צד חילול שבת, ואין איסור לישב בדין אלא משום דאיכא חשש דשמא יכתוב (מובא במגן אברהם, סי' שלט ס"ג ובמשנה ברורה).
- ובטעם מצוה זו עי' בספר החינוך (מצוה קיד) שכתב דמשרשי המצוה, שרצה השם ברוך הוא לכבד היום הזה שימצאו בו מנוחה הכל, גם החוטאים והחייבים.

מסקנה

1. רש"י – משום פיקוח נפש דהאיך.
2. מאירי – דכיון דאין לו דמים ממש, ממילא אינו חילול שבת בכלל. הניח המאירי כהבנת רש"י וחז"ל בביאור מלת "דמים", ודלא כמו האבן עזרא עה"ת שפי' מלשון אשם. ולכאורה סברתו היא דאינו כנטילת נשמה, כיון דהוי כמת כבר. ויש לעיין בזה, דמ"מ זהו עונשו, ועדיין הוי

[1] This is an interesting סוגיא, but it does not relate very much to the rest of the פרק, so it can also be skipped or presented more concisely.

מעשה ב"ד ואסור בשבת, ולכאורה צ"ל דלא ס"ל כהרמב"ם הנ"ל, ואינו אסור אלא אי הוי כנטילת נשמה ממש.

ונפקא מינה גדולה איכא בין הני ב' פירושים, דלפי רש"י אסור להרוג הרודף אחר הזכר ואחר העריות, כיון דאינו פיקוח נפש, משא"כ לפי' השני, דאין שום חילוק ביניהם. ועיין במשנה למלך (מהל' שבת כד:ז) שנסתפק בזה. ועיין בחידושי רבינו יונה שכתב להדיא דמחללין את השבת בשביל כולם.

–"לפקח עליו את הגל" – כתב הריטב"א (עירובין דף לה. ד"ה דבעי מרא וחצינא) דלפעמים לפקח את הגל הוי חילול שבת דאורייתא, בבית משום בונה ובשדה משום חורש. ובטעם האיסור, פירש רש"י דחשיב כמת ואין מחללין עליו את השבת, וגם כאן הלך לשיטתו, וכנגד האבן עזרא, וצ"ע אם אפשר ללמוד את הגמרא כאן כמו האבן עזרא.

רש"י (ד"ה לפקח) – אבל אם בא על עסקי נפשות, כיון דניתן להצילו בנפשו בלא התראה, גברא קטילא הוא משעת חתירה. והקשו האחרונים שהרי לאחר שנפל עליו הגל אינו עוד רודף, ואמאי אין מצילין אותו? וע' בזה בספר משנת פקו"נ.

<u>מסכת סנהדרין דף עב:</u>

תנו רבנן (שמות כ"ב) דמים לו בין בחול בין בשבת אין לו דמים בין בחול בין בשבת בשלמא אין לו דמים בין בחול בין בשבת איצטריך סלקא דעתך אמינא מידי דהוה אהרוגי בית דין דבשבת לא קטלינן קא משמע לן דקטלינן אלא דמים לו בין בחול בין בשבת השתא בחול לא קטלינן ליה בשבת מבעיא אמר רב ששת לא נצרכא אלא לפקח עליו את הגל

<u>רש"י שם</u>

הרוגי בית דין בשבת לא קטלינן - כדאמרינן בפרק אחד דיני ממונות (סנהדרין לה, ב) מלא תבערו אש בכל מושבותיכם.

קא משמע לן - דקטלינן משום פקוח נפש דהאיך.

<u>מסכת סנהדרין דף לה:</u>

תלמוד לומר לא תבערו אש בכל משבתיכם ולהלן הוא אומר (במדבר ל"ה) והיו אלה לכם לחקת משפט לדרתיכם בכל מושבתיכם מה מושבות האמור להלן בית דין אף מושבות האמור כאן בית דין ואמר רחמנא לא תבערו אש בכל משבתיכם

<u>רמב"ם הלכות שבת פרק כד הלכה ז</u>

אין עונשין בשבת אף על פי שהעונש מצות עשה אינה דוחה שבת, כיצד הרי שנתחייב בבית דין מלקות או מיתה אין מלקין אותו ואין ממיתין אותו בשבת שנאמר (שמות ל"ה) לא תבערו אש בכל מושבותיכם ביום השבת זו אזהרה לבית דין שלא ישרפו בשבת מי שנתחייב שריפה והוא הדין לשאר עונשין.

<u>ספר המצוות לרמב"ם מצות לא תעשה שכב</u>

והמצוה השכ"ב היא שהזהירנו מענוש הגדרים על החוטאים ולהעביר הדינין ביום השבת. והוא אמרו (ר"פ ויקהל) לא תבערו אש וכו' ביום השבת. ירצה בזה שלא תשרוף מי שנתחייב שריפה, והוא הדין לשאר מיתות. ולשון מכילתא לא תבערו אש שריפה בכלל היתה ויצאת ללמד מה שריפה מיוחדת שהיא אחת ממיתות בית דין ואינה דוחה את השבת אף כל שאר מיתות בית דין לא ידחו את השבת. והנה אמרו (סנה' לה ב וש"נ) הבערה ללאו יצאת. ואין זה הלכה אבל היא לחלק יצאת (ע"ש ופס' ה ב) והוא שיהיה חייב על כל מלאכה ומלאכה בפני עצמה כמו שהתבאר במקומו. ובגמרא דבני מערבא (סנה' פ"ד ה"ו) בכל מושבותיכם רבי אילא בשם רבי ינאי מכאן לבתי דינין שלא יהו דנין בשבת:

<u>שולחן ערוך אורח חיים סימן שלט סעיף ד</u>

אין דנין. הגה: ולכן אסור לתפוס ולהכניס לבית הסוהר מי שנתחייב איזה עונש כדי שלא יברח, וכל שכן שאסור להלקותו דהוי בכלל דין; ואם יברח, אין עלינו כלום (ב"י סוף סימן רס"ג בשם שבולי הלקט). **ולא מקדשין.** הגה: ויש מתירין לקדש היכא דאין לו אשה ובנים (ר"ת). ואפשר דה"ה הכניסה לחופה שרי (סמ"ג) ואע"ג דלא קי"ל הכי, מ"מ סומכין על זה בשעת הדחק, גם כי גדול כבוד הבריות; כמו שרגילין שלפעמים שלא היו יכולים להשוות עם הנדוניא ביום ו' עד הלילה, דעושין החופה והקידושין בליל שבת, הואיל וכבר הכינו לסעודה ולנשואין והוי ביוש לכלה ולחתן אם לא יכנוס אז; ומ"מ לכתחלה יש ליזהר שלא יבא לידי כך. (ועיין בטור אבן העזר סימן מ"ג) **ולא חולצין, ולא מיבמין, ואין כונסין,**

ולא מקדישים, ולא מעריכין, ולא מחרימין, ולא מפרישין תרומות ומעשרות. אין פודין הבן, ואין מגרשין אלא אם כן הוא גט שכיב מרע (דתקיף ליה עלמא); וכולם, אם נעשו שוגגין, או מזידין, או מוטעין, מה שעשו עשוי.

מגן אברהם סימן שלט ס"ק ג

אין דנין - אין מסדרין טענות בשבת ור"ג תיקן שלא לבטל התמיד בשבת אבל לקבול כגון על טענת בתולים שרי (ש"ג פ' ז"ב) וע' בתו' כתובות דף ג' ובשביל טענות הקהל מותר לבטל התמיד (שם): כתב הרמב"ם פכ"ד אין עונשין בשבת שאע"פ שהעונש מ"ע אין דוחה שבת כיצד הרי שנתחייב מיתה או מלקות אין מלקין שנא' לא תבערו אש וה"ה לשאר עונשין וכ' המ"מ שמנאה הרמב"ם במנין המצות ע"כ ובאמת במנין המצות סי' שכ"ב משמע דוקא בדבר שיש בו חילול שבת אסור מדאורייתא וכ"מ בגמ' שבת דף ק"ו גבי הבערה ע"ש ואפשר דבמלקות נמי איכא חילול שבת כגון שעושה חבור' וצ"ע ואפשר דמרבוי דקרא דבכל מושבותיכם נפקא לן שאין דנין כלל וצ"ע בסנה' דף ל"ה משמע דוקא בדבר שיש בו חילול שבת וכ"מ בתו' שם ודיני ממונו' אין דנין גזיר' שמא יכתוב: איתא בסנהדרין דף פ"ח ע"ב שבשבת לא היו יושבים הסנהדרין בלשכת הגזית רק בחיל שלא יהא נראה כאלו דנין בשבת ונ"ל דמה"ט אסור לקבוע מקום לחליצה בשבת, ועיין בא"ע בפי' סדר החליצה סי"ז שנדחק בדבר:

משנה ברורה סימן שלט:יא

אין דנין - היינו אפילו דיני ממונות שמא יבוא לידי כתיבה וה"ה נמי דסדור הטענות לבד לפני הדיינים ג"כ אסור שמא יכתבו הדיינים דברי טענותיהם אבל לקבול ולהציע דברים כגון על טענות בתולים מותר כמ"ש באה"ע סימן ס"ב ותיקן רגמ"ה שלא לבטל התמיד [היינו התפלה הקבועה בצבור לביהכ"נ] בשבת אם לא שביטל כבר ג"פ בחול ולא הועיל או בשביל טענות הקהל:

ספר החינוך מצוה קיד

משרשי המצוה, שרצה השם יתברך לכבד היום הזה שימצאו בו מנוחה הכל גם החוטאים והחייבים, משל למלך גדול שקרא בני המדינה יום אחד לסעודה שאינו מונע הפתח מכל אדם, ואחר יום הסעודה יעשה משפט, כן הדבר הזה שהשם ברוך הוא ציונו לקדש ולכבד יום השבת לטובתנו ולזכותנו, כמו שכתבתי למעלה, וזה גם כן מכבודו של יום הוא.

בית הבחירה למאירי מסכת סנהדרין דף עב:

כל שאמרנו עליו שאין לו דמים ניתנה רשות להרגו בין בחול בין בשבת אף על פי שהריגת בית דין אינה דוחה שבת בזו התירו שכמת הוא ואין לו דמים כלל ואין צריך לומר אם נפלה חתירתו עליו שאין מפקחין עליו את הגל בשבת וכל שאמרנו עליו שיש לו דמים כל שהרגו חייב כמו שביארנו ואם נפלה מחתרתו עליו מפקחין עליו את הגל יראה לי שזה שאמרנו עליו שאין מפקחין עליו את הגל פירושו בספק חי ספק מת אבל אם הוא ודאי חי אומר אני שמפקחין שהרי עכשיו אינו רודף שהרי זה כרודף אחר חבירו והצילוהו באחד מאיבריו שאין לו עוד להרגו וזה כהריגה בידים הוא או שמא כיון שיש לומר עליו שהוא משתדל בעצמו בפקוחו ולבו על גנבתו אין מפקחין:

<u>משנה למלך הלכות שבת פרק כד הלכה ז</u>

אין עונשין בשבת אע"פ שהעונש מ"ע אינה דוחה את השבת. נסתפקתי בהא דכתב רבינו בפ"א מהל' רוצח שהרודף אחר חבירו ניתן להצילו בנפשו ויש בזה עשה דכתיב וקצותה את כפה ולא תעשה דכתיב לא תחוס עינך. וכן הרודף אחר אחת מכל העריות חוץ מן הבהמה ניתן להצילו מן העבירה בנפשו. אם היה זה בשבת מהו שנחלל שבת בשביל הצלתו מן העבירה. והנה ברודף אחר חברו להורגו פשיטא לי דמחללין שבת כדי להצילו דאין לך דבר שעומד בפני פקוח נפש ודמו של רודף כבר התירתו תורה ובשביל שהוא שבת פשיטא שלא ניחנו להורגו. אך מאי דמספקא לי הוא ברודף אחר אחת מכל העריות דאף שהתורה התירה דמו אפשר שלא נחלל שבת. ויש דוגמא לזה שהרי אף שהוא מצות עשה להרוג מחוייבי מיתת ב"ד מ"מ הוזהרנו שלא לענוש בשבת וכמ"ש רבינו בפרקין וא"כ ה"נ ברודף אחר הערוה שניתן רשות להורגו הוא אחד מדיני העונשים ואפשר שלא נחלל שבת בשביל זה. וכי תימא דלא חשיב חלול שבת משום דהוי מקלקל בחבורה. הא ליתא שהרי כתבו התוס' סנהדרין דף ל"ה ד"ה אין רציחה דוחה שבת דהרציחה חשיב תקון משום דיש לו כפרה. וה"נ חשיב תקון כיון שמצילו מן העבירה וכ"כ התוספות בפ' בן סורר דף ע"ג ד"ה חד למעוטי ע"ז יע"ש. ומההיא דאמרינן בפרק בן סורר דף ע"ד דר"א בר ר"ש אומר המחלל את השבת ניתן להצילו בנפשו דאלמא שרי לחלל שבת בשביל להצילו מן העבירה אף דאנן לא קי"ל כותיה היינו משום דס"ל דשבת אינה מן העבירות דניתן להצילו בנפשו וכמבואר שם. מ"מ נראה דליכא ראיה מהתם לנ"ד משום דע"כ התם גזרת הכתוב הוא דאיך יתכן דבשביל שלא יחלל זה שבת שנחלל אנחנו וכמו שתמהו שם התוספות בד"ה חד למעוטי ע"ז. וא"כ איכא למימר דאף לר"א בר"ש שאני חלול שבת שהתורה התירה חלול שבת כדי שלא יחלל זה שבת אבל משום עבירה אחרת מנין לנו שנחלל שבת:

שוב ראיתי להרי"ף בס"פ אלו עוברין דאוקמה לההיא דאמר בגמרא דף מ"ט אר"א ע"ה מותר לנוחרו ביוה"כ שחל להיות בשבת דמיירי כגון שהיה רץ אחר הזכור או אחר נערה המאורסה ביום הכפורים כו' שמותר להצילו בנפשו כדתנן ואלו שמצילין אותם בנפשם ע"כ. הרי לך מבואר דס"ל דכל אותם שמצילין אותם בנפשם הוא אפילו בשבת וכן מדברי רב שרירא גאון שהביא הר"ן שם בפירוש דברי ר"א הללו יש ללמוד כן דרודף אחר אחת מכל העריות מותר להורגו בשבת. אך כפי מ"ש התוס' דאוקמוה לההיא דר"א בע"ה שכופר להכעיס דהו"ל הריגתו כמו פקוח נפש שהוא לסטים וחשוד על הדמים דאי לאו הכי היאך מותר להורגו ביה"כ שחל להיות בשבת וכו'. אין ללמוד דין זה משום דשאני פקוח נפש דהא קי"ל דדוחה את השבת וכיון שהתורה התירה דמו של רודף פשיטא דנהרג אף בשבת וכדכתיבנא. אך ברודף אחר אחת מכל העריות עדין אפשר שאין מצילין אותו בנפשו בשבת שלא הותר לנו לחלל שבת בשביל להצילו מן העבירה והדבר צריך תלמוד. ודע דאליבא דר' יהודה דאית ליה דהאומר הניחו לו שלא יהרגני דאין הורגין אותו ואמרינן התם דר"י ס"ל דהא דקאמר רחמנא קטליה משום דמסר נפשיה לקטלא ואמרה תורה הצל דמה בדמו. נראה דפשיטא דאף בשבת הורגין אותו משום דחשיב רודף. אבל לרבנן דאית להו דאפגימתה קפיד רחמנא יש להסתפק אם הורגין אותו בשבת וצ"ע:

<u>חידושי הריטב"א מסכת עירובין דף לה.</u>

דבעי מרא וחצינא. פי' והויא מלאכה של תורה בבית משום בונה ובשדה משום חורש, ואע"פ שאינו מתכוין לכך פסיק רישיה ולא ימות הוא, וכיון דעביד בארעא דידיה מלאכה הצריכה לגופה חשיבא, וחופר גומא ואינו צריך אלא לעפרה שהוא פטור מיירי בארעא דלאו דידיה, כך פירשו רבותי.

6. ה' מההלכות הנלמדות בדף עב:

הגמרא בדף עב: – שורה 12 עד שורה 28

א. והוכה – בכל אדם – בעה״ב הוא דקים ליה וכו׳ – יש לפרש את זה לפי רש״י ולפי הר״ן הנ״ל (דף עב.) לפי שיטתם, דלרש״י יעמוד על ממונו, ולהר״ן יעמוד להרוג את הגנב.

ב. ומת – בכל מיתה – לפי רש״י (ד״ה ב׳ כתובים) ה״א דצריך להכותו בהכאה דכתיב ביה, ולפי המאירי ה״א דחייב סייף כרוצח. ולכאורה פליגי במחלוקת יסודי, אם נידון כרוצח ממש או לא.[1] כתב המאירי דמ״מ לכתחילה חייב להשתדל להמיתו בסייף. ומסתימות לשון הרמב״ם (הל׳ גניבה ט:ז) משמע דלכתחילה ימיתו בכל מיתה.

בגמרא – משום דהוה רוצח וגואל הדם שני כתובים הבאים כאחד וכו׳. גואל הדם – כדאמרינו לעיל (מה:), ויש לעורר ששם ״כל מיתה״ = בכל אדם, שב״ד מעמידים לו וכו׳, ונחלקו שם רש״י והר״ן בגדר דין זה, דלרש״י ממש מעמידים לו אדם אחר להרגו, ולהר״ן מעמידים אחר לטעון בשבילו בב״ד.

ג. מחתרתו זו היא התראתו – פירש רש״י, ״דבשאר הגנבים בעינן התראה, ודוקא במחתרת, דטרח וחתר, ברור לנו דדעתו להרוג את הבעל הבית, אבל בשאר גנבים יש לומר דאשכח פתחא להדיא ועל דעתיה דאי קאי באפאי ליפוק.״ ולכאורה דברי רש״י הולכים לפי שיטתו מתחילת הסוגיא (עב. ד״ה חזקה), אבל הר״ן חלק על רש״י לעיל וכתב דלעולם י״ל דדעתו ליפוק, אלא דדעתו של בעל הבית הוא להרוג את הגנב, ולהכי דעת הגנב היא להרוג את בעה״ב. ולפי זה אין שום מקום לחלק בין מחתרת לשאר גנבים, ומה איכפת ליה לבעל הבית בטירחת הגנב? ולכאורה צריכים לומר דס״ל להר״ן כמו שפסק המגיד משנה בדעת הרמב״ם (הל׳ גניבה ט:ח) דלאו דוקא מחתרת, אלא בכל הגנבים אין צריכים התראה, דכניסתו הוא התראתו. (ויש לעורר שהר״ן והמגיד משנה היו חברים.)

ד. גגו וקרפפו – כתב הר״ן דדוקא בית, אבל בשדה, שלא מצוי שם, אינו בדין מחתרת. ולכאורה כונתו היא שאין בו דין מחתרת כלל. ועי׳ בהערות (#23) לגמ׳ דפוס ארטסקרול במה שכתבו בשם הר״ן

[1] This is an important discussion, as it relates to the recurrent question as to whether this law is fundamentally a right of self-defense or a punishment.

שאם חתר לתוך שדה צריך התראה. ויש לדקדק דלפי הר״ן לכאורה אין שום דין התראה כלל במחתרת, וכנ״ל.

ה. דמשמיה קא רדפי לה – יש לעיין במשנה בשלמותה באהלות (ז:ו). ומבואר בגמרא שאף לאחר שיצא אינו כרודף דמשמיה קרדפי לה. וא״כ צריך ביאור ברישא של המשנה, דמבואר דאם לא יצא, מחתחין אותו במעיה:

1. ועיין ברש״י (ד״ה יצא ראשו) ד״כל זמן שלא יצא לאויר העולם לאו נפש הוא.״
2. ועיין ברמב״ם (הל׳ רוצח א:ט) שכתב דהוי כרודף, ומשמע דהוי כחי אלא דהוי רודף. ועיין בתוספות רעק״א על המשנה (אהלות פ״ז מ״ו) שכתב להקשות על הרמב״ם מהגמ׳ שלנו, דמשמע להיפך.
   א. וע׳ בשו״ת נודע ביהודה (תניינא חו״מ סי׳ נט) במה שכתב ליישב את דעת הרמב״ם.
   ב. ועי׳ בחידושי הגר״ח על הרמב״ם במה שכתב לבאר את דעת הרמב״ם.
   ג. ועי׳ באגרות משה (יו״ד ח״ב סי ס) במה שכתב לבאר את דעת הרמב״ם, ועיקר דבריו הוא דעובר הוי כחי ממש, אלא דקודם שיצא, האם הוי עדיף, ולכן דוחה נפש האם את העובר, ולאחר שיצא, שוים הם ואין דוחין נפש בפני נפש.

מקורות נוספים בהלכה של עובר:

עיין במשנה ובגמרא בנדה (מג:–מד.) במה שאין חיוב מיתה ברציחת עובר, ועיין במשנה ובגמרא בערכין (ז.) במה שמחללין את השבת להציל עובר, ויש ליישב את ב׳ הדברים שנראים כסותרים זה את זה.

התוספות (נדה מד.) מפרשים שעובר הוי כחי אלא שאין חיוב מיתה על רציחת עובר, וכמו גוסס, והרמב״ן פירש שאינו כחי אלא שמחללין את השבת משום שלעתיד יהיה חי, ומבוסס על הדרשה / סברא שמחללין שבת אחת כדי שישמור שבתות הרבה.

הלכה למעשה – בענין הפלת עובר

פסק האגרות משה (חו״מ ח״ב סי׳ סט) על פי שיטת הרמב״ם דהוי ממש כחי, וכן פסק הגרש״ז אוירבך. ולכן החמיר אף לצורך האם, או במקום עובר שיש לו מחלה קשה כמו Tay Sachs. ופסק הציץ אליעזר (ח״ט סי׳ נא, פ״ג שער ג, חי״ג סי׳ קב) להקל כדעת רוב הראשונים דאינו כרציחה אלא כחבלה, ויש להתיר במקום צורך, כגון חולי לעובר, חולי פסיקולוגי למשפחה, וכדומה. ועיין גם בשו״ת ציץ

אליעזר (חלק ט סימן נא בקונטרס רפואה במשפחה פרק ג, שער ג׳) בהפסקת הריון מטעמי בריאות או פסול ממזרות וכבוד משפחה ועיין במהרי״ט (ח״א, סי׳ צז וסי׳ צט).

ועיין בענין זה במקרה של תאומות מחוברות (Siamese twins) שבא לפני הגר״מ פיינשטיין שהתיר לחלקם ולהמית אחד מהם כדי להציל השני. ויש להעיר שלכאורה שההיתר של הגרמ״פ מבוססת על החומרא שלו הנ״ל.

[ועי׳ עוד בזה במאמרו של הר׳ אהרן ליכטנשטיין המופיע באתר vbm-torah.org ובTradition, ומאמרו של דר׳ סטיינברג שם.

שבע בן בכרי ומסירה

רש״י ד״ה יצא ראשו – הביא קושיה ממעשה דשבע בן בכרי ותירוציו. ועיין בתלמוד ירושלמי (תרומות פ״ח). ועיין בסיפור זה בשמואל ב׳ פרק כ. ועיין בספר החינוך (מצוה רצו) שפסק כמו ר׳ יוחנן שמותר להרוג אחד להציל אחרים אם יחדוהו למיתה, ואף אם לא היה חייב מיתה, והרמב״ם (הלכות יסודו התורה פ״ה ה״ה) פסק שמותר רק אם חייב מיתה כשבע בן בכרי, ועיין בכסף משנה ובט״ז (יו״ד קנז:ז) בביאור פסק הרמב״ם. ועיין ברמ״א (יו״ד קנז:א) שהביא את המחלוקת להלכה. ועוד יש לעיין בט״ז (שם ס״ק ח) בגדר חיוב מיתה. ועיין בדיונים להלכה למעשה בשו״ת הב״ח (סימן מג) ובנודע ביהודה שמובא בפתחי תשובה (קנז:יג).[2] Also see *The Jew in the Medieval World* p. 461

שו״ת מזמן השואה: עיין בשו״ת מקדשי השם (חלק ראשון) לר׳ צבי הירש ממיזליש (שאר מחמדים אות א׳) אם מותר לאדם להציל בנו אם יהרגו אחר במקומו, ואם מותר לבחור למסור את עצמו תמורת חבירו תלמיד חכם.

Also see H.J. Zimmels, "The Echo ot the Nazi Holocaust in the Rabbinic Literature," In Proceedings of the Fifth World Congress of Jewish Studies, Division 2 (Jerusalem: World Union of Jewish Studies, 1969), 2: 196-198)

ובדרך מחשבה, עיין בספר על התשובה להר׳ סולובייצ׳יק במאמר ״בין היחיד והציבור״ במה שכתב בקשר לחיוב מסירת נפש של היחיד בשביל הציבור בקשר לדינים אלו (p.86).

[2] The applications of these laws to practical cases can be extremely meaningful and engaging to students.

רציחת אדם להציל אחר

Trolley Car Case - Michael Sendel[3] - http://www.justiceharvard.org/2011/03/episode-01/#watch

חזון איש (יו"ד יו"ד סט, ד"ה יש לעיין)

See also J David Bleich, "Sacrificing the few to Save the many," in *Contending with Catastrophe: Jewish Perspectives on September 11th*, ed. Michael J Broyde (Khal Press, 2011), pp. 169-180; also published in J David Bleich, "Sacrificing the few to Save the many," *Tradition* 43:1 (Spring 2010).

בשואה: שו"ת מגיא ההרגה לרב שמעון אפרתי סימן א' הצלה ממות ע"י גרימת מותו של ילד (ב"בונקר")

בזמן גזירת ת"ח ות"ט: שו"ת דברי רננה לר' נתן נטע כהנא (סימן נח) באשה שהרגה ולדה כדי להציל את עצמה[4]

---

[3] This scenario in the beginning of this video is very engaging and directly related to this unit. The Chazon Ish deals with a case that is extremely comparable.

[44] These applications are extremely meaningful and engaging. The texts can be found on HebrewBooks.org

א. והוכה – בכל אדם

מסכת סנהדרין דף עב:

תנו רבנן (שמות כ"ב) והכה בכל אדם ומת בכל מיתה שאתה יכול להמיתו בשלמא והכה בכל אדם איצטריך סלקא דעתך אמינא בעל הבית הוא דקים (להו) ליה דאין אדם מעמיד עצמו על ממונו אבל אחר לא קא משמע לן דרודף הוא ואפילו אחר נמי אלא ומת בכל מיתה שאתה יכול להמיתו למה לי מרוצח נפקא דתניא (במדבר ל"ה) מות יומת המכה רצח הוא אין לי אלא במיתה האמורה בו ומנין שאם אי אתה יכול להמיתו במיתה הכתובה בו שאתה רשאי להמיתו בכל מיתה שאתה יכול להמיתו תלמוד לומר מות יומת מכל מקום שאני התם דאמר קרא מות יומת וניגמר מיניה משום דהוה רוצח וגואל הדם שני כתובין הבאין כאחד וכל שני כתובין הבאין כאחד אין מלמדין

תנו רבנן (שמות כ"ב) מחתרת אין לי אלא מחתרת גגו חצירו וקרפיפו מנין תלמוד לומר (שמות כ"ב) ימצא הגנב מכל מקום אם כן מה תלמוד לומר מחתרת מפני שרוב גנבים מצויין במחתרת תניא אידך מחתרת אין לי אלא מחתרת גגו חצירו וקרפיפו מנין תלמוד לומר ימצא הגנב מכל מקום אם כן מה תלמוד לומר מחתרת מחתרתו זו היא התראתו

אמר רב הונא קטן הרודף ניתן להצילו בנפשו קסבר רודף אינו צריך התראה לא שנא גדול ולא שנא קטן איתיביה רב חסדא לרב הונא יצא ראשו אין נוגעין בו לפי שאין דוחין נפש מפני נפש ואמאי רודף הוא שאני התם דמשמיא קא רדפי לה

רש"י מסכת סנהדרין דף עב:

שני כתובין הבאין כאחד - בפרק נגמר הדין, דלא בעינן בהו קרא כדכתיב, הלכך אי לא רבייה הוה אמינא ליבעי **מיתה הכתובה בו** - כגון הכאה, אבל לא לחונקו, להטביעו במים.

ב. ומת – בכל מיתה

בית הבחירה למאירי מסכת סנהדרין דף עב:

כבר ביארנו שלא סוף דבר שניתנה רשות לבעל הבית להרגו אלא אף לכל אדם מפני שהוא חשוב כרודף אחר חבירו להרגו מכיון שאנו דנין אותו כרודף אחר חבירו להרגו ראוי להורג שיהא משתדל להרגו בסייף ומ"מ אם אינו רשאי להרגו בסייף או שאין חרב בידו ימיתהו בכל שהוא יכול להמיתו סקל יסקל או ירה יירה כדרך שבארנו ברוצח ובגואל הדם בפרק ששי:

רמב"ם הלכות גניבה פרק ט הלכה ז

הבא במחתרת בין ביום בין בלילה אין לו דמים אלא אם הרגו בעל הבית או שאר האדם פטורין, ורשות יש לכל להרגו בין בחול בין בשבת בכל מיתה שיכולין להמיתו, שנ' (שמות כ"ב א') אין לו דמים.

מסכת סנהדרין דף מה:

התניא (במדבר ל"ה) מות יומת המכה רוצח הוא אין לי אלא במיתה הכתובה בו מנין שאם אי אתה יכול להמיתו במיתה הכתובה בו שאתה ממיתו בכל מיתה שאתה יכול להמיתו תלמוד לומר מות יומת המכה מכל מקום שאני התם דאמר קרא מות יומת וליגמר מיניה משום דהוה רוצח וגואל הדם שני כתובין הבאין כאחד

וכל שני כתובין הבאין כאחד אין מלמדין רוצח הא דאמרן גואל הדם מאי היא דתניא (במדבר ל"ה) גאל הדם ימית את הרצח מצוה בגואל הדם ומניין שאם אין לו גואל שבית דין מעמידין לו גואל שנאמר (במדבר ל"ה) בפגעו בו מכל מקום

ג. מחתרתו זו היא התראתו

רש"י מסכת סנהדרין דף עב:

זו היא התראתו - שאין צריך התראה אחרת אלא הורגו מיד, דכיון דטרח ומסר נפשיה לחתור אדעתא דהכי אתא, דאי קאי לאפאי קטילנא ליה, ואמרה תורה כיון דרודף הוא אין צריך התראה אלא מצילין אותו בנפשו, אבל נכנס לחצרו וגגו דרך הפתח אינו הורגו עד שיתרו בו בעדים: חזי דקאימנא באפך וקטילנא לך, וזה יקבל עליו התראה ויאמר: יודע אני, ועל מנת כן אני עושה שאם תעמוד לנגדי אהרוג אותך, אבל בלא התראה - לא, דדילמא לאו אדעתא דנפשות קא אתי אלא דאשכח פתחא להדיא ועל אדעתא דאי קאי באפאי - ליפוק.

רמב"ם הלכות גניבה פרק ט הלכה ח

ואחד הבא במחתרת או גנב שנמצא בתוך גגו של אדם או בתוך חצרו או בתוך קרפיפו בין ביום בין בלילה, ולמה נאמר במחתרת לפי שדרך רוב הגנבים לבוא במחתרת בלילה. **השגת הראב"ד:** ואחד הבא במחתרת או גנב שנמצא בתוך גגו של אדם או בתוך חצרו או בתוך קרפיפו בין ביום בין בלילה. א"א איני נמנע מלכתוב את דעתי שנ"ל אע"פ שדרשו חכמים אם זרחה השמש עליו דרך משל אם ברור לך הדבר כשמש שלא בא על עסקי נפשות וכו' אעפ"כ אין מקרא יוצא מידי פשוטו ביום אינו רשאי להרגו שאין גנב בא ביום אלא להשמטה שומט ובורח מיד ואינו מתעכב לגנוב ממון גדול ולעמוד על בעליו להרגו אלא גנב בלילה מפני שגנב לילה יודע שבעל הבית בבית או בא להרוג או ליהרג אבל גנב יום אין בעל הבית מצוי בביתו ושמוטה בעלמא הוא וחיי ראשי כל מבין די לו בזה.

מגיד משנה הלכות גניבה פרק ט הלכה ח

ואחד הבא במחתרת או גנב וכו'. ברייתא שם וזה נוסחא שנינו בפרק בן סורר ומורה ת"ר מחתרת אין לי אלא מחתרת גגו חצרו וקרפיפו מניין ת"ל ימצא הגנב מ"מ א"כ מה ת"ל מחתרת מפני שרוב גנבים מצויין במחתרת תניא אידך מחתרת אין לי אלא מחתרת גגו חצרו וקרפיפו מניין ת"ל ימצא [הגנב מ"מ] א"כ מה ת"ל מחתרת [מחתרתו] זו היא התראתו ע"כ בגמ'. ופירש"י זו היא התראתו שא"צ התראה [אחרת] אלא הורגו מיד כיון דטרח ומסר נפשו לחתור להכי אתא דאי קאי לאפאי בעל הבית קטילנא ליה ואמרה תורה כיון דרודף הוא א"צ התראה אלא מצילין אותו בנפשו אבל נכנס לחצרו וגגו (וקרפיפו) דרך הפתח אינו הורגו עד שיתרו בו בעדים חזי דקאימנא באפך וקטילנא לך וזה יקבל עליו התראה ויאמר יודע אני ועל מנת כן אני עושה שאם תעמוד לנגדי אהרוג אותך אבל בלא התראה לא דדילמא לאו אדעתא דנפשות קא אתי אלא דאשכח פתחא להדיא ועל אדעתא דאי קאי באפאי ליפוק ע"כ לשון רש"י ז"ל. ולפ"ז לדעת ברייתא זו הבא בחצר או בגג או בקרפף דרך הפתח צריך התראה. ורבינו ז"ל לא חילק. ואפשר שהוא סובר שהברייתות חולקות שהברייתא הראשונה אין לה חלוק בין בא במחתרת לדרך פתח דבכל גוונא לא בעי התראה ולא אמרה תורה מחתרת אלא מפני שרוב הגנבים מצויין במחתרת ודברה במצוי וזהו שכתב רבינו בסוף בבא זו לפי שדרך הגנבים לבא במחתרת. ואפשר ג"כ שהוא מפרש ברייתא דאמר מחתרתו זו היא התראתו בפנים אחרים דלאו למעוטי דרך פתח ליבעי התראה אלא כל גנב הרי הוא כבא במחתרת מה בא במחתרת בא להרוג וזו היא התראתו אף כל גנב כך. וכ"נ מדברי ר"מ ז"ל:

ה. דמשמיה קא רדפי לה

משנה מסכת אהלות פרק ז משנה ו

האשה שהיא מקשה לילד מחתכין את הולד במעיה ומוציאין אותו אברים אברים מפני שחייה קודמין לחייו יצא רובו אין נוגעין בו שאין דוחין נפש מפני נפש:

רש"י מסכת סנהדרין דף עב:

יצא ראשו - באשה המקשה לילד ומסוכנת, וקתני רישא: החיה פושטת ידה וחותכתו ומוציאתו לאברים, דכל זמן שלא יצא לאויר העולם לאו נפש הוא וניתן להורגו ולהציל את אמו, אבל יצא ראשו - אין נוגעים בו להורגו, דהוה ליה כילוד ואין דוחין נפש מפני נפש, ואם תאמר מעשה דשבע בן בכרי (שמואל ב, כ) הנה ראשו מושלך אליך דדחו נפש מפני נפש - התם משום דאפילו לא מסרוהו לו היה נהרג בעיר כשיתפשנה יואב והן נהרגין עמו, אבל אם היה הוא ניצול אף על פי שהן נהרגין לא היו רשאין למסרו כדי להציל עצמן, אי נמי: משום דמורד במלכות הוה, והכי מפרש לה בתוספתא (דתמורה) דתרומות.

רמב"ם הלכות רוצח ושמירת הנפש פרק א הלכה ט

הרי זו מצות לא תעשה שלא לחוס על נפש הרודף. לפיכך הורו חכמים שהעוברה שהיא מקשה לילד מותר לחתוך העובר במיעיה בין בסם בין ביד מפני שהוא כרודף אחריה להורגה, ואם משהוציא ראשו אין נוגעין בו שאין דוחין נפש מפני נפש וזהו טבעו של עולם.

שו"ת נודע ביהודה מהדורה תנינא - חושן משפט סימן נט

...ומה שתמה על הרמב"ם פ"א מרוצח הלכה ט' שכתב במקשה לילד שחותכין העובר הטעם מפני שהוא כרודף ותיפוק ליה שאפילו אינו רודף הורגין אותו שאין חייבים על הריגתו להציל את אמו שחייבין על הריגתה. אני תמה על תמיהתו ואטו מי הותר להרוג את הטריפה להציל את השלם זה לא שמענו מעולם, \הגהות שכר טוב/ נ"ב עי' כל /טל/ תורה לירושלמי תרומות פ"ח ה"ד שהביא מס' מגדול עוז אבן בוחן פנה א' ס"ק ע"ט בשם המאירי, דאם הי' ביניהם טרפה אפילו לא יחדוהו העכו"ם ימסרוהו בידם כדי להנצל וצ"ע ע"ש, ובגוף דברי המאירי צל"ע, דא"כ למה אמר ריש לקיש בירושלמי שם (מז) בייחדו להן אחד ימסרו אותו, ואל ייהרגו, והוא שיהא חייב מיתה כשבע בן בכרי, הא אם חייב מיתה אינו טוב מטרפה, וא"צ ייחדוהו ומה בכך שעל הטריפה אינו חייב מ"מ איסור בידים עושה להרוג הטריפה ואפילו שבת החמורה מחללינן על חיי שעה ולהציל את השלם אם אינו מציל הרי הוא שב ואל תעשה ולענין עוברים אף שאין מחללין שבת בשביל העובר אם אין סכנה לאמו מכל מקום כיון שעכ"פ אסור להורגו א"כ אי לאו דמיחשב קצת רודף יותר עדיף להיות בשב ואל תעשה לכן הוצרך הרמב"ם לומר שהוא כרודף ובפרט ביושבת על המשבר שאז אפילו מחללים שבת עליו כמבואר במג"א סי' שכ"ט ס"ק ט"ו, ואף שהמג"א כתב שם דמיירי בכלו לו חדשיו זה כתב לדעת הרמב"ן אבל עכ"פ מבואר דלדעת שאר פוסקים אפילו בספיקא מחללין שבת עליו ודברי המג"א שם בדעת הרמב"ן מגומגם קצת ואין כאן מקומו ועכ"פ לא היה מותר להורגו בשביל הצלת אמו אם לא מיחשב קצת כרודף. ...

ר' חיים הלוי הלכות רוצח ושמירת הנפש פרק א הלכה ט

אף זו מצות לא תעשה שלא לחוס על נפש הרודף, לפיכך הורו חכמים שהעוברה שהיא מקשה לילד מותר לחתוך העובר במעיה בין בסם בין ביד מפני שהוא כרודף אחריה להורגה, ואם משהוציא ראשו אין נוגעין בו שאין דוחין נפש מפני נפש וזהו טבעו של עולם עכ"ל.

וכבר הקשו על זה מהא דאיתא בסנהדרין דף ע"ב [ע"ב] אמר ר"ה קטן הרודף ניתן להצילו בנפשו וכו', איתיביה ר"ח לר"ה יצא ראשו אין נוגעין בו לפי שאין דוחין נפש מפני נפש ואמאי רודף הוא, שאני התם דמשמיא קא רדפי לה, הרי דלא הוי רודף, והרי כן הוא סיום דברי הרמב"ם ג"כ דלהכי ביצא ראשו אין דוחין נפש מפני נפש משום דזהו טבעו של עולם, ר"ל וע"כ לא הוי רודף, וא"כ איך כתב הרמב"ם דלהכי בלא יצא ראשו הורגין העובר מפני שהוא רודף, כיון דבאמת לא חשיב רודף. ובטעם המשנה צ"ל, דלהכי בלא יצא ראשו הורגין אותו, משום דעדיין לא הוי נפש, ונדחה מפני פקוח נפשה של האם, ככל הדברים שנדחין מפני פקוח נפש, אבל מה שכתב הרמב"ם דלהכי הורגין אותו משום דין רודף צ"ע, דברודף הרי ליכא נ"מ בין יצא ראשו ללא יצא ראשו, וצ"ע.

וביאור דעת הרמב"ם בזה נראה, דהנה יסוד דין הריגת הרודף הלא הוא מדין הצלת הנרדף, ועיקרו הוא שנפש הרודף נדחה מפני פקוח נפשו של הנרדף, וכדתניא בסנהדרין דף ע"ד [ע"א] ריב"ש אומר רודף שהיה רודף אחר חברו להרגו ויכול להצילו באחד מאבריו ולא הציל נהרג עליו, הרי דכל ההריגה של רודף היא רק להציל את הנרדף, אלא דהלא בכל מקום אין דוחין נפש מפני נפש והכא ברודף הוי גזירת הכתוב דנפשו נדחה, והרי זהו הלאו שכתב הרמב"ם שלא לחוס על נפש הרודף, ר"ל דלא נדון בזה לומר שאין דוחין נפש מפני נפש, אלא כך הוא הגזירת הכתוב שנפש הרודף נדחה. אלא דאכתי יש להסתפק, אם כל הגזירת הכתוב דרודף הוא רק בעצמו של הרודף שידחה בפני פקוח נפשו של הנרדף, אבל עיקר ההצלה של הנרדף היא משום דין פקוח נפש של כל התורה כולה, או דנימא דגם עיקר ההצלה של הנרדף היא מהך גזירת הכתוב של רודף, והוא דין הצלה בפני עצמו של נרדף, מלבד דין פקוח נפש של כל התורה, וצ"ע.

ונראה דכן הוא כאופן השני שכתבנו, דהרי בסוגיא שם מבואר דילפינן דין רודף מקרא דשופך דם האדם באדם דמו ישפך, הרי דיש דין זה גם בבני נח, דפרשה זו הלא נאמרה לנח, וכן הוא להדיא בסנהדרין דף נ"ז [ע"ב] דחשיב להך דיכול להציל באחד מאבריו בכיוצא בזה דנכרי בנכרי כמו ישראל, וכן הוא ברמב"ם בפ"ט מהל' מלכים עיי"ש, הרי להדיא דאם אינו יכול להציל באחד מאבריו מצילין אותו בנפשו של רודף גם בבני נח, והרי לא מצינו דין פקוח נפש בבן נח, אלא ודאי דהוי גזירת הכתוב בפני עצמו להציל הנרדף בנפשו של רודף, ואין זה שייך לפקוח נפש דכל התורה כולה, ושייך זה גם בבן נח, דהוא בכלל דינין. והלא יסוד הך דינא של רודף אחר חבירו להרגו ילפינן לה בסנהדרין דף ע"ג [ע"א] מעריות ומקרא דאין מושיע לה, מה שאין זה שייך כלל לדין פקוח נפש של כל התורה כולה, אלא ודאי דהוי דין בפני עצמו, דין הצלה של נרדף, אם להריגה אם לעריות. אשר לפי זה נראה לומר בדעת הרמב"ם, דלהכי הוא שכתב טעמא דהעובר הוא כרודף אחריה להרגה, משום דס"ל דבדין פקוח נפש של כל התורה כולה באמת הוי דינא דגם עובר הוא בכלל נפש ואינו נדחה מפני נפש אחרים, ואם באנו להציל נפש בנפשו של העובר היכא דלא הוי רודף הוי דינא דאין מצילין, ועל כן גם הכא אם באנו לדון משום דין פקוח נפש של כל התורה לא היה העובר נדחה מפני נפשה של האם, ורק בדין הצלה האמורה בנרדף הוא דהוי דינא דעובר נדחה בהצלה זו, וזהו שכתב הרמב"ם טעמא דהרי הוא כרודף אחריה להרגה.

ויסוד דבר זה נראה נלמד, משום דהרי הא דפקוח נפש דוחה כל התורה כולה הא ילפינן לה ביומא דף פ"ה [ע"ב] מקרא דוחי בהם ולא שימות בהם, וא"כ כל שנכלל בכלל וחי בהם ודוחה את האיסורין הרי לא נכלל בכלל הנידחין, והנה כבר נחלקו הראשונים בהא דתנן ביומא דף פ"ב עוברה שהריחה מאכילין אותה עד שתשוב נפשה, אם הוא מחמת סכנת עובר או מחמת סכנת האם, ולהנך דס"ל דהוא מפני סכנת העובר הרי מבואר דעובר ג"כ נכלל בכלל וחי בהם לדחות את האיסורין מפני פקוח נפשו, וא"כ ממילא הרי מוכרח דלא ניתן עובר לידחות מפני פקוח נפש של אחרים, כיון דגם הוא בכלל וחי בהם. ואפילו אם דעת הרמב"ם היא דפקוח נפש דעובר אינו דוחה את האיסורין, מ"מ ג"כ י"ל, דאע"ג דכל זמן שלא נולד ולא נגמר חיותו אינו דוחה את האיסורין, אבל כל זה לענין לדחות את האיסורין, אבל לענין להיות נדחה גם עובר בכלל נפש, והרי הוא נכלל בכלל וחי בהם לענין שלא להיות נדחה בפני פקוח נפש. ועוד דבישבה על המשבר הרי מבואר בערכין דף ז' [ע"א] דהוי גופא אחרינא ונגמר חיותו באנפי נפשיה, ומבואר שם עוד דמחללין עליו את השבת, ובראי"ש פ' יוה"כ מבואר דאף באמו חיה מ"מ מחללין עליו את השבת, כיון דחי הוא באנפי נפשיה ודלת הוא דאחידא באפיה, וא"כ הרי בישבה על המשבר לכו"ע דהוא בכלל וחי בהם ופקוח נפשו דוחה כל התורה, וממילא דאינו נדחה מפני פקוח נפש דאחרים. וא"כ הא קשה הא דתנן דחותכין את העובר שבמעיה אם לא יצא ראשו. וע"כ מפרש הרמב"ם דהוא דין מסויים בדין הצלה האמורה בנרדף דעובר נדחה בפני נפש הגמור, ולהכי הוא שחותכין אותו בהצלת האם, ושאני מכל פקוח נפש דעלמא, וזהו שכתב טעמא שהרי הוא כרודף אחריה להרגה, וכמו שנתבאר.

אלא דלפ"ז גם עצם משנתנו צ"ע, דמאחר דמשמיא קא רדפי לה ולא הוי רודף כלל, ואשר משום זה ביצא ראשו אין נוגעין בו ולא אמרינן שתדחה נפשו בשביל נפש האם משום דלא הוי רודף כלל, וא"כ אמאי בלא יצא ראשו הורגין אותו משום דין הצלת הנרדף, כיון דאין כאן דין רודף כלל, וצ"ע. ואשר יראה מוכרח בזה, דבאמת אע"ג דמשמיא קא רדפי לה, מ"מ לא פקע מהעובר עצם דין רודף בשביל זה, ודין רודף ביה, אלא דבאמת נהי דעיקר דין רודף הוא הצלתו של נרדף, מ"מ הא דלא דיינינן עליה הך דאין דוחין נפש מפני נפש הא ודאי דהוי דין חיובא ברודף, אשר על כן לזה הוא דמהניא הא דמשמיא קא רדפי לה להפקיע מיני' חיוב זה, וממילא דדיינינן ביה הא דאין דוחין נפש מפני נפש, אבל מ"מ עיקר דין רודף והצלת נרדף לא פקע בזה, וממילא דהדר דינא גבי עובר דנדחה בפני האם, ומשום דבדין הצלת נרדף הוי דינא דעובר נדחה בפני נפש הגמור, וזהו דתנן דעד שלא יצא ראשו חותכין אותו, ונפשו נדחה מעצם דין רודף גם בלא חיובא דרודף, משא"כ ביצא ראשו אין נוגעין בו, משום דאין דוחין נפש מפני נפש כי אם בצירוף חיובא דרודף, והכא לית ביה הך חיובא, משום דמשמיא קא רדפי לה.

<u>שו"ת אגרות משה יורה דעה חלק ב סימן ס</u>

ענף ב. אבל לע"ד מוכרחין לומר טעם אחר בהיתר ייחדו לר' יוחנן שלפי טעם ההוא לא יהיה חלוק בייחדו לטמא אשה בין ר' יוחנן לר"ל, דאם נאסור יהיה אסור גם לר' יוחנן ואם נתיר יהיה מותר גם לר"ל. דהא יש קושיא גדולה על ר' יוחנן דמתיר בייחדו למוסרו להריגה מטעם שכתב רש"י גבי שבע בן בכרי בסנהדרין דף ע"ב ד"ה יצא ראשו דההיתר היה משום דאפילו לא מסרוהו לו היה נהרג בעיר כשיתפשנה יואב והן נהרגין עמו, והוא טעם ר' יהודה בתוספתא תרומות פ"ז הלכה כ"ג, הא עכ"פ חיי שעה איכא דאם לא היו מוסרין לו היה חי עד שיתפשנה יואב עוד איזה זמן ובהמסירה נהרג תיכף ולא גרע מגוסס שנהרגין עליו כעל כל אדם

כדאיתא בסנהדרין דף ע"ח, וא"כ אין זה טעם של כלום להתיר למוסרו שיהרג עוד קודם שהיה נהרג כשיתפשנה.

ולכן מוכרחין לומר שהוא מטעם דהוי כרודף כיון שעל ידו יהרגו, ואף שאין כוונתו לרודפם שא"כ הוא רק כמשמיא קא רדפי להו כמו שאמרו בסנהדרין שם לענין עובר שיצא ראשו, צריך לומר שמועיל טעם זה רק באם היה הוא ניצול כגון שיכול לברוח ולהתחבא, שהטעם הוא דמחמת שאין כוונתו לרדוף רק שמשמיא נזדמן כן שא"א להו להתקיים שניהם דאם יצילו את זה ימות זה ואם יצילו את זה ימות זה כעובדא דהמקשה לילד ויצא ראשו באהלות פ"ז מ"ו נחשבו כרודפים זה את זה, אף שהוא הסבה בזה כיון שהוא בלא כוונה, ולכן א"א להתיר מטעם רודף דמאי חזית להחשיב את העובר יותר רודף את האם מכפי שהאם רודפת את העובר, ואין דוחין נפש מפני נפש, אבל לא שמחמת זה דנעשה משמיא אינו בשם רודף כלל, אלא שמחמת זה הוו שניהם כורדפים ומאי חזית.

ואחרי שכתבתי עיינתי בירושלמי ומצאתי מפורש כדברי בבאור זה שלא הוי יצא ראשו בדין רודף בשבת פרק שמונה שרצים סוף ה"ד דאיתא שם ר"ח בעי מהו להציל נפשו של גדול בנפשו של קטן, פי' כשהוא רודף את הגדול, התיב ר' ירמיה ולא מתניתא היא יצא רובו אין נוגעין בו שאין דוחין נפש מפני נפש, והיא קושית ר"ח בגמרא דידן על ר"ה שסובר דגם קטן הרודף ניתן להצילו בנפשו, ומשני ר' יוסה בי ר' בון בשם ר"ח שנייא היא תמן שאין את יודע מי הורג את מי, ופירשו בקה"ע ובפ"מ אין את יודע אם הקטן רודף את האשה או האשה רודפת את הקטן דכמו שהיא מסוכנת למות כך הולד מסוכן הוא למות ולפיכך מניחין הדבר כמות שהוא וכי קא מיבעיא לן כשהקטן רודף אחרי הגדול והוא אינו נרדף מהגדול עיי"ש, וכן הוא בירושלמי סנהדרין פרק בן סורר הלכה ט' ובע"ז פ' אין מעמידין ה"ב. וביפה עינים בסנהדרין שם הביא גירסא מפורשת שאין אתה יודע מי רודף את מי, ולכן ברור שזהו גם כוונת הגמרא דידן בהתירוץ שאני התם דמשמיא קא רדפי לה, וא"כ לא שייך זה אלא בששניהם רודפים שוים כגון שיכול לברוח אם לא ימסרוהו דכשיברח הוא וינצל יהרגו בני העיר וכשימסרוהו ליהרג ינצלו בני העיר, דהוא ממש כהא דעובר שיצא ראשו, אבל באם ברור שימותו כולם כהעובדא דשבע בן בכרי לאחר איזה שעות וימים כשיתפשנה יואב, נמצא שהם רודפים אותו רק על חיי שעה והוא רודף אותם בכל חייהם, הרי נמצא שעל עיקר החיים שהוא היתרון מחיי שעה הוא רודף אותם והם אינם רודפים אותו כלל, יש לו דין רודף אף שהוא שלא בכוונה כיון שעכ"פ הוא הסבה, וזה טעם נכון וברור.

ומתורץ בזה דברי הרמב"ם דכתב בפ"א מרוצח ה"ט שהעובר שהיא מקשה לילד מותר לחתוך העובר במעיה מפני שהוא כרודף אחריה להורגה שלכאורה תמוה כדהקשה בתוספות רעק"א באהלות שם (פ"ז מ"ו) דאם העובר הוא בדין רודף מ"ט אסור ביצא ראשו, אלא ע"כ צריך לומר שלא נחשב כרודף מטעם הא דאמר הגמרא בסנהדרין (דף ע"ב) דמשמיא קא רדפי לה, וכדכתב הרמב"ם בעצמו בסוף הלכה זו ואם משהוציא ראשו אין נוגעין בו שאין דוחין נפש מפני נפש וזהו טבעו של עולם, דהוא פירוש התירוץ דמשמיא קא רדפי לה כדכתב הכ"מ, א"כ גם כשהוא במעים אינו כרודף מטעם זה עצמו והיה לו לומר משום דעובר לא נקרא נפש כדפרש"י והיא קושיא גדולה, ומש"כ בתורעק"א שם בהג"ה ואפשר משום דאסור להרוג העוברים הוצרך לטעם שהעובר הוא רודף, לא מובן מה תיקן בזה דעכ"פ איזה חלוק יש בטעם שהוא רודף בין יצא ראשו לעובר שבמעיה, ועיין בתפארת ירושלים מה שתירץ, ולא נכון כלל דהא ברור שלא רק שמותר אלא גם שמחוייב להציל אדם עצמו בממון חברו דאין לך דבר שעומד בפני פקוח נפש, ורק שחייב לשלם כשיהיה לו, כדפי' התוספות ב"ק דף ס' ד"ה מהו, דהא מפורש בכתובות דף י"ט דאמר רבא דמותר לחתום בשקר על שטר להוציא ממון באנוסים מחמת נפשות וכ"ש שמותר להזיק ממון של חברו להציל נפשות בין עצמו בין אחרים, ולכן פשוט וברור שגם

בשפחה דחד וולד דחד מחתכין את הוולד כמו בבת חורין, ואין צורך לטעמים אחרים, ואם הוא טעם גם לפטור מתשלומין אין לזה אף רמז ברמב"ם שאיירי רק לענין היתר חתוך העובר מאיסור רציחה ולא לענין חיוב ממון ולכן לא נכון תירוצו כלל.

אבל לפי מה שבארתי ניחא דהא ודאי צדק ההג"ה שבתוספות רעק"א שכיון שבן נח נהרג על העוברין מוכרחין לומר דגם ישראל אסור להרוג עוברין דמי איכא מידי דלישראל שרי ולבן נח אסור כדמסיק הגמרא בחולין דף ל"ג כר"פ מהא דכתניא דלא כר"א בר יעקב, וכן מפורש בסנהדרין דף נ"ט דאמר ליכא מידעם דלישראל שרי ולבני נח אסור ומפורש בתוס' שם ובחולין דנהי דפטור ישראל על הריגת עוברים מ"מ לא שרי, ואף שבתוספות נדה דף מ"ד בד"ה איהו כתבו בקושיתם וא"ת את"ל דמותר להורגו בבטן אפילו מתה אמו ולא הוי כמונח בקופסא אמאי מחללין עליו את השבת, וכן כתבו אח"ז בתירוצם דמ"מ משום פ"נ מחללין עליו את השבת אע"ג דמותר להרגו, נראה ברור דהוא טעות סופר וצריך לגרוס את"ל דפטור ההורגו בבטן ובתירוצם צריך לגרוס אע"ג דפטור ההורגו, דהא מוכרח כן מהוכחתם לתירוצם מגוסס בידי אדם דההורגו פטור כדאמר פרק הנשרפין דרוב גוססין למיתה ומחללין את השבת, ואם להרוג עובר סברי שמותר איך הביאו ראיה מגוסס בידי אדם שאף לרבנן הפוטרין ממיתה מחללין עליו את השבת, הא הוא משום שמדמין לטרפה, וטרפה אף שפטור ההורגו הוא אסור באיסור רציחה, לעובר שמותר להרגו לגי' זו שבתוס'. אלא ודאי צריך לגרוס שפטור ההורגו והיו סבורין בקושיתם דכיון דפטור ההורגו ממיתה אין לחלל שבת עליו כיון דאינו כסתם אנשים שנאמר בהו היתר לחלל שבת וכל איסורין לפקוח נפשם מקרא דוחי בהם ולא שימות בהם דאמר ר"י אמר שמואל וכן מכל הקראי שלמדו משם תנאי ביומא דף פ"ה כולהו הוא באנשים שחייבים עליהם מיתה, וע"ז תירצו דמחללין שבת אף על גב דפטור ההורגו מיתה אף שאינו כסתם אנשים והוכיחו ראיה מגוסס בידי אדם שאף שפטור ההורגו לרבנן מחללין עליו את השבת, וגם בהקושיא עצמה משמע דהוא ט"ס וצריך לגרוס דפטור ההורגו דהא לא הזכירו קודם לזה בכל דבור התוספות אלא ענין חיוב שלא מיחייב ההורגו, ולמה יזכירו אח"כ בקושיתם ובתירוצם שהוא גם מותר שלכן ברור שאף התוס' בנדה (דף מ"ד) סברי שאסור כדסברי בחולין (דף ל"ג) ובסנהדרין (דף נ"ט). וא"כ מ"ט מותר לחתוך את העובר דאף שאינו נפש לענין חיוב מיתה מ"מ כיון שאסור באיסור דלא תרצח מנא לן להתיר לדחות איסור זה בשביל הצלת האם, ולכן סובר הרמב"ם שההיתר הוא מטעם שהוא כרודף כדכתב בהג"ה דרעק"א שבשביל זה הוצרך לטעם שהוא כרודף, ואף שאינו מועיל הא דהוא כרודף להרגו להצלת האם ביצא ראשו מטעם דמשמיא קא רדפי לה, מועיל זה כשהוא עובר, וזהו כוונת ההג"ה אך לא כתב טעם, ולמה שבארתי איכא טעם נכון.

דהא כתבתי שהא דאסור להרגו משום דמשמיא קא רדפי אינו מחמת שאינו בדין רודף כיון שהוא דרך טבעי שלא בכוונת רדיפה, אלא דכיון דמשמיא רדפי לה נחשבו שניהם כרודפים זה את זה מאחר שא"א שיחיו שניהם שלכן אסור מטעם מאי חזית, וא"כ לא שייך זה אלא כשהם רודפים שוים כהא דיצא ראשו שהוא נפש גמור כמו האם, אבל בעובר שעדיין אינו נפש גמור כדחזינן שאין נהרגין עליו, ונמצא שעל היתרון של האם מהעובר שהיא נפש גמור והוא אינו עדיין נפש גמור, הוי רק העובר רודף והאם אינה רודפת, לכן יש להעובר דין רודף מחמת יתרון זה שיש להאם עליו.

וניחא לפ"ז גם מה שתנן ברישא (אהלות פ"ז מ"ו) בהא דמחתכין את הולד במעיה מפני שחייה קודמין לחייו, דלכאורה לשון זה אינו מדוקדק, דהא ההיתר הוא מחמת שעדיין אינו נפש ולא נחשב עדיין חי ולא שייך לומר שחייה קודמין לחייו, שמשמע שגם הוא חי אך חייה קודמין, ועיין בתפא"י שעמד בזה ופירושו דחוק. אבל למה שבארתי ניחא דודאי גם העובר נחשב חי כדחזינן דיש גם עליו איסור לא תרצח כמו לנולד, אך שמ"מ מותר

מטעם שחייה קודמין לחייו דהרי יש בה עדיפות לענין החיות שהיא נפש גמור שלכן נחשבת יותר חי מהעובר ועל יתרון זה הוי רק העובר רודף ולא האשה ולכן מותר לחותכו, וזהו מה שנראה נכון בדברי הרמב"ם ולשון המשנה. [אחר איזו שנים שהוצאוני השי"ת בחסדיו הגדולים והבאתי אל המדינה הזאת מצאתי שנדפס חדושי הגאון רבינו חיים הלוי זצ"ל, וראיתי באורו על הרמב"ם בדבר נכון מאד, אבל גם מה שכתבתי ג"כ נכון וראיה מהירושלמי והרבה פנים לתורה].

מסכת נדה מג: - מד.

מתני'. תנוק בן יום אחד - מטמא בזיבה, ומטמא בנגעים, ומטמא בטמא מת, וזוקק ליבום, ופוטר מן היבום, ומאכיל בתרומה, ופוסל (את) [מן] התרומה, ונוחל ומנחיל, והההורגו חייב ...

גמרא וההורגו חייב. דכתיב: (ויקרא כ"ד) ואיש כי יכה כל נפש - מ"מ.

משנה וגמרא ערכין ז.

האשה שהיא יוצאה ליהרג אין ממתינין לה עד שתלד ישבה על המשבר ממתינין לה עד שתלד ...

גמ'. פשיטא, גופה היא! איצטריך, ס"ד אמינא: הואיל וכתיב (שמות כא) כאשר ישית עליו בעל האשה, ממונא דבעל הוא ולא ליפסדיה מיניה, קמ"ל. ואימא ה"נ! אמר רבי אבהו אמר רבי יוחנן, אמר קרא: (דברים כב) ומתו גם שניהם, לרבות את הוולד. והאי מיבעי ליה: עד שיהו שניהן שוין, דברי רבי יאשיה! כי קאמרת מגם.

תוספות נדה מד.

... ומיהא בן יום אחד ההורגו חייב דקתני אבל עובר לא היינו אפילו נהרגה או ישבה על המשבר עד שיצא ראשו כדתנן במסכת אהלות פ"ז (משנה ו) ומייתי לה בפרק בן סורר ומורה (סנהדרין דף עב:) אשה המקשה חותך [מד:] אבר יצא ראשו אין דוחין נפש מפני נפש ומיהו אפשר דדוקא היכא דאמו חיה לא מיחייב הורגו עד שיצא ראשו שתלוי קצת בחיות אמו אבל היכא דמתה חייב משום דכמונח בקופסא דמי וא"ת אם תמצי לומר דמותר להורגו בבטן אפי' מתה אמו ולא הוי כמונח בקופסא אמאי מחללין עליו את השבת שמביאין סכין דרך ר"ה לקרוע האם כדמוכח בפ' קמא דערכין (דף ז:) וי"ל דמכל מקום משום פקוח נפש מחללין עליו את השבת אף ע"ג דמותר להרגו דהא גוסס בידי אדם ההורגו פטור כדאמר פרק הנשרפין (סנהדרין עח.) דרוב גוססים למיתה ומחללין את השבת עליו כדאמר פרק בתרא דיומא (ד' פד:) דאין מהלכין בפקוח נפש אחר הרוב.

חידושי הרמב"ן נדה מד:

והא דתנן וההורגו חייב. ודוקא בן יום אחד אבל עובר לא דלא קרינא ביה נפש אדם, וה"נ אמרינן בסנהדרין (ע"ב ב') האשה שהיא מקשה לילד מביאין סכין ומחתכין אותו אבר אבר יצא ראשו אין נוגעין בו שאין דוחין נפש מפני נפש, אלמא מעיקרא ליכא משום הצלת נפש וקרא נמי כתיב דמשלם דמי ולדות, ואיכא דקשיא ליה מההיא דגרסינן התם בערכין (ז' ב') האשה שהיא יושבת על המשבר ומתה בשבת מביאין סכין וקורעין אותה ומוציאין הולד ממנה ואמאי מחללין שבת כיון שאינו קרוי נפש, וליכא למימר דהתם ביושבת על המשבר דוקא משום דכיון דעיקר גופא אחרינא הוא כדאיתמר התם בערכין, במקשה לילד לא בעינן יושבת על המשבר, ועוד דהכא בן יום אחד תנן, וקרא דגבי דמי ולדות אפילו ביושבת על המשבר היא ולא אמרינן התם דכילוד הוא, אלא גופא אחרינא הוא דקאמרינן לומר שממתינין לה עד שתלד ואח"כ ממיתין אותה, ולא מיתרבי מגם

שניהם דאפילו קודם שתשב על המשבר כלל אי לאו קרא דגם לא הוה קטלינן לולד כדמפורש התם, אבל לענין לידה דבר ברור הוא שאינו בכלל נפש אדם עד שיוולד כדאמרינן, ולאו קושיא היא התם אמרה תורה חלל עליו שבת אחת כדי שיקיים שבתות הרבה ...

<u>שו"ת אגרות משה חושן משפט חלק ב סימן סט</u>

ולכן לדינא בין לתוס' בין להרמב"ם ואף לרש"י איכא איסור רציחה מלא תרצח גם על עובר ורק שפטור ההורגו ממיתה, ואסור להורגו אף לפקוח נפש דכל אינשי ורק להצלת אמו שלא תמות בלידתו הוא ההיתר ולא בשביל שום צורך דהאם שזה אסור בפשיטות. ומטעם זה הוריתי שאף שהרופאים אומרים שיש חשש שמא תמות האם כשלא יהרגו את העובר, אף שלענין חלול שבת וכל האיסורין היו מחללין והיו עוברין במדת חשש שאמרו דהא גם בשביל ספק קטן וספק ספיקא מחללין, מ"מ להרוג את העובר יהיה אסור עד שתהיה האומדנא להרופאים גדולה קרוב לודאי שתמות האם דמאחר דהוא מצד שנחשב רודף צריך שיהיה כעין ודאי שהוא רודף, וגם פשוט שאין חלוק לפ"ז בין הולדות, דאף הולדות שלפי דעת הרופאים הם כאלו שלא יחיו שנים רבות כהא דנולדים איזה ילדים במחלה הנקראת תיי - סקס אפילו כשנודע ע"י הבדיקות בעובר שנתחדש עתה שהולד יהיה ולד כזה אסור כיון דלהאם ליכא סכנה ואינו רודף אין להתיר אפילו שהצער יהיה גדול מאד וגם יחלו האם והאב מזה. ומטעם זה אמרתי להרופאים שומרי תורה שלא יעשו בדיקה זו כי לא יהיה תועלת מזה כי יהיו אסורים להפיל את העובר ויגרמו רק צער להאב ולהאם וגם יארע שילכו אצל רופא נכרי ואינו שומר תורה להפילו ונמצא שיעברו על לפני עור, עי' תשו' להלן סי' ע"א.

<u>שו"ת ציץ אליעזר חלק יג סימן קב</u>

הפסקת הריון בגלל המחלה הנקראת תייסקס כאשר מאבחנים את המחלה בעובר כעבור שלשה חדשים מההריון.

הערכתי לרב ולעבודתו הרבה בעניני הלכה ורפואה, ידועה לכבודו ואני גאה שניתן לי להמשיך בדרך קודמי, ד"ר יהושע פ' שלזינגר ז"ל, בשיתוף פעולה עם כבודו בעבודתו הרבה בליבון עניני רפואה לאור ההלכה... הבעיות הן כולן קשורות למחלה הידועה זה מכבר, ואני אנסה לתאר לרב את התסמונת הרפואית (Syndrome) של המחלה הזאת והשאלות החדשות המתעוררות בהשלכות מגילויים חדישים באבחנת המחלה ביילודים עוד בשלבי ההריון, וגם בצעירים שאם יתחתנו ויעמידו ילדים, יפגעו הילדים במחלה קשה זו. המחלה נקראת תיי - סקס - (Amaurotic Familial Idiocy Tay - Sachs Disease) והיא תוארה לראשונה בסוף המאה הקודמת. מחלה זו היא תורשתית וסימניה המובהקים הם התפתחות לקויה של היילוד תוך שנת חייו הראשונה. הילד נעשה, בשנה זו, יותר ויותר מפגר בהתפתחותו הפיזית והשכלית כאחת. הוא מפתח עוורון ושתוק גופני, והתוצאה היא כיום, בלי יוצא מן הכלל, מוות עד גיל /ארבע/. נוסף לכך שהמחלה היא תורשתית, היא גם פוגעת במיוחד ביהודים. /תשעים אחוז/ מהמקרים הם במשפחות יהודיות אשכנזיות אשר מוצאן ממחוזי גרודנה, סובאלק, וילנה וקובנה אשר בפולין וברוסיה. המחלה, בצורה סיסטמטית, במשפחות נושאות גן (GENE) זה, מופיעה בשכיחות אצל /עשרים וחמשה אחוזים/ מהיילודים. אחוז זה תואם את חוקי התורשה שנקבעו על ידי הביולוג המפורסם - גריגור מנדל.

תשובה: השאלה היא, אודות הפסקת הריון בגלל המחלה הנקראת תיי - סקס, אשר אבחנתה מתגלית עוד בשלבי ההריון. המחלה היא תורשתית וסימניה המובהקים הם התפתחות לקויה של היילוד תוך שנת חייו

הראשונה... לזאת נפשו בשאלתו, אם: האם לראות במחלה זו אשר תוצאותה כה חמורות וכה וודאיות, מספיק חמור בכדי לאפשר הפסקת הריון גם אחרי שלשה חדשים, או האם התקופה הזו של שלשה חדשים היא אבסולוטית ואין שום סיבה פרט לסיבה של פקוח נפש ישיר באם, אשר מאפשר הפסקת הריון אחר ג' חדשי עיבור, ע"כ.

וא"כ איפוא ברור הדבר, שהפגם, הצער והבושה, והכאבים והיסורים הרוחניים והגשמיים גם יחד שבנידוננו בהוולד להורים וולד בלתי קיימא שכזה, המה לאין ערוך בהרבה מאשר בנידונו של הרב פעלים, והמה ממושכים וגלויים באין אפשרות להסתירם ובאין אפשרות להתגבר על המתח הנפשי הגדול (ורק הבושת שבנידונו הוא הרבה יותר, אבל אי משום הא בלבד נראה דלא משנה, והנימוקים האחרים מכריעים את הכף להיתר), ואם כן הדעת נותנת ללמוד משם להתיר בנידוננו אפילו לאחר ג' חדשים להריונה לא רק בבנין אב וגזירה שוה אלא אם גם מקל וחומר.

<u>שו"ת ציץ אליעזר חלק ט סימן נא - קונ' רפואה במשפחה פרק ג</u>

שער ג' הפסקת הריון מטעמי בריאות או פסול ממזרות וכבוד משפחה

איתא באהלות פ"ז משנה ו': האשה שהיא מקשה לילד מחתכין את הולד במעיה ומוציאין אותו אברים אברים מפני שחייה קודמין לחייו, יצא רובו אין נוגעין בו שאין דוחין נפש מפני נפש.

ובסנהדרין ד' ע"ב ע"ב קאמר רב הונא: קטן הרודף ניתן להצילו בנפשו קסבר רודף אינו צריך התראה לא שנא גדול לא שנא קטן. ומקשה עליו רב חסדא מהך משנה דתנן יצא ראשו אין נוגעין בו לפי שאין דוחין נפש מפני נפש ואמאי רודף הוא. ומשני, שאני התם דמשמיא קא רדפי לה.

ופירש"י: יצא ראשו, באשה המקשה לילד ומסוכנת, וקתני רישא החיה פושטת ידה וחותכתו ומוציאתו לאברים, דכל זמן שלא יצא לאויר העולם לאו נפש הוא וניתן להורגו ולהציל את אמו, אבל יצא ראשו אין נוגעין בו להורגו דהוה ליה כילוד ואין דוחין נפש מפני נפש.

הרי לנו ברש"י דפירש בהדיא שהטעם שניתן להרוג העובר כל זמן שלא יצא לאויר העולם כדי להציל את אמו מפני שכל עוד שלא יצא לאויר העולם לאו נפש הוא, וא"כ מינה דזהו גם הפטור דישראל אינו נהרג על העוברין מפני דלאו נפש הוא וכנ"ל.

אולם ברמב"ם כתוב טעמא אחרינא על הא שניתן להורגו קודם שיצא לאויר העולם, דפוסק בה' רוצח ושמירת נפש בפ"א ה"ט וז"ל: אף זו מצות לא תעשה שלא לחוס על נפש הרודף. לפיכך הורו חכמים שהעוברה שהיא מקשה לילד מותר לחתוך העובר במיעיה בין בסם בין ביד מפני שהוא כרודף אחריה להורגה ואם משהוציא ראשו אין נוגעין בו שאין דוחין נפש מפני נפש וזהו טבעו של עולם עכ"ל.

הרי שהרמב"ם לא ביאר כרש"י שהטעם דקודם לכן מותר להורגו מפני דלאו נפש הוא, אלא פירש הטעם מפני שהוא כרודף, ומשמע הא לא"ה היה אסור להורגו, והטעם בזה לכאורה מפני דגם הוא מיקרי נפש...

ובלעדי זאת לא מובנים גם עצם דברי הרמב"ם במה שונה איפוא אחרי שהוציא ראשו מלפני שהוציא, ומדוע גם אז לא יקרא רודף כשם שנקרא לפני כן, ואם זהו טבעו של עולם הרי גם לפני כן הוא ג"כ טבעו של עולם ומדוע אז נקרא רודף.

והנה התוס' בסנהדרין שם מקשים לאחר מיכן עוד על האי כללא דליכא מידעם מההיא דד' ע"ב דאמרינן יצא ראשו אין נוגעין בו דאין דוחין נפש אבל קודם שיצא ראשו החי' פושטת ידה וחתכתו לאברים ומוציאה כדי להציל את אמו וכה"ג בעכו"ם אסור כיון דהוזהרו על העוברים, ומתרצים ע"ז ב' תירוצים הא' דהא נמי

בישראל מצוה כדי להציל [וכפי שביארו קודם דבדבר שהוא מצוה לישראל לא אמרינן האי כללא דליכא מידעם] והב׳ דאפשר דאפי׳ בעכו״ם שרי.

ונראה להסביר דברי ב׳ התירוצים בכזאת, דבתירוץ הא׳ סברי התוס׳, דבאשה המקשה לילד אין כל דין של רודף על הולד וכפשטות לשון הגמרא בסנהדרין שם ה׳ ע״ב דאומרת דמשמיא קא רדפי לה, וביותר מצינו בירושלמי שם דמתרץ איני יודע מי רודף את מי ע״ש, וכל ההיתר לחתוך העובר קודם שיצא ראשו הוא מפני שאז עוד לא נקרא נפש וישראל אינו נהרג עליו, אע״פ דלא שרי בסתם להרגו, ולכן דוחין אותו מפני נפש אמו. ועל כן סברי התוס׳ דזה שייך דוקא בישראל, אבל בעכו״ם דלא תלי בנפש ונהרג גם על העוברין, והמודד אצלו במה שנקרא אדם מיהת [וכנ״ל בפרק הקודם אות י״ב בשם החות יאיר] לא דחינן העובר להתיר להורגו כדי להציל אמו דאין דוחין אדם מפני אדם. אבל בתירוץ השני מסתפקים התוס׳ דאולי מ״מ מקצת רודף כן הוי העובר, וכדעת הרמב״ם דס״ל שהוא כרודף ואם ככה יש מקום לצדד להתיר להורגו אפילו בעכו״ם כדי להציל את אמו שבגרמתו עומדת למות, ולכן כותבים דאפשר דאפילו עובד כוכבים שרי.

ויש לנו נפ״מ לדינא בין ב׳ התירוצים אם מותר לרופא ישראל להתעסק בעובדת כוכבים לפי בקשת העכו״ם, להפיל עוברה כדי להצילה, או לתת לרופא עכו״ם להפיל עובר ישראלית כדי להציל את האם, ועוד נדבר מזה גם בפרק הבא בהיכא שאין נשקפת סכנה לאם ודרוש זה רק משום בריאותה.

ואם כי לפי הבירורים שבררתי יש מקום להתיר אפילו שלא במקום סכנה וכפי שנפרט עוד בסיכומים, אבל יש לפעמים שדבר חומרתם של אלה הפוסקים בזה יכול להביא ישע והצלה כשעומדים לפני בעיה הלכתית על לאידך גיסא, ולדוגמא: אשה שחולה ל״ע במחלת הסרטן ועומדת למות מזה במוקדם או במאוחר, והיא בהריון, הרופאים אומרים שהמשכת ההריון יקצר את ימי חייה, והאשה באחת שלא איכפת לה מזה ורצונה להמשיך בהריון וללדת כדי להשאיר אחריה זכר. ובזה אם נלך לפי השיטות הסוברים שאיסור הפלת עובר אינו גובל עם ש״ד וכ״ש להסוברים דאינו כי אם מדרבנן, ומקילים להפיל לשם רפואת האם או מניעת סבל גדול ממנה, אזי היו צריכים לפסוק שלא לשמוע לתחנוני האם ולדחות חיי העובר מפני המשכת חייה של האשה. כדין פקוח נפש אפילו של חיי שעה שדוחה כל איסורים שבתורה, אך אם נרצה להסתמך במקרה מיוחד וטראגי זה על הבית שלמה והאבני צדק ודעימ׳ המחמירים שלא להפיל אפילו במקום סכנה נוכל לפסוק להקשיב לתחנוני האשה ולהיות בשב ואל תעשה לסמוך על רחמי שמים ולתת לה לגמור ההריון.

דברי זוה״ק אלה צריכים להחריד ולהרתיע לכל אלה שנוהגים זלזול וקלות ראש בהפסקת העיבור משום איזה נוחיות מדומה ולא מדומה, ומלמדים בינה לרדת לעומק הדיון והנשוא - המדובר ולדון בנפרד בכובד ראש ובאחריות גדולה על כל מקרה של שאלה בזה. והיה ד׳ עם הפוסק.

<u>**שר״ת מהרי״ט חלק א**</u>

סימן צז: ...וכתב שם התוספות (חולין פ״ב) נהי דפטור על הנפלי׳ אבל לא שרי וכו׳ <u>דהא דאסור מדין חבלה הוא</u>

סימן צט: ...וזכורני שראיתי להרשב״א ז״ל בתשובה שהעיד על הרמב״ן ז״ל שנתעסק עם גויה אחת שתתעבר בשכר ולהתעסק עמה שתפיל פרי בטנה איבוד נפשות אין כאן דאפילו בישראל נפלים לאו נפש הוא וממון הוא דחייב רחמנא דמי וולדות לבעל דכתיב כאשר ישית עליו בעל האשה. ובריש הנחנקין אמרינן ואצטריך למכתב מכה איש ומת ואצטריך למכתב כל מכה נפש דאי כתיב כל מכה נפש הוה אמינא אפילו נפלים קמשמע לן. ובפרק יוצא דופן דרשינן כל נפש לרבות קטן בן יום אחד דמשמע כל נפש אפילו נפש כל דהו אלמא נפלים

אפי' נפש כל דהוא לא מקרי. ובסוף פרק קמא דערכין תנן האשה שהיא יוצאה ליהרג אין ממתינין לה עד שתלד ופרכינן פשיטא גופה היא סד"א הואיל וכתיב אשר ישית עליו בעל האשה ממונא דבעל הוא ולא לפסדיה מיניה קמשמע לן ומדפריך פשיטא משמע דמחמת איבוד נפשות אין נדנוד כלל ולא אתא לאשמועינן אלא משום פסידא דבעל ואמרינן התם האשה שהיא יוצאה ליהרג מכין אותה כנגד בית הריון שלה כדי שימות הולד תחילה שלא תבא לידי ניול אלמא בשביל ניול האם הורגים הולד בידים ולא חשו משום איבוד נפשות הילכך בישראלית מפני צורך אמו נראה שמותר להתעסק עמהם שתפילנה כיון דרפואת אמו היא
נאם הצעיר יוסף בכמהר"ר משה מטראני זלה"ה.

<u>תלמוד ירושלמי מסכת תרומות פרק ח דף מו טור ב /ה"ד</u>

תני סיעות בני אדם שהיו מהלכין בדרך ופגעו להן גוים ואמרו תנו לנו אחד מכם ונהרוג אותו ואם לאו הרי אנו הורגין את כולכ' אפילו כולן נהרגין לא ימסרו נפש אחת מישראל ייחדו להן אחד כגון שבע בן בכרי ימסרו אותו ולא ייהרגו אמר רבי שמעון בן לקיש והוא שיהא חייב מיתה כשבע בן בכרי ורבי יוחנן אמר אף על פי שאינו חייב מיתה כשבע בן בכרי עולא בר קושב תבעתיה מלכותא ערק ואזל ליה ללוד גבי רבי יושוע בן לוי אתון ואקפון מדינתא אמרו להן אין לית אתון יהבין ליה לן אנן מחרבין מדינתא סלק גביה רבי יהושע בן לוי ופייסיה ויהביה לון והוה אליהו זכור לטוב יליף מיתגלי עלוי ולא איתגלי וצם כמה צומין ואיתגלי עלוי אמר ליה ולמסורות אני נגלה אמר ליה ולא משנה עשיתי אמר ליה וזו משנת החסידים

<u>שמואל ב פרק כ</u>

(א) וְשָׁם נִקְרָא אִישׁ בְּלִיַּעַל וּשְׁמוֹ שֶׁבַע בֶּן בִּכְרִי אִישׁ יְמִינִי וַיִּתְקַע בַּשֹּׁפָר וַיֹּאמֶר אֵין לָנוּ חֵלֶק בְּדָוִד וְלֹא נַחֲלָה לָנוּ
בְּבֶן יִשַׁי אִישׁ לְאֹהָלָיו יִשְׂרָאֵל: (ב) וַיַּעַל כָּל אִישׁ יִשְׂרָאֵל מֵאַחֲרֵי דָוִד אַחֲרֵי שֶׁבַע בֶּן בִּכְרִי וְאִישׁ יְהוּדָה דָּבְקוּ בְמַלְכָּם
מִן הַיַּרְדֵּן וְעַד יְרוּשָׁלָם: (ג) וַיָּבֹא דָוִד אֶל בֵּיתוֹ יְרוּשָׁלַ͏ִם וַיִּקַּח הַמֶּלֶךְ אֵת עֶשֶׂר נָשִׁים פִּלַגְשִׁים אֲשֶׁר הִנִּיחַ לִשְׁמֹר
הַבַּיִת וַיִּתְּנֵם בֵּית מִשְׁמֶרֶת וַיְכַלְכְּלֵם וַאֲלֵיהֶם לֹא בָא וַתִּהְיֶינָה צְרֻרוֹת עַד יוֹם מֻתָן אַלְמְנוּת חַיּוּת: **ס** (ד) וַיֹּאמֶר
הַמֶּלֶךְ אֶל עֲמָשָׂא הַזְעֶק לִי אֶת אִישׁ יְהוּדָה שְׁלֹשֶׁת יָמִים וְאַתָּה פֹּה עֲמֹד: (ה) וַיֵּלֶךְ עֲמָשָׂא לְהַזְעִיק אֶת יְהוּדָה
<וייחר> וַיּוֹחֶר מִן הַמּוֹעֵד אֲשֶׁר יְעָדוֹ: **ס** (ו) וַיֹּאמֶר דָּוִד אֶל אֲבִישַׁי עַתָּה יֵרַע לָנוּ שֶׁבַע בֶּן בִּכְרִי מִן אַבְשָׁלוֹם אַתָּה
קַח אֶת עַבְדֵי אֲדֹנֶיךָ וּרְדֹף אַחֲרָיו פֶּן מָצָא לוֹ עָרִים בְּצֻרוֹת וְהִצִּיל עֵינֵנוּ: (ז) וַיֵּצְאוּ אַחֲרָיו אַנְשֵׁי יוֹאָב וְהַכְּרֵתִי
וְהַפְּלֵתִי וְכָל הַגִּבֹּרִים וַיֵּצְאוּ מִירוּשָׁלַ͏ִם לִרְדֹּף אַחֲרֵי שֶׁבַע בֶּן בִּכְרִי: (ח) הֵם עִם הָאֶבֶן הַגְּדוֹלָה אֲשֶׁר בְּגִבְעוֹן וַעֲמָשָׂא
בָּא לִפְנֵיהֶם וְיוֹאָב חָגוּר מִדּוֹ לְבֻשׁוֹ <ועלו> וְעָלָיו חֲגוֹר חֶרֶב מְצֻמֶּדֶת עַל מָתְנָיו בְּתַעְרָהּ וְהוּא יָצָא וַתִּפֹּל: ס (ט)
וַיֹּאמֶר יוֹאָב לַעֲמָשָׂא הֲשָׁלוֹם אַתָּה אָחִי וַתֹּחֶז יַד יְמִין יוֹאָב בִּזְקַן עֲמָשָׂא לִנְשָׁק לוֹ: (י) וַעֲמָשָׂא לֹא נִשְׁמַר בַּחֶרֶב
אֲשֶׁר בְּיַד יוֹאָב וַיַּכֵּהוּ בָהּ אֶל הַחֹמֶשׁ וַיִּשְׁפֹּךְ מֵעָיו אַרְצָה וְלֹא שָׁנָה לוֹ וַיָּמֹת **ס** וְיוֹאָב וַאֲבִישַׁי אָחִיו רָדַף אַחֲרֵי שֶׁבַע
בֶּן בִּכְרִי: (יא) וְאִישׁ עָמַד עָלָיו מִנַּעֲרֵי יוֹאָב וַיֹּאמֶר מִי אֲשֶׁר חָפֵץ בְּיוֹאָב וּמִי אֲשֶׁר לְדָוִד אַחֲרֵי יוֹאָב: (יב) וַעֲמָשָׂא
מִתְגֹּלֵל בַּדָּם בְּתוֹךְ הַמְסִלָּה וַיַּרְא הָאִישׁ כִּי עָמַד כָּל הָעָם וַיַּסֵּב אֶת עֲמָשָׂא מִן הַמְסִלָּה הַשָּׂדֶה וַיַּשְׁלֵךְ עָלָיו בֶּגֶד
כַּאֲשֶׁר רָאָה כָּל הַבָּא עָלָיו וְעָמָד: (יג) כַּאֲשֶׁר הֹגָה מִן הַמְסִלָּה עָבַר כָּל אִישׁ אַחֲרֵי יוֹאָב לִרְדֹּף אַחֲרֵי שֶׁבַע בֶּן בִּכְרִי:
(יד) וַיַּעֲבֹר בְּכָל שִׁבְטֵי יִשְׂרָאֵל אָבֵלָה וּבֵית מַעֲכָה וְכָל הַבֵּרִים **ס** <ויקלהו> וַיִּקָּהֲלוּ וַיָּבֹאוּ אַף אַחֲרָיו: (טו) וַיָּבֹאוּ
וַיָּצֻרוּ עָלָיו בְּאָבֵלָה בֵּית הַמַּעֲכָה וַיִּשְׁפְּכוּ סֹלְלָה אֶל הָעִיר וַתַּעֲמֹד בַּחֵל וְכָל הָעָם אֲשֶׁר אֶת יוֹאָב מַשְׁחִיתִם לְהַפִּיל
הַחוֹמָה: (טז) וַתִּקְרָא אִשָּׁה חֲכָמָה מִן הָעִיר שִׁמְעוּ שִׁמְעוּ אִמְרוּ נָא אֶל יוֹאָב קְרַב עַד הֵנָּה וַאֲדַבְּרָה אֵלֶיךָ: (יז)
וַיִּקְרַב אֵלֶיהָ וַתֹּאמֶר הָאִשָּׁה הַאַתָּה יוֹאָב וַיֹּאמֶר אָנִי וַתֹּאמֶר לוֹ שְׁמַע דִּבְרֵי אֲמָתֶךָ וַיֹּאמֶר שֹׁמֵעַ אָנֹכִי: (יח) וַתֹּאמֶר

לֵאמֹר דַּבֵּר יְדַבְּרוּ בָרִאשֹׁנָה לֵאמֹר שָׁאוֹל יְשָׁאֲלוּ בְּאָבֵל וְכֵן הֵתַמּוּ: (יט) אָנֹכִי שְׁלֻמֵי אֱמוּנֵי יִשְׂרָאֵל אַתָּה מְבַקֵּשׁ לְהָמִית עִיר וְאֵם בְּיִשְׂרָאֵל לָמָּה תְבַלַּע נַחֲלַת יְקֹוָק: פ (כ) וַיַּעַן יוֹאָב וַיֹּאמַר חָלִילָה חָלִילָה לִי אִם אֲבַלַּע וְאִם אַשְׁחִית: (כא) לֹא כֵן הַדָּבָר כִּי אִישׁ מֵהַר אֶפְרַיִם שֶׁבַע בֶּן בִּכְרִי שְׁמוֹ נָשָׂא יָדוֹ בַּמֶּלֶךְ בְּדָוִד תְּנוּ אֹתוֹ לְבַדּוֹ וְאֵלְכָה מֵעַל הָעִיר וַתֹּאמֶר הָאִשָּׁה אֶל יוֹאָב הִנֵּה רֹאשׁוֹ מֻשְׁלָךְ אֵלֶיךָ בְּעַד הַחוֹמָה: (כב) וַתָּבוֹא הָאִשָּׁה אֶל כָּל הָעָם בְּחָכְמָתָהּ וַיִּכְרְתוּ אֶת רֹאשׁ שֶׁבַע בֶּן בִּכְרִי וַיַּשְׁלִכוּ אֶל יוֹאָב וַיִּתְקַע בַּשּׁוֹפָר וַיָּפֻצוּ מֵעַל הָעִיר אִישׁ לְאֹהָלָיו וְיוֹאָב שָׁב יְרוּשָׁלִַם אֶל הַמֶּלֶךְ: ס

ספר החינוך מצוה רצו

ועוד אמרו זכרונם לברכה [ירושלמי תרומות פ"ח ה"ד] שאפילו היו כמה אלפים ישראלים ואמרו להם אנסים תנו לנו אחד מכם ואם לאו נהרוג כולכם, יהרגו כולם ואל ימסרו נפש אחת מישראל. ודוקא כשאמרו להם אחד סתם, אבל ייחדוהו להם בפירוש שאמרו תנו לנו פלוני ואם לאו נהרוג כולכם, רשאין ליתנו, כענין הידוע בשבע בן בכרי. וכן הדין בנשים שאמרו להן גוים תנו לנו אחת מכם וכו', כדאיתא במסכת תרומות פרק שמיני [מי"ב].

רמב"ם הלכות יסודי התורה פרק ה הלכה ה

נשים שאמרו להם עובדי כוכבים תנו לנו אחת מכן ונטמא אותה ואם לאו נטמא את כולכן יטמאו כולן ואל ימסרו להם נפש אחת מישראל, וכן אם אמרו להם עובדי כוכבים תנו לנו אחד מכם ונהרגנו ואם לאו נהרוג כולכם, יהרגו כולם ואל ימסרו להם נפש אחת מישראל, ואם יחדוהו להם ואמרו תנו לנו פלוני או נהרוג את כולכם, אם היה מחוייב מיתה כשבע בן בכרי יתנו אותו להם, ואין מורין להם כן לכתחלה, ואם אינו חייב מיתה יהרגו כולן ואל ימסרו להם נפש אחת מישראל.

שולחן ערוך יורה דעה הלכות עבודת כוכבים סימן קנז סעיף א (רמ"א)

עובדי כוכבים שאמרו לישראל: תנו לנו אחד מכם ונהרגנו, לא יתנו להם אחד מהם אלא א"כ יחדוהו ואמרו: תנו לנו פלוני. (משנה פ' ח' דתרומות והרמב"ם פ"ה מהלכות יסודי התורה). ויש אומרים דאפילו בכה"ג אין למסרו, אא"כ חייב מיתה כשבע בן בכרי. (ב"י בשם רש"י ור"ן). וכן נשים שאמרו להן עובדי כוכבים: תנו לנו אחת מכם ונטמא אותה, יטמאו כולם ולא ימסרו נפש אחת מישראל. (רמב"ם פ' הנזכר).

כסף משנה הלכות יסודי התורה פרק ה הלכה ה

וכן אם אמרו להם וכו'. בירושלמי על אותה משנה דבסמוך תניא סיעת בני אדם המהלכים בדרך ופגעו בהם עובדי כוכבים ואמרו להם תנו לנו אחד מהם ונהרוג אותו ואם לאו נהרוג כולכם אפילו כלם נהרגים לא ימסרו נפש אחת מישראל יחדו להם אחד כגון שבע בן בכרי ימסרו אותו להם ולא יהרגו אמר ר"ל והוא שיהיה חייב מיתה כשבע בן בכרי ור' יוחנן אמר אפילו שאינו חייב מיתה ומייתי התם עובדא בהאי בר נש תבעתיה מלכותא וערק ללוד לגבי ריב"ל ואקיף מלכא מדינתא ויהב להו והוה אליהו רגיל דמתגלי ליה ותו לא איתגלי ליה וצם כמה צומין עד דאיתגלי ליה א"ל לדילטור אנא מתגלי א"ל ולא משנה עשיתי א"ל וזו משנת חסידים היא. ופסק רבינו כר"ל אף על גב דמן הסתם לא קיי"ל כוותיה לגבי דר' יוחנן משום דהוי ספק נפשות ולהחמיר דלא ימסרוהו בידים ביד העובדי כוכבים ועוד דמתניתא מסייעא ליה דקתני כשבע בן בכרי משמע כשחייב מיתה כמותו דוקא ומקרא איכא למידק הכי שאל"כ למה ליה ליואב למימר נשא יד במלך בדוד כלומר והרי

הוא חייב מיתה משמע דאי לאו הכי לא היו רשאים למוסרו לו וסובר רבינו דההוא בר נש דריב"ל היה חייב מיתה כשבע בן בכרי ואפ"ה לא איתגלי ליה אליהו מפני שמסרו וא"ל וזו משנת חסידים היא אלמא דלכתחילה אין מורים כן:

כתב הרמ"ך אף על פי שנמצא בתוספתא כדבריו לא ידענא טעמא מאי דהא מסיק בגמרא (פסחים כ"ה) דמש"ה אמרינן בש"ד יהרג ואל יעבור דסברא הוא מאי חזית דדמא דידך סומק טפי והכא ליכא האי סברא דהא יהרגו כלם והוא עצמו ומוטב שיהרג הוא עצמו ואל יהרגו כולם. ואני אומר שאין טענתו טענה על התוספתא דאיכא למימר דהתם שאני דיחדו לו וא"ל קטול לפלניא ומש"ה אי לאו טעמא דמאי חזית דדמא דידך סומק טפי לא הוה אמרינן דיהרג ואל יעבור והיינו דקתני סיפא יחדוהו להם אבל ברישא שלא יחדוהו שלא אמרו אלא תנו אחד מכם ונהרוג אותו בכל אחד מהם שירצו למסור אותו איכא למימר להו מאי חזיתו שתמסרו את זה תמסרו אחד מכם ותצילו את זה דמאי חזיתו דדמא דהאיך סומק טפי דלמא דמא דהאי סומק טפי וע"פ טענה זו א"א להם למסור שום אחד מהם אבל אי קשיא על ר"ל קשיא דאמר שאע"פ שיחדוהו להם אם אינו חייב מיתה לא ימסרוהו דהא ליכא הכא סברא דמאי חזית דדמא דידך סומק טפי שהרי הוא והם נהרגים אם לא ימסרוהו. ואפשר לומר דס"ל לר"ל שמ"ש דבש"ד סברא הוא אינו עיקר הטעם דקבלה היתה בידם דש"ד יהרג ואל יעבור אלא שנתנו טעם מסברא להיכא דשייך אבל אין ה"נ דאפילו היכא דלא שייך האי טעמא הוי דינא הכי דיהרג ואל יעבור:

<u>ט"ז על שולחן ערוך יורה דעה הלכות עבודת כוכבים סימן קנז סעיף א</u>

(ז) תנו לנו אחד כו'. - הכי איתא בתוספתא ומסיים בה אא"כ יחדוהו כשבע בן בכרי ובירושלמי פליגי בה ר"ל ורבי יוחנן ר"ל ס"ל והוא שחייב מיתה כשבע בן בכרי ור"י ס"ל אף על פי שאין חייב מיתה והרמב"ם פרק ה' מהלכות יסודי התורה פסק כר"ל ותמה ב"י למה לא פסק כר"י דקיימא לן כוותיה לגבי ר"ל בכל דוכתי וראיתי בהג"ה מיימונית שהקשה ג"כ הכי וכ' שמהר"מ הביא לו ראיה לרמב"ם ממ"ש בהג"ה למעלה ונראה שהראיה היא ממה דאיתא בירושלמי עולא בר קשבי תבעתיה מלכא ערק ואזיל לגבי ריב"ל והב"י הביאו כאן והיינו שיש לדקדק בו מאי חטאו של ריב"ל שנסתלק אליהו מעליו ומהיכן היה לו להרגיש ולראות שלא לסמוך על המתניתין שהיא מפורשת דאם כן בכל יום לא נדע על מה לסמוך ונראה שאליהו היה מגלה לו כאן שיש במתני' ב' פירושים דהיינו או כר"ל או כר' יוחנן אם דוקא חייב מיתה או לאו וההוא גברא לא היה חוטא כשבע בן בכרי והיה ריב"ל פוסק כר"י והוכיחו אליהו ז"ל דההוא משנה כמשמעות' לאו משנת חסידים אלא כל חסיד יהיה מורא על ראשו שמא כר"ל דמספיקא אזלינן להקל בנפשות ולא מסרינן נפש על פי זה חש לה הרמב"ם ופסק גם כן כר"ל אלא דעדיין קשה למה פסק הרמב"ם אפי' אם הוא חייב מיתה אפ"ה אין מורין כן והיינו מכח ההיא דאליהו וצ"ל דשם מיירי שההוא גברא היה חייב מיתה ואפ"ה הוכיחו אליהו וכ"פ בכסף משנה ואם כן הדרה קושיא שלי לדוכת' למה נענש ריב"ל ותו מה היה לו לעשות חסידות וכי היה לו להניח להרוג כל ישראל ח"ו מכח חסידות. ונראה לי שעיקר החטא היה במה שריב"ל עצמו הלך ומסרו והיה לו להניח הדבר ביד המון העם שיעשו מה שירצו וממילא היו מוסרים אותו והוא לא היה לו לומר כלום ועל זה אמר אליהו לאו משנת חסידים היא כלומר שלא על החסידים נשנה כן שהם בעצמם יעשוה אלא יניחו הדבר כמות שהוא. ועל כן פסק הרמב"ם שאין מורין כן לכתחלה אלא יניחו הדבר וכמו שירצו יעשו זהו נ"ל נכון בפי' הירושלמי וברמב"ם ולענין הלכה יש לנו לפסוק כן כר"ל ולא ימסרוהו אא"כ חייב מיתה כשבע בן בכרי כדעה השניה שהביא רמ"א כאן וכן פסק מו"ח ז"ל:

(ח) חייב מיתה כשבע בן בכרי. - נראה דלהכי נקטיה כשבע בן בכרי דאע"פ דבדין תורה לא היה חייב מיתה אלא מצד חוק המלכות שמרד בדוד מ"מ מוסרין אותו אם יחדוהו ומינה אף בזמנינו מי שפושע ומורד במלכות שלו מוסרין אותו וה"ה בשאר עבירות שאחד מוחזק בהם כגון עוסק בזיופי' או שאר דברים שיש בהם סכנה פשיטא שמוסרין אותו ומן הראוי למסור אותו אפי' אם לא יחדוהו כיון שהוא כמו רודף לשאר ישראל ע"י מעשיו הרעים שעושה בפשיעה כן נראה לי בזה ועוד נראה לי דבמקום שאין מוסרין אותו אין חילוק בין מסירה למיתה או לשאר יסורים או אפילו לממון דלענין יסורים פשיטא שהם גרועים ממיתה כדאמרינן באלו נערות (דף ל"ג) אלמלא נגדוהו לחנניא מישאל ועזריה הוה פלחו לצלמא ויליף מזה דיסורים קשים ממיתה ויליף דמלקות חמור ממיתה וראיה דהא בירושלמי לא קאמר תבעיתיה מלכא להריגה אלא סתם תבעיתיה אפשר ליסורין לחוד (ואין) [ויש] לנו להחמיר מספק ואפי' לממון מצינו בפרק הגוזל בתרא דקאמר על זה קרא כתוא מכמר כיון שנפל בידי עובדי כוכבים שוב אין מרחמין עליו כן נראה לע"ד:

<u>**פתחי תשובה על שולחן ערוך יורה דעה הלכות עבודת כוכבים סימן קנז סעיף א**</u>

(יג) תנו לנו א' מכם - בתשובת נו"ב תניינא חי"ד סימן ע"ד נשאל בן המחבר שר שצריך יהודים לעבודתו ומבקש מהיהודים שימסרו לו איזה נערים אם מותר למסור לו והשיב דפשוט שאסור ואף אם יש איזה נערים קלים ופרוצים ביותר אין אנו יכולים לדון דיני נפשות והרבה הילדות עושה וניתן להענישם בתפיסה אבל חלילה למסור אותם להדיחם לגמרי מקהל ישראל ובפרט שלא נתברר בעדות ברורה אם עברו עבירה חמורה לכן שארית ישראל לא יעשו עולה כזו אך את זה יכולים לעשות להשתדל על אדם כשר שלא יקחו אותו כ"ז שלא אמרו בפירוש שאותו הם מבקשים אבל אם כבר בא הפקודה על אחד קשה להורות להשתדל עבורו ובנד"ז קשה להורות וע"ז אמרו חז"ל כשם שמצוה לומר דבר הנשמע כו' והמשכיל בעת ההיא ידום אבל עכ"פ מחוייבים למחות ביד מי שרוצה למסור בידים ע"ש ועיין בתשובת יד אליהו ס"ס מ"ג ועיין בס' תפארת למשה שכתב דעל פי גורל שרי כעובדא דיונה וגבעונים וסרח בת אשר ע"ש:

<u>**R. Yosef Dov Soloveitchik, in On Repentance** (Al haTeshuvah), ed. Pinhas Peli (Jerusalem: The World Zionist Organization, 1975) p. 86.</u>

For a philosophical perspective on the relationship between the individual and the collective expressed in these laws, Rabbi Soloveitchik explained that the Jewish perception of man is twofold: Judaism saw in him an individual in his individuality, and saw him as part of a collective, an organ of the body of the Jewish people [Kenesset Yisra'el]. On this subject, there is a continuing dialectic in Judaism in all generations. The question of questions is whether the individual stands above the collective and the collective must serve the individual, or whether the individual is subordinate to the collective and of no independent significance to it. Further on, R. Soloveitchik continues: It is as though the individual and the collective find themselves on two sides of the balance and are dependent upon one another. Sometimes we find that the collective must sacrifice itself for the individual, for instance in the law concerning heathens who surround a city and demand one person—then, all must die rather than giving up one Jew. But there are times when the individual is obliged to sacrifice himself for the collective. The individual is never considered insignificant with reference to the collective, and the collective is not diminished on account of the individual or individuals. Each one has its own place.

7. דין רודף ומצות לא תעמוד על דם רעך (עג.)

המשנה והגמרא בדף עג. שורות 1– 32 עד ״מיטרח ומיגר אגורי אימא לא, קמ״ל״.[1]

את מי מצילין?

רש״י ד״ה ואלו, תוספות ד״ה להצילו – וע׳ ביד רמה שהביא את הפירוש האחרת, שמצילין את הרודף מעבירה. וע׳ בזה גם בחידושי הר״ן, ובהערה 57, ועי׳ בזה גם במרגליות הים. ונבאר להלן את עיקר יסוד הדין של רודף, ונראה ברור שזה וזה גורם לכ״ע, אך נחלקו איזו מהם הוי עיקר הדין.

תוספות ד״ה ומה – במה שכתבו, ״אינה מקפדת על פגמה״, כונתם לשיטת ר׳ יהודה לקמן (בברייתא בדף עג. ובגמרא בדף עג:) דמקפדת ואומרת הניחו לי שלא יהרגני. ובמה שהזכירו את הדין של ״נעבדה בה עבירה״, יש לפרש שפירוש הרמב״ם (הלכות רוצח ושמירת הנפש א:יב) או כרש״י (עג. ד״ה נעבדה בה עבירה).[2]

בתירוץ התוספות – ״דהכא לא קפיד קרא אאיסורא אלא אפגימא״ – ודבר זה תלוי גם בפירוש לשון במשנה – ״מצילין בנפשן״, ברש״י ד״ה ואלו ותוד״ה להצילו דלהלן.

תוספות ד״ה אף – דנו בהבדל בין דין רודף לבא במחתרת. ועי׳ גם בחידושי הר״ן ובהערה 64. ויש לדון בכונת התוס׳, אי ס״ל שבעיקר דומה הדין של רודף לבא במחתרת, ויש רק חילוק אחד, או אם ס״ל שזהו סימן לחילוק יסודי ביניהם.

תוספות ד״ה להצילו – השוה את התירוץ בסוף התוס׳ לחידושי הר״ן שתירץ בענין אחר.

אין עונשין מן הדין

למדו את הכלל הזה בגמרא מכות (דף ה:) ונחלקו בזה האחרונים בטעם. לפי המהרש״א (סנהדרין סד:) הוא משום שאין להענישו על פי ק״ו, דשמא אינו מתכפר בזה אלא באמת חייב יותר. ולפי

[1] This is a good opportunity to teach the ideas of קל וחומר, אין עונשין מן הדין, היקש, דרשה מלשון הפסוק as well as the meaning of the terms אלא and אין הכי נמי.

[2] According to Rashi, it means that if this happened to her in the past, it is not as bad when it happens again. According to the Rambam, it means that after the act is performed, punishment has to be through court. This הלכה seems much easier to explain according to the Rambam.

ההליכות עולם (מובא בערוך לנר), הוא משום שאולי ק״ו פריכא הוא. (ואפשר עוד דהוי רק ״גזירת הכתוב״.) ואולי נ״מ בכרת, ונ״מ לקרבן, ועוד אפשר דנ״מ בחיוב ממון. ועיין בזה בערוך לנר (מכות יד.)[3]

״מיטרח ומיגר אגורי וכו׳״

עיין בראייש (סי׳ ב) שכתב דמ״מ חייב הניצל לשלם למציל את הממון שהוציא אם יש לו.[4] ומובא דבריו בכסף משנה (הל׳ רוצח א:יד, וגם בבית יוסף סי׳ תכו), אך השמיטו בשו״ע (בסי׳ תכו). ותמה הסמ״ע (א) על השמטת המחבר והרמ״א. וכתב הש״ך שזה נכלל בדברי הרמ״א ביו״ד (סי׳ רנג, סעיף יב), ובפרט לפי ביאור של הבית יוסף (שם). ולכאורה עדיין צריך עיון, ובודאי לפי המחבר שהשמיטו אפילו ביורה דעה.

לא תעמוד וכו׳.

מהו להכניס את עצמו לספק סכנה כדי להציל חבירו?

- הביא ההגהות מיי׳ (מובא בכסף משנה, הל׳ רוצח א:י״ד) את הירושלמי, שחייב אדם להכניס את עצמו לספק סכנה אם בודאי יכול להציל את חבירו. ועי׳ במנחת חינוך (מצוה רצו אות לב) שכתב דדברי הירושלמי צ״ע, דמהיכי תיתי שחייב להכניס את עצמו לידי ספק סכנה, והעיר הסמ״ע (תכו: ב) שהשלחן ערוך השמיט דין זה.[5]
- דייק האור שמח ברמב״ם (הל׳ רוצח ז:ח, על פי המשנה במכות יא:) דאינו חייב, ואסור לעשות כן. [וע׳ במה שכתוב במשך חכמה (שמות ד:יט) שהמקור של הרמב״ם והמשנה הוא על פי הפסוק בשמות – ״כי מתו כל האנשים המבקשים את נפשך״, דמשמע דבלאו הכי היה אסור לו למשה לחזור למצרים משום שיש לו סכנה, ואף להציל את כלל ישראל. ובמה שפחד מהאנשים האלו ולא פחד מפרעה ומכל צבא מצרים, פי׳ בהעמק דבר שהיה מובטח מהקב״ה שיקיים שליחותו, וה׳ יהיה עמו, משא״כ מהאנשים היהודים האלו, שביקשו את נפשו, לא היה לו שום הבטחה עליהם.]

[**ועיין עוד בזה** במאירי, בטור, ובירושלמי בתרומות, פרק ח.]

[3] This is a valuable and useful ידיעה.

[4] At face value, this גמרא seems to be inclined towards an economically socialistic viewpoint, considering the health and well-being of people in society as the financial responsibility of others. The ראש's interpretation is more capitalistic. What would the ראש say about universal health care?

[5] This presents an interesting moral dilemma. A secular view would say that although there is no obligation, perhaps it is the "right thing to do."

תרומת איברים – Organ/ Tissue Donations

ע׳ בשו״ת הרדב״ז, בציץ אליעזר (חלק י סי׳ כה פרק ז), בשו״ת ממעמקים (English version chapter 1), במראה מקומות ב״בירור הלכה״, ובחידושי הר״ן, בהערה 69.

ועי׳ במאמר של ר׳ בלייך שדן אם מותר לכוף את הקטן ליתן תרומת דם וכדומה כדי להציל אחר. והביא את השו״ת מהרי״ט הנ״ל שכתב שהפלת עובר הוי חבלה ומ״מ מותר לצורך האם, ואפשר דה״ה כאן.[6]

״והשבותו לו״

ע׳ בפירוש המשניות להרמב״ם (נדרים ד:ד) - בחיוב הרופא לרפאות, ולהשוותו לרמב״ן על התורה (ויקרא כו:יא) בענין רפואה.

[6] This creates a connection to the previous סוגיא.

מסכת סנהדרין דף עג.

משנה ואלו הן שמצילין אותן בנפשן הרודף אחר חבירו להרגו ואחר הזכר ואחר הנערה המאורסה אבל הרודף אחר בהמה והמחלל את השבת ועובד עבודה זרה אין מצילין אותן בנפשן

גמרא תנו רבנן מניין לרודף אחר חבירו להרגו שניתן להצילו בנפשו תלמוד לומר (ויקרא י"ט) לא תעמד על דם רעך והא להכי הוא דאתא האי מיבעי ליה לכדתניא מניין לרואה את חבירו שהוא טובע בנהר או חיה גוררתו או לסטין באין עליו שהוא חייב להצילו תלמוד לומר לא תעמד על דם רעך אין הכי נמי ואלא ניתן להצילו בנפשו מנלן אתיא בקל וחומר מנערה המאורסה מה נערה המאורסה שלא בא אלא לפוגמה אמרה תורה ניתן להצילה בנפשו רודף אחר חבירו להרגו על אחת כמה וכמה וכי עונשין מן הדין דבי רבי תנא הקישא הוא (דברים כ"ב) כי כאשר יקום איש על רעהו ורצחו נפש וכי מה למדנו מרוצח מעתה הרי זה בא ללמד ונמצא למד מקיש רוצח לנערה המאורסה מה נערה המאורסה ניתן להצילה בנפשו אף רוצח ניתן להצילו בנפשו ונערה מאורסה גופה מנלן כדתנא דבי רבי ישמעאל דתנא דבי רבי ישמעאל (דברים כ"ב) ואין מושיע לה הא יש מושיע לה בכל דבר שיכול להושיע גופא מנין לרואה את חברו שהוא טובע בנהר או חיה גוררתו או לסטין באין עליו שהוא חייב להצילו תלמוד לומר לא תעמד על דם רעך והא מהכא נפקא מהתם נפקא אבדת גופו מניין תלמוד לומר והשבתו לו אי מהתם הוה אמינא הני מילי בנפשיה אבל מיטרח ומיגר אגורי אימא לא קא משמע לן

תוספות שם

ומה נערה המאורסה שלא בא וכו' - וא"ת ההוא פגם חמור מרוצח שזה בסקילה וזה בסייף לאו פירכא היא דהכא לא קפיד קרא אאיסורא אלא אפגימ' דהא נעבדה בה עבירה או שאין מקפדת על פגמה אין מצילין אותה בנפשו כדמוכח שמעתין ופשיטא דיש פגם גדול בנהרג מבנערה המאורסה שנאנסה וא"ת ומנא לן דאפגימ' קפיד רחמנא דילמא אאיסורא קפיד מדאיצטריך למעוטי עובד עבודת כוכבים ומחלל שבת ובהמה ובקונטרס פי' לקמן דאפגימ' קפיד מדגלי בהני ולא בעבירות אחרות ועוד י"ל דאין מושיע לה משמע דאבושתה קפיד קרא.

להצילו בנפשו כו' - משמעות הלשון שמצילין הנרדף בנפשו של רודף אבל לא יתכן לפרש כן ברודף אחר הבהמה וכיוצא בה לפיכך נראה לפרש דמצילין את האדם מן העבירה בנפשו של עצמו אבל קשה מנערה המאורסה דקאמר שניתן להצילה בנפשו וא"ת וכיון דמהכא ילפינן דרוצח ניתן להצילו בנפשו למה לי קרא בטובע בנהר וחיה גוררתו השתא חברו הורג כדי להציל התם לא כ"ש ולא מסתבר למימר דחבירו הורג טפי לאפרושי מאיסורא אלא נראה דאי מהכא ה"א עשה קמ"ל התם דעובר בלאו דלא תעמוד על דם רעך.

רש"י שם

ואלו שמצילין אותן - מן העבירה.

נעבדה בה עבירה - כבר.

יד רמ"ה מסכת סנהדרין דף עג.

מתני' ואלו שמצילין אותן מן העבירה בנפשן ויש לפרש ואלו שמצילין אותן מיד רודפיהן בנפשם כלומר בנפשם של רודפים הרודף אחר חבירו כו'

<u>חידושי הר"ן מסכת סנהדרין דף עג.</u>

מתניתין ואלו שמצילין אותן בנפשן. פי' ואלו הן הנרדפין שמצילין אותן בנפשן של רודפין והכי מוכח בגמ' דאמרינן בנערה המאורסה שמצילין אותה בנפשו כלומר בנפשו של רודף. אלא דקשה קצת מאי דאמרינן במחלל את השבת ובעובד ע"א שאין מצילין אותן בנפשן והכא לא שייך למימר להציל הנרדף דאין שם נרדף. ולפיכך צריך לפרש שמצילין את הרודפין לעשות עבירה בנפשם כלומר שהורגים אותם כדי שלא יעשו העבירה, ואם נראה לפרש הפי' הראשון צריך לומר דסיפא דמחלל את השבת לא דייקא לישנא דמצילין אותן בנפשם אלא דמשום רישא נקטיה:

<u>רמב"ם הלכות רוצח ושמירת הנפש פרק א הלכה יב</u>

רדף אחר ערוה ותפשה ושכב והערה אע"פ שלא גמר ביאתו אין ממיתין אותו עד עמדו בדין, רדף אחר ערוה והיו אחרים רודפין אחריו להצילה ואמרה להם הניחוהו כדי שלא יהרגני אין שומעין לה אלא מבהילין אותו ומונעין אותו מלבעול, באיבריו, ואם אינן יכולין למנעו באיבריו אפילו בנפשו כמו שביארנו.

<u>תוספות מסכת סנהדרין דף עג.</u>

אף רוצח ניתן להצילו בנפשו - ואם תאמר מוהוכה בכל אדם נפקא כדדרשינן לעיל (דף עב:) וי"ל דהתם רשות ואשמעינן קרא דאין לו דמים אבל הכא קמ"ל דחובה להציל.

<u>מסכת מכות דף ה:</u>

תנא בריבי אומר לא הרגו נהרגו הרגו אין נהרגין אמר אביו בני לאו קל וחומר הוא אמר לו לימדתנו רבינו שאין עונשין מן הדין דתניא (ויקרא כ') איש אשר יקח [את] אחותו בת אביו או בת אמו אין לי אלא בת אביו שלא בת אמו ובת אמו שלא בת אביו בת אמו ובת אביו מנין ת"ל ערות אחותו גילה עד שלא יאמר יש לי בדין אם ענש על בת אביו שלא בת אמו ובת אמו שלא בת אביו בת אביו ובת אמו לא כל שכן הא למדת שאין עונשין מן הדין

<u>מהרש"א חידושי הלכות מסכת סנהדרין דף סד:</u>

גמרא ומזרעך ולא כל זרעך כתב הסמ"ג לאווין מ' ויש בזה טעם לתשובת המינים מפני שבמיתת ב"ד מתכפרין המומתין וזה עשה כ"כ עבירה גדולה שאין הקב"ה רוצה שיהא לו כפרה ומזה הטעם אני אומר כו' עכ"ל ע"ש ומזה נראה לתת טעם הא דאמרינן בכל דוכתא דאין עונשין מן הדין אע"ג דק"ו מדה היא בתורה מכ"מ אין לדון כן לענין עונש דאימא זה שעשה עבירה החמורה מזו אינו מתכפר בעונש המפורש בקלה ממנה וק"ל:

<u>ערוך לנר מסכת מכות דף יד.</u>

ולענ"ד תלי הך דאי כרת עונשין בהך טעמא למה אין עונשין מן הדין, דלהך טעמא דהמהרש"א כבר כתבתי דכרת עונשין, דעכ"פ לא גרע מכרת, אבל להטעם דכתב הליכות עולם לאין עונשין מן הדין דדלמא יש לו פירכא א"כ גם כרת אין עונשין. ויש נפקותא לענין קרבן, דלטעם המהרש"א עונשין כרת וממילא יש קרבן, אבל

לטעם דהליכות עולם י"ל דלמא ק"ו פריכא הוא, ואין כרת וממילא ג"כ אין קרבן, ועכ"פ תלי קרבן בכרת, וא"כ יש ראיה מסוגיא דסנהדרין נגד הריטב"א דכרת וגם קרבן אין עונשין מן הדין:

<u>רא"ש מסכת סנהדרין פרק ח סימן ב</u>

גמ' תניא מנין לרואה את חברו שטובע בנהר או חיה גוררתו או לסטין באין עליו שחייב להצילו שנאמר לא תעמוד על דם רעך והא מהכא נפקא מהתם נפקא אבידת גופו מנין ת"ל והשבותו לו אי מהתם ה"א ה"מ בנפשיה אבל מיטרח ואיגורי לא קמ"ל. והניצול חייב לפרוע למציל מה שהוציא. דאין אדם מחויב להציל נפש חבירו בממונו היכא דאית ליה ממונא לניצול. כדאמר לקמן (דף עד א) נרדף ששיבר את הכלים של רודף פטור. של כל אדם חייב ואם היה מחויב להציל את הנרדף בממונו א"כ יפטור משבירת הכלים שהרי ממון חבירו מחויב להציל וברשות שברם כדי להנצל:

<u>כסף משנה הלכות רוצח ושמירת הנפש פרק א הלכה יד</u>

כל היכול להציל ולא הציל וכו'. בס"פ בן סורר ומורה (דף ע"ג) מניין לרואה את חבירו שהוא טובע בנהר או חיה גוררתו או לסטים באים עליו שהוא חייב להצילו ת"ל לא תעמוד על דם רעך והא מהכא נפקא מהתם נפקא אבידת גופו מנין ת"ל והשבותו לו אי מהתם ה"א ה"מ בנפשיה אבל מיטרח ומיגר אגורי אימטו לא קמ"ל. וכתב הרא"ש והניצול חייב לפרוע למציל מה שהוציא דאין אדם חייב להציל נפש חבירו בממונו היכא דאית ליה ממונא לניצול וכתב הגהות מיימון עבר על לא תעמוד וכו' בירושלמי מסיק אפי' להכניס עצמו בספק סכנה חייב עכ"ל. ונראה שהטעם מפני שהלה ודאי הוא ספק:

<u>שולחן ערוך חושן משפט סימן תכו סעיף א</u>

הרואה את חבירו טובע בים, או לסטים באין עליו, או חיה רעה באה עליו, ויכול להצילו הוא בעצמו או שישכור אחרים להציל, ולא הציל; או ששמע עובדי כוכבים או מוסרים מחשבים עליו רעה או טומנים לו פח ולא גילה אוזן חבירו והודיעו; או שידע בעובד כוכבים או באנס שהוא בא על חבירו, ויכול לפייסו בגלל חבירו ולהסיר מה שבלבו ולא פייסו, וכיוצא בדברים אלו, עובר על לא תעמוד על דם רעך (ויקרא יט, טז).

<u>סמ"ע חו"מ תכו:א</u>

או שישכור אחרים. דאילו להצילו בגופו מוהשבותו לו [דברים כ"ב ב'] נפקא דאבידת גופו של חבירו צריך להשיב לו [סנהדרין ע"ג ע"א], ומלא תעמוד על דם רעך [ויקרא י"ט ט"ז] מרבינן אפילו להוציא ממון ע"י שישכור אחרים להצילו צריך. וכתבו הרא"ש [סנהדרין פ"ח סי' ב'] והטור בסימן זה [סעיף א'] ז"ל, מיהו אם יש לו ממון להציל עצמו חייב לשלם לחבירו, והביא הרא"ש ראיה לדבר, ומהתימה שהשמיטו המחבר ומור"ם ז"ל:

<u>ש"ך חושן משפט סימן תכו:א</u>

או שישכור אחרים כו' - עיין בסמ"ע ס"ק א' עד ומהתימא שהשמיטו המחבר ומור"ם ז"ל כו' כבר כתבו מור"ם בי"ד סי' רנ"ג [רנ"ב] ס"ס י"ב בהגהה בשם מרדכי ע"ש וע"ש בב"י סכ"ב בשם מהרי"ו:

שולחן ערוך יורה דעה סימן רנג סעיף יב

מי שצריך לבריות ושט אחר פרנסתו ונתנו לו צדקה, אין בעלי חובות יכולים להפרע ממה שגבה בצדקה. הגה: אם לא שכתוב בקבוצו שחייב לאחרים, דאז נתנו לו אדעתא דהכי שישלם (כך משמע מהגהות מרדכי דב"ב).

מנחת חינוך מצוה רצו

וכבר כתבתי לעיל דבלא מעשה אינו חייב להציל חבירו בדמו מקרא וחי דחייך קודמין ובפרט לפמ"ש התוס' דל"ש סברא מאי חזית כו' אדרבא מ"ח כו'. א"כ מצד הסברא א"צ להכניס עצמו אפי' בספק סכנה עבור חבירו אע"פ שחבירו הוא בסכנה ודאי כיון דהוא לא יעבור כלל רק עובר על לא תעמוד על דם רעך א"כ כל המצות נדחין אפי' מפני ס' סכנה מחמת וחי בהם ובנדרים פ' וא"נ מבואר שם פלוגתא דר"י סובר אפי' כביסתו וחיי חבירו כביסתו קודמת מחמת צערא דגופא טובא וחכמים פליגי דחיי חבירו עדיף מצערו אבל להכניס עצמו בספק סכנה נראה דא"צ. אך ראיתי בכ"מ פ"א מה' רוצח מביא בשם הירושלמי דמחויב להכניס עצמו בספק סכנה אם חבירו בסכנה ודאית ע"ש. ולדידי צ"ע דמה"ת וע' בח"מ סי' תכ"ו השמיטו המחבר ובסמ"ע הקשה למה השמיטו וע"ש שכתב כיון שהרי"ף והר"מ השמיטו דין זה ובאמת צ"ע דברי הירושלמי ואינו ת"י.

[**קומץ המנחה:** אחר זמן הראה לי תלמידי מפורש בשו"ת רדב"ז חלק שני סי' תרכ"ה כתב כן בפירוש. וכתב מי שעושה כן הרי זה חסיד שוטה דאינו מחוייב כלל, עי"ש, והנאני שכוונתי לדעתו. אך מכל מקום צ"ע על הרדב"ז דלא הביא הירושלמי אשר הובא (בכמה מקומות) [בכסף משנה], דמפורש לפי עדותו דמחוייב להכניס את עצמו בספק סכנה בשביל חבירו שהוא בסכנה ודאי, וצריכים אנו לקבל באימה דברי הירושלמי, וצ"ע.]

סמ"ע תכו:ב

עובר על לא תעמוד כו'. ובהגהות מיימוניות [פ"א מרוצח הט"ו דפוס קושטא] כתבו דבירושלמי [ראה סוף פ"ח דתרומות] מסיק דצריך אפילו להכניס עצמו בספק סכנה עבור זה, והביאו הב"י [סעיף ב'], וכתב ז"ל, ונראה שהטעם הוא מפני שהלה ודאי והוא ספק, עכ"ל. גם זה השמיטו המחבר ומור"ם ז"ל, ובזה י"ל כיון שהפוסקים הרי"ף והרמב"ם והרא"ש והטור לא הביאו בפסקיהן, משר"ה השמיטוהו גם כן:

רמב"ם הלכות רוצח ושמירת הנפש פרק ז הלכה ח

הגולה אינו יוצא מעיר מקלטו לעולם ואפילו לדבר מצוה או לעדות בין עדות ממון בין עדות נפשות ואפילו להציל נפש בעדותו או להציל מיד הגייס או מיד הנהר או מיד הדליקה ומן המפולת ואפילו כל ישראל צריכין לתשועתו כיואב בן צרויה אינו יוצא משם לעולם עד מות הכהן הגדול, ואם יצא התיר עצמו למיתה כמו שביארנו.

אור שמח הלכות רוצח ושמירת הנפש פרק ז הלכה ח

הגולה אינו יוצא מעיר מקלטו לעולם כו' אפילו כל ישראל צריכין לתשועתו אינו יוצא משם לעולם כו', התיר עצמו למיתה:

הוסיף רבינו טעם למה אינו יוצא, הלא פקוח נפש דוחה כל מצות שבתורה, ומכש"כ פקוח נפש דכל ישראל, ואסתר תוכיח, רק דנגד הטבע אין לנו להוסיף אחרי מצות יוצר הטבע, חוקר כליות ולב, הוא אמר כי אם יחם לבב הגואל להרגו אין לו משפט מות, תו אין יכולים ב"ד להמיתו, וכיון שהותר דמו לגואל הדם אין לו להכניס

עצמו בספק סכנה עבור הצלת חבירו מסכנה ודאית, כן נראה, ומוכח מזה דלא כהגמ"י בשם ירושלמי דתרומות (עיין שם פ"ח סוף ה"ד) שהובא בכסף משנה פרק א' (הי"ד) דחייב להכניס עצמו בספק סכנה, ומירושלמי גופיה אינו מוכח למעיין היטב בו:

כן מה שראיתי מביאים בשם הרדב"ז שחייב לקוץ את עצמו אבר כדי להציל חבירו, נ"ל דאינו כן, וקצת סעד לזה מהא דאמרו בסנהדרין (דף מ"ד ע"ב), וכששמעו חכמים בדבר אמרו להחזירו א"א כו', דקא הדרי בהו כו', וברש"י שם (ד"ה דבעיא), והיה להן לומר לעדים שיקוצו את ידיהם, ועדים שנקטע ידן קודם מיתה אחר שנגמר דין פטור, וכדאמר שמואל (שם מ"ה ע"ב) דבעי לקיים בו יד העדים תהיה בו בראשונה כו', ועל כרחין דאינו מחויב לקטוע ידו להציל פלוני, אף דע"י עדותן שקר נהרג בחנם, וזה קצת סעד, ואכ"מ, ועיין סמ"ע (חו"מ) סימן תכ"ו בזה, וראה מש"כ בפ"ד בזה:

<u>משך חכמה שמות פרק ד פסוק יט</u>

(ויאמר ה' אל משה במדין) לך שוב מצרימה, כי מתו כל האנשים המבקשים את נפשך. מוכח דאם היו חיים המבקשים את נפשו לא היה צריך לילך להוציא בני ישראל ממצרים, אף על פי שכל ישראל צריכים אליו, אינו צריך להכניס עצמו בסכנה. ומזה יצא לרבינו במשנה (מכות ב, ז) שהגולה לעיר מקלט: (ואינו יוצא לא לעדות מצוה, ולא לעדות ממון, ולא לעדות נפשות) ואפילו ישראל צריכים לו ואפילו שר צבא ישראל כיואב בן צרויה - אינו יוצא (משם לעולם שנאמר (במדבר לה, כה) "אשר נס שמה", שם תהא דירתו, שם תהא מיתתו, שם תהא קבורתו). ועיין אור שמח הלכות רוצח בזה. ומזה יתפרש המכילתא פרשת יתרו (פרשה א. אמר ר' יהושע בן קרחה: בא וראה כמה גדולה מילה, שכל זכויותיו של משה לא עמדו לו בשעת דחקו, כשאמר לו המקום לך הוצא את עמי בני ישראל ממצרים, ועל שנתעצל במילה שעה אחת ביקש המלאך להרגו שנאמר "ויהי בדרך במלון וגו'". רבי יוסי אומר) חס ושלום לאותו צדיק שנתרשל במילה שעה אחת, אלא דרש משה קל וחומר: ימול ויצא הרי סכנת נפשות. פירוש, דמה להצלת הרבים, אמר לו השם יתברך "כי מתו כל האנשים (המבקשים את נפשך") ואינו מחוייב להכניס עצמו בסכנה, כל שכן שמילה שהוא על התינוק לבד, שאינו דוחה סכנת נפשות, וברור מאוד.

<u>שו"ת ציץ אליעזר חלק י סימן כה פרק ז</u>

השתלת אברים מחיים לחיים. בירנו בזה הוא על אודות הוצאת והשתלת אברים שהוצאתם מגוף האדם אינו גורר אחריו מות ודאי, או אפילו אם ודאי הדבר או קרוב לודאי שלא יגרור אחריו מות לנדבן. והשאלה היא אם חייב או עכ"פ מותר לו לאדם לנדב אברים כאלה כדי להציל חבירו ממות בטוח אם לא ישתלו בגופו אבר כזה, או דילמא שאין כל חיוב וכל מצוה על כך ולא עוד אלא שיש גם איסור בדבר מעשות זאת לנדב ולהסכים שיחתכו מגופו איזה אבר ואע"פ שזה בא להציל חבירו ממיתה. והשאלה מתפשטת גם על הרופא, אם מותר לו לבצע ניתוח כזה. בכדי לבוא לבירורה של השאלה יש לנו להקדים לברר שתי הלכות, והמה (א) אם חייב, או מותר לו לאדם להכניס את עצמו בספק סכנות נפשות בכדי להציל את חבירו הנתון בסכנת נפש (ב) אפילו אם תמצא לומר שמותר לו להכניס א"ע בספק סכ"נ =סכנת נפשות= עבור כך, יש עוד לברר אם זהו דוקא כשיש גם ספק לצד השני שבסופו של דבר יתכן שגם הוא ינצל ולא יאונה לו כל רע, אבל משא"כ היכא שברור הדבר שמיהת יפסיד בכל אופן שהוא אבר מאבריו על ידי הצלה כזאת שיעשה לחבירו, בכל כה"ג יש לומר שאסור לעשות זאת, או שעכ"פ אין עליו כל חיוב על כך גם לא משום ממדת חסידות לעשות כזאת, ואפילו היכא שלא

יהא כרוך בזה כל סכנת נפש, מכיון שברור מיהת שעי"ז יפסיד בודאות אבר מאבריו. והנה בשאלה זאת כבר דנתי בספרי שו"ת צ"א ח"ט סי' מ"ה, וכאן אבוא באומר מן החדש בדברים שנתחדשו ונתבהרו בע"ה בהלכה חמורה זאת וכן בסיכומי ההלכות היוצאות לנו מזה בעפ"י האמור בספרנו שם וממה שנתחדשו בפרק זה. (א) איתא בסנהדרין ד' ע"ג ע"א: מנין לרואה את חבירו שהוא טובע בנהר או חיה גוררתו או ליסטין באין עליו שהוא חייב להצילו ת"ל לא תעמוד על דם רעך. והא מהכא נפקא מהתם נפקא אבידת גופו מנין ת"ל והשבותו לו [קרא יתירא הוא למדרש השב את גופו לעצמו. רש"י] אי מהתם הו"א ה"מ בנפשיה [אם זה הרואהו יכול להצילו יצילהו. רש"י] אבל מיטרח ומיגר אגורי אימא לא קמ"ל [לא תעמוד על דם רעך לא תעמוד על עצמך משמע אלא חזור על כל צדדין שלא יאבד דם רעך. רש"י]. והרמב"ם בפ"א מה' רוצח הי"ד פוסק את ההלכה בזה בזה"ל: כל היכול להציל ולא הציל עובר על לא תעמוד על דם רעך, וכן הרואה את חבירו טובע בים או ליסטים באים עליו או חיה רעה באה עליו יכול להצילו הוא בעצמו, או לשכר אחרים להצילו ולא הציל, או ששמע עובדי כוכבים או מוסרים מחשבים עליו רעה או טומנין לו פח ולא גלה אזזן /אוזן/ חבירו והודיעו, או שידע בעובד כוכבים או באונס שהוא בא על חבירו ויכול לפייסו בגלל חבירו להסיר מה שבלבו ולא פייסו, וכל כיוצא בדברים אלו, העושה אותם עובר על לא תעמוד על דם רעך עכ"ל [אגב. מדברי הגמ' בסנהדרין הנ"ל ברור שהוא גם המקור לדברי הרמב"ם בפיהמ"ש בפ"ד דנדרים שכותב: חיוב הרופא מה"ת לרפאות חולי ישראל וזה נכלל בפי' מ"ש הפסוק והשבותו לו, לרפאות את גופו, שהוא כשרואה אותו מסוכן ויכול להצילו או בגופו או בממונו או בחכמתו ע"ש. היינו, שבהיות שהגמ' הנ"ז בסנהדרין אמרה לנו דקרא יתירא דוהשבותו לא בא לרבות אבידת גופו, למד מזה הרמב"ם שכלול בריבויא דהך קרא שמחויבים לטרוח בהשבת גופו של חבירו בכל סוגי השבות שיכלתו להשיב לו עי"כ את גופו הן בגופו הן בממונו וגם לרבות בחכמתו, מזה, החיוב על הרופא להצילו, בחכמתו. ואולי כלול זה גם בדברי רש"י בסנהדרין שם בלשונו שכותב אלא חזור על כל צדדין שלא יאבד דם רעך. ואין סתירה לזה ממה שדורשת הגמ' בב"ק ד' פ"ה ע"א מקרא דרפא ירפא מכאן שניתן רשות לרופא לרפאות, דאילו לא היה לרופא רשות לכך לא היה כלול ענין זה של ריפוי בקרא דוהשבותו לו, ופשוט. ואין להאריך בכאן יותר מזה]. אנו רואים שינוי לשון ברמב"ם מלשון הגמ', דבגמ' כתוב בלשון החלטי: שהוא חייב להצילו. ואילו ברמב"ם כתוב בלשון: ויכול להצילו. וניתן מקום לחשוב שהרמב"ם רצה בזה כאילו לבוא ולפרש כוונת הגמ', שאינו חייב להצילו אלא כאשר היכולת בידו ולא יצטרך להסתכן עי"כ בעצמו. אמנם מדברי הכ"מ נראה דלא נחית לכך, דאחרי שמביא בדבריו המקור לדברי הרמב"ם בזה מההיא דסנהדרין, מביא לאחר מיכן, דברי הגהות מיימון שמביא שם הירושלמי דמסיק דאפי' להכניס עצמו בספק סכנה חייב. וגם מסביר הדבר, שהטעם הוא, מפי שהלה ודאי והוא ספק. ומדלא העיר הכ"מ שזה לכאורה דלא כדמשמע מלשון דבריו של הרמב"ם, משמע כנ"ז דלא הוה ס"ל לדקדק בלשון הרמב"ם שכתב ויכול שיהא משמע מזה שכוונתו דוקא כשלא יצטרך להסתכן עי"כ אפי' על הספק, אבל כפי שנווכח נמצא סייעתא ממקו"א לדיוקא הנ"ל מדברי הרמב"ם. (ב) והנה בטור בחו"מ סי' תכ"ו מצינו שכתב כפילות דברים בההלכה האמורה. מתחילה פוסק לשון פסקו בזה ובזה"ל: הרואה את חבירו טובע בנהר או שלסטין באין עליו חייב להצילו בין בגופו בין בממונו, ומיהו אם יש לו ממון להציל עצמו חייב לשלם לזה. ולאחר מיכן חוזר לכתוב זאת ההלכה בהעתיקו לשון פסקו של הרמב"ם הנ"ל בזה במלואו. ומוסיף בלשון: והרמב"ם כתב הרואה שחבירו טובע בנהר וכו'. ויש להבין פשר דבר. הב"י עמד על כך וכתב לפרש שלכן חזר הטור להעתיק גם לשון הרמב"ם דהוא בשביל מה שכתב שאם שמע עכו"ם או לסטים מחשבים עליו רע צריך לגלות אוזן חבירו או לפייס העכו"ם. והוא דחוק לפענ"ד לומר שבשביל הוספת נקודה זאת שישנה בדברי הרמב"ם חזר הטור להעתיק גם דברים שכבר הזכירם לפני כן (ועוד

בהוספת הלכה מהרא״ש שאם יש לו חייב לשלם אח״כ לזה). אולם הב״ח נגע בנקודת הדקדוק שכתבנו לעיל לדייק בדברי הרמב״ם וכותב לפרש כוונת הטור שלכן הוסיף להעתיק לאחר מיכן גם דברי הרמב״ם בזה, דלפי דמלשון הברייתא משמע דחייב להצילו אפילו אינו ברור לו שיוכל להצילו חייב להכניס עצמו בספק סכנה להצילו אבל הרמב״ם כתב ויכול להצילו וכו׳ דמשמע דדוקא בדאין ספק שיכול הצילו אבל אינו חייב להכניס עצמו בספק סכנה להצלת חבירו לכך אמר והרמב״ם כתב וכו׳ כנראה שחולק על מ״ש תחלה ע״ש. הרי שהב״ח עמד כבר על הדקדוק הלשוני שבדברי הרמב״ם במה ששינה מלשון הגמ׳, ומתוך כך כתב ליישב ולפרש גם דברי הטור שעל כן הוסיף להביא גם לשון הרמב״ם בזה, מפני שבתחילה כתב הטור ההלכה בזה כפי שכתוב בגמ׳, והיינו בלשון חייב להצילו, כאילו לומר שמחויב אפילו להכניס עצמו בספק סכנה כדי להצילו, לכן הוסיף כאילו לומר שאבל הרמב״ם לא ס״ל כן, וחולק על האמור, אלא ס״ל דאינו מחויב להצילו אלא כאשר יכול להצילו בלי כל ספק סכנה עבורו. באופן שיוצא לנו שבדבר זה אם אדם מחויב להכניס עצמו בספק סכנה כדי להציל חבירו הנתון בסכנה ודאית מחולקים הרמב״ם והטור, לדעת הרמב״ם אינם מחויבים ולדעת הטור מחויבים. ובאמרנו שלדעת הטור מחויבים כוונתנו לדעת הטור לפי כוונה אחרת, אבל הכרע אין בדברי הטור לאחר שהביא גם דעת הרמב״ם בזה. (ג) אמנם מדברי הב״ח שם נראה כאילו בא לאחר מיכן בהסתייגות מפירושו האמור, דלאחר שכתב ביאורו הנ״ל מוסיף וכותב וז״ל: מיהו בהגהת מיימוני ישנים נמצא לשם שכתב וז״ל ובירושלמי מסיק אפי׳ להכניס עצמו בספק סכנה. ומביאו ב״י עכ״ל. ומלשון זה של מיהו שמוסיף הב״ח לכתוב משמע שבא בזה להשוות הדרנא ביה ממה שביאר לפני כן בהיות ומצא מובא בשם הירושלמי שכתוב ההיפך ממה שרצה לדייק מלשון דבריו של הרמב״ם, אלא דכן מחויב להכניס עצמו בספק סכנה. אבל אי משום הא אין הכרע לפענ״ד, דהמעיין בספרי שו״ת צ״א שם יראה דאחרי שטרחנו להביא מתחילה איה מקום משכנו של דברי הירושלמי בזה, הוספנו לבאר ולהוכיח שלאמיתו של דבר אין כל הוכחה מפורשת מהירושלמי שסובר בכזאת שמחויב להכניס א״ע עבור כך גם בספק סכנה כיער״ש. לעומת זאת מצאתי שכאשר עלה בדעתו של הב״ח לבאר בכוונת דברי הרמב״ם, העלה בדעתו בפשיטות לבאר כן בכוונת הגמ׳ אחד מהראשונים ז״ל, והוא בחידושי המאירי לסנהדרין, דז״ל: מי שראה חבירו טובע בנהר או חיה גוררתו או ליסטים באים עליו חייב להשתדל בהצלתו, ולא סוף דבר בעצמו אם הוא יכול בלא סכנה שהרי על אבדת ממונו חייב על אבדת גופו לא כל שכן, אלא אף על ידי אחרים, והוא שישכור שכירים ופועלים ובקיאים באותו דבר להצילו וחברו פורע לו מן הדין עכ״ל. הרי לנו בהדיא לאחד מגדולי הראשונים ז״ל שפירש נמי בפשטות שכוונת הגמ׳ באמרה שהוא חייב להצילו המכוון דוקא אם הוא יכול להציל בלא סכנה, והיינו כשעי״כ לא יהא צפוי לו כלל כל סכנה אפילו לא של ספק, ומכיון שכן ודאי הדבר שניתן לפרש שזהו גם כוונת דברי הרמב״ם במה ששינה מלשון הגמ׳ וכתב לנו את ההלכה בלשון ויכול להצילו, והוא, כדי להדגיש לנו עי״כ שכוונת ההלכה האמורה בזה בגמ׳ היא כשאבל יכול להצילו לפי טבע הדברים מבלי שתהא נשקפת לו על ידי זה סכנה לחייו הוא גם לא ספק סכנה, ואז הוא שמחויב להצילו. ואם עבר ולא הצילו עובר על לא תעמוד על דם רעך. ולא עוד, אלא הא הרי גם הב״י שהעתיק בפשיטות דברי הגהות מיימון בשם הירושלמי גם בכ״מ וגם בב״י, בכל זאת מדי בואו לכתוב פסק ההלכה בזה בשלחנו הטהור לא הכניס והביא כלל ההלכה הזאת שהביא כאילו בשם הירושלמי שמחויב להכניס את עצמו אפילו בספק סכנה כדי להציל חבירו, וגם הרמ״א לא העיר מזה כלל. וכבר ביאר הסמ״ע בחו״מ שם בסי׳ תכ״ו סק״ב שלכן השמיטו זאת המחבר וגם המור״ם ז״ל מפני שהפוסקים הרי״ף והרמב״ם והרא״ש והטור לא הביאו מזה בפסקיהן משו״ה השמיטוהו גם הם. ע״ש. ולפי דברינו מלשון הרמב״ם בזה יש עוד הוכחה על להיפך שאינו מחויב להכניס עצמו בספק סכנה. ומה שמעניין הדבר הוא שהב״י בשלחנו בחו״מ שם לא זו בלבד שלא

הביא את הכתוב בזה בהגהות מיימון בשם הירושלמי אלא גם את ההלכה בזה שכתב שם שהרואה את חבירו טובע בים וכו' שחייב להצילו כתבה ג"כ לא כלשון הטור אלא ממש כלשון הרמב"ם, והיינו בלשון ויכול להצילו. ולא כתבה בלשון חייב להצילו כפי שכתבה הטור כיעו"ש. (ד) על כל האמור נזכיר מה שבספרנו שם הארכנו להוכיח מתלמודא דידן ומדברי גדולי הפוסקים שהוכיחו וביארו ופסקו את ההלכה בזה שאין אדם מחויב להכניס את עצמו בספק סכנה כדי להציל חבירו מודאי סכנה [וזה דלא כדראיתי לאחר מיכן בספר עמודי אור סי' צ"ו שכותב לחלק בזה ולומר דדוקא בספק וספק אינו מחויב, והיינו שהדבר גם בספק אם חבירו ינצל ע"י פעולת הצלתו, אבל כשעל ידי פעולתו הצלת חבירו ברורה אז מחויב להכניס עצמו לספק סכנה עיי"ש, וזה אינו. ובנוגע למעשה בנידוננו, כל פעולת השתלה בגוף מסוכן ההצלה של המסוכן ע"כ איננה ודאית, וא"כ למעשה גם העמודי אור מודה שאיננו מחויב בזה, וכדכותב שם, דאבל אם גם בהכניסו עצמו לספק סכנה עדיין הצלת חברו מסופקת דבר פשוט דבכה"ג לא מחייב להכניס עצמו לספק סכנה כי שב ואל תעשה עדיף עיי"ש]. ובראש כולם הבאנו מה שסלל לנו את הדרך בהלכה זאת הרדב"ז ז"ל, בתשובותיו סי' תרכ"ז (ובחדשות סימן אלף נ"ב). (ה) ובהיות שדברי הרדב"ז המה קילורין לעינים וכמה הלכתא גבירתא אנו למדים מדבריו בנוגע לנידוננו, ושם בספרנו הבאנו רק מתמציתן, לכן נעתיק בזה כל לשון הרדב"ז. וז"ל: שאלת ממני אודיעך דעתי על מה שראית כתוב אם אמר השלטון לישראל הנח לי לקצץ אבר אחד שאינך מת או אמית ישראל חבירך יש אומרים שחייב להניח לקצץ האבר הואיל ואינו מת והראיה מדאמרינן בע"ז חש בעיניו מותר לכוחלה בשבת ומפרש טעמא משום דשורייני דעינא בלבא תליא משמע הא אבר אחר לא, והשתא יבוא הנדון מק"ו ומה שבת החמורה שאין אבר אחד דוחה אותה היא נדחית מפני פקוח נפש אבר אחד שנדחה מפני השבת אינו דין שתדחה מפני פקוח נפש, ורצית לדעת אם יש לסמוך על טעם זה. תשובה. זו מדת חסידות, אבל לדין יש תשובה מה לסכנת אבר דשבת שכן אונס דאתי משמיא ולפיכך אין סכנת אבר דוחה שבת, אבל שיביא הוא האונס עליו מפני חבירו לא שמענו, ותו דילמא ע"י חתיכת אבר אעפ"י שאין הנשמה תלויה בו שמא יצא ממנו דם הרבה וימות ומאי חזית דדם חבירו סומק טפי דלמא דמא דידיה סומק טפי, ואני ראיתי אחד שמת ע"י שסרטו את אזנו שריטות דקות להוציא מהם דם ויצא כ"כ עד שמת, והרי אין לך באדם אבר קל כאוזן וכ"ש אם יחתכו אותו, ותו דמה לשבת שכן הוא ואבריו חייבין לשמור את השבת ואי לאו דאמר קרא וחי בהם ולא שימות בהם הוה אמינא אפילו על חולי שיש בו סכנה אין מחללין את השבת, תאמר בחבירו שאינו מחויב למסור עצמו על הצלתו, אע"ג דחייב להצילו בממונו אבל לא בסכנת אבריו. ותו דאין עונשין מדין ק"ו ואין לך עונש גדול מזה שאתה אומר שיחתוך אחד מאבריו מדין ק"ו והשתא ומה מלקות אין עונשין מדין ק"ו כ"ש חתיכת אבר. ותו דהתורה אמרה פצע תחת פצע כויה תחת כויה ואפ"ה חששו שמא ע"י הכויה ימות והתורה אמרה עין תחת עין ולא נפש ועין תחת עין ולכך אמרו שמשלם ממון, והדבר ברור שיותר רחוק הוא שימות מן הכויה יותר מעל ידי חתיכת אבר ואפ"ה חיישינן לה כ"ש בנ"ד. תדע דסכנת אבר חמירא דהא התירו לחלל עליה את השבת בכל מלאכות שהם מדבריהם אפילו ע"י ישראל. ותו דכתיב דרכיה דרכי נועם וצריך משפטי תורתינו יהיו מסכימים אל השכל והסברא, ואיך יעלה על דעתנו שיניח אדם לסמא את עינו או לחתוך את ידו או רגלו כדי שלא ימיתו את חבירו, הלכך איני רואה טעם לדין זה אלא מדת חסידות ואשרי חלקו מי שיוכל לעמוד בזה, ואם יש ספק סכנת נפשות הרי זה חסיד שוטה דספיקא דידיה עדיף מוודאי דחבריה עכ"ל הרדב"ז. ולפני שנדייק ונפרט פרטי הדינים שאנו למדים מדברי הרדב"ז, אקדים ואומר, דמתוך זה שהרדב"ז לא הזכיר מדברי ירושלמי שישנו לכאורה ההיפך מזה, דבר שעמד על כך בספר אגודת אזוב שהזכרתי בספרי שם אות י"א, נראה בעליל שהיה ס"ל להרדב"ז שמהירושלמי אין כל הוכחה לכך, וכפי שביארנו בספרנו

שם, עד שלא מצא לנחוץ להביאו אפילו כדי לסתור שאין ראיה. ודברי הגמ' בסנהדרין ד' ע"ג שיש ראיה משם לדעת הרדב"ז שאינו מחויב להכניס עצמו בספק סכנה, כדביארנו בספרנו שם, נראה שהרדב"ז רמזה להזכירה בדבריו, במ"ש בתוך דבריו בלשון: אע"ג דחייב להצילו בממונו אבל לא בסכנת אבריו. דדבר זה דחייב להצילו בממונו מבו' בסנהד' שם דמחויב גם למיטרח ומיגר אגורי, ואולי כוון הרדב"ז גם לגופה של הראיה שהבאנו שם באות ח' בשם האגודת אזוב. שהוכיח מתירוצא דגמ' שם דדוקא מטרח ואגורי הוא דמחייב אבל לא להכניס נפשו בפסק סכנה כיעו"ש. וכעת בבואנו לגופן של דברים, אנו נוכחים לדעת שהרדב"ז ז"ל שיכל בדבריו לחלק את השאלה לשתים והמה: (א) אם מחויב להכניס א"ע לספק סכנה (ב) אפילו כשאין כל סכנת נפש אם מחויב לסכן אבר מאבריו בכדי להציל חבירו מסכנה ודאית. ופתרון השאלות חילקן ג"כ לשתים, והמה: (א) אם יש חיוב לכך (ב) גם אם אין חיוב אם מותר לו מיהת למי שהוא לנדב א"ע על זאת, או שיש גם איסור לכך. אודות אם יש חיוב, הכריע בהחלטיות שכזה כן זה אין על האדם כל חיוב לא להכניס את עצמו בספק סכנת נפשות וגם לא בסכנת אבר כדי להציל את חבירו מסכנת נפש, ובא על כך מקרא ומסברא. מקרא: דלא מצינו בהלכה שאדם יהא מחויב להביא אונס עליו, ולו סכנת אבר בלבד, מפני הצלת חבירו. ולא דמי לשבת שמחויב לסכן אבר כדי לא לחלל שבת במלאכה דאורייתא, דבשם האונס על כך בא עליו משמיא, ואין ללמוד מזה שיהא מחויב גם להביא עליו סכנת אבר בידים. ועוד דבשבת הוא ואבריו חייבין לשמור את השבת, ואדרבא צריכים על כן לימוד מיוחד של וחי בהם ולא שימות בהם שאיננו מחויב גם למסור נפשו לשם שמירת שבת, תאמר בחבירו שאיננו מחויב למסור נפשו על הצלתו, ואדרבא צריכים ללימוד מיוחד שמחויב מיהת להצילו בגופו כשאין סכנה לו וגם לרבות בממונו, ולכן אין לחייבו בשום פנים להציל חבירו במקום ספק סכנת נפשות וגם לא בסכנת אבר אפי' אילו היה לנו ללמוד ק"ו לכך אין עונשין מן הדין. ומסברא: - דהתורה דרכיה דרכי נועם לכן אין להעלות על הדעת שתהא בכזאת משפט תורתנו שעל האדם להניח לסמא את עינו או לחתוך ידו או רגלו כדי שלא ימיתו את חבירו, דבר שעומד בניגוד אל השכל והסברא, ומכ"ש שאין לו להכנס עבור כן בספק סכנת נפש. ואודות אם יכול מיהת לנדב א"ע לכך בזה הפריד הרדב"ז בין ספק סכנת נפש לבין סכנת אבר, דבסכנת אבר בלבד פסק דמותר לו לעשות זאת, והוא עוד מדת חסידות, וקילס למי שיוכל לעמוד בזה. אבל בספק סכנת נפש אסר גם לעשות זאת, וקרא למי שרוצה לעשות בכזאת, בשם חסיד שוטה, כי ספיקא דידיה עדיף מודאי דחבריה. ועוד זאת השמיענו הרדב"ז ז"ל דבדרך כלל ישנו בחתיכת אבר גם ספק סכנת נפשות, ובהיות כן הרי יוצא שגם בנדיבת אבר, ובפרט אבר פנימי, מי שעושה כן בשם חסיד שוטה יקרא. וכפי שכתבתי שם בספרי צריכים להגדיר בזה ולומר דס"ל להרדב"ז שאעפ"י שכשיבואו לשאול לנו נגדיר הכל בגדר ספק סכנה, מ"מ לא נדקדק על כל מי שרוצה במקרה כזה של סכנת משנהו לנדב אבר מרצונו כל שאין הנשמה תלויה בו. וביותר על כל אבר שאינו מן החלל ולפנים, אלא נאמר לו שלא יקרא עי"כ חסיד שוטה אלא אדרבה תהא זה מצידו דרגא גדולה של מדת חסידות, בהיות וכל חתיכת אבר חיצוני כפי שדשו בו רבים אינו כרוך עפ"י רוב, ובדרך כלל, בספק סכנה. דאל"כ הרי לא יצויר בשום פעם שיחול על כך המקרה שקורא לו הרדב"ז מדת חסידות, דהא הרי הרדב"ז בעצמו מאריך לבאר שכל הפסדת אבר אצל אדם כרוך בספק סכנה ואפילו חתיכה באוזן וכנ"ל, וא"כ תמיד צריך להקרא עוד בשם חסיד שוטה, אלא ודאי צ"ל בכוונתו כנ"ז. (ו) ולולי דברי הרדב"ז ז"ל היה אפשר לומר להיפך דבנדיבת אבר צריך להקרא יותר חסיד שוטה במלהכניס עצמו בספק סכנה, משום דלהכניס עצמו רק בספק סכנה כדי להציל עי"כ את חבירה /חבירו/ הנתון בסכנה ודאית, בזה יש לומר דישנו בכך משום מדת חסידות דמאמין בחי העולמים דעי"ז שימסור א"ע עבור לקיים מצוה גדולה של הצלת נפש מישראל תגן עליו מצוה גדולה זאת שלא תאונה לו למעשה כל רע וגם הוא ינצל ויצא

שלם בגופו. [וזאת היא אולי גם הסברא של הגהות מיימון ודעימי' שיש לו להכניס א"ע בספק סכנה להציל חבירו מודאי סכנה] אבל משא"כ בנתינת רשות להוריד ממנו אבר מאבריו כדי להציל חבירו הרי ברור הדבר שיחסר לו עי"כ האבר, ולכן בכה"ג יש לומר דבזה הוא דיקרא בשם חסיד שוטה כי אין זה דרכי נועם ומשפטי תוה"ק לא תסכים לכך לתת רשות לאדם לתת הסכמה להחסיר אבר מאבריו דבר שלא ניתן להשבה. ולא עוד אלא די"ל ביותר דלא שייך בזה ענין של מדת חסידות, ואם עפ"י דין אין עליו חיוב על כך תו לא שייך בזה הסכמה האדם על כך, כי האדם איננו הבעלים על גופו ואבריו להמיתו או להחסירן ממנו. אלא המה קנינו של הקב"ה כלשונו של הרמב"ם בפ"א מרוצח, או כלשונו של הרדב"ז בפי"ח מסנהדרין ה"ו: שאין נפשו של אדם קנינו אלא קנין הקב"ה כמו שנאמר הנפשות לי הנה. וגם לרבות כלשונו של שו"ע הגרש"ז הי' נזקי גוף סעי' ד' כי אין לאדם רשות על גופו כלל להכותו ולא לביישו ולא לצערו בשום צער. (ז) ועוד זאת אפילו לדעת הרדב"ז שקורא כן בשם מדת חסידות למי שמנדב החסרת אבר מאבריו עבור הצלת חבירו מסכנה ודאית, יש לומר דזהו ג"כ דוקא על כגון בדומה למקרה שנשאל שם שהיו דורשים גם לאברו, וההגמון פנה אליו לשם כך ואמר לו שאם יניח לו שיקצוץ לו אבר אחד שאיננו מת מת /תיבה כפולה/, יניח עי"כ את ישראל חבירו ולא ימיתנו, ומשום כך מכיון שמלכתחילה דרשו גם אברו התיר הרדב"ז לנדב אותו לשם הצלתו של חבירו וקרא זאת בשם מדת חסידות, אבל כשאין כלל וכלל דרישה שילטונית לאברו של זה, תהא זאת דרישה מהגמון של ב"ו, או כביכול דרישה שמימית ממלך כל הארץ שהשלטון לפניו, כגון כבנידוננו שאין כל דרישה כזאת מהנדב, בכל כגון זאת יש לומר שגם הרדב"ז יודה שאין בזה אפילו משום מידת חסידות לבוא לנדב אברו כדי להציל חבירו מסכנה. (ח) ברם בעיקרא של זאת ההלכה שיותר לאדם לנדב אבר מאבריו למען הצלת חבירו, אע"פ שאינו מחויב בכך עפ"י דין, עלינו לבטל דעתנו מפני דעתו של הרדב"ז ז"ל (פרט מה שיש מקום לחלק כנ"ז שגם אליבא דהרדב"ז הוא דוקא כשמיהת הדורש דמו של חבירו דורש דרש גם אברו של זה והתנה תנאי שאם יסכים לכך יותר על המתתו של חבירו), ומה גם שראיתי להיעב"ץ ז"ל בספרו מגדל עוז באבן בוחן פנה א' אות פ"ג שמחליט ג"כ בדומה לזה מד"ע דמיהת רשות היא ומצוה גרידא להניחו שיקצץ לו אבר כדי שלא יהרוג חבירו, אם כי מעורר מעין מה שהערנו על הרדב"ז וכותב לאחר מיכן דצ"ע בסכנת אבר שלפעמים יש בו סכנת כל הגוף ואע"פ שאינו מאברים ראשיים המטריפין יעו"ש. (ט) ולא יהא לפנינו דבר שלם אם לא נייחד עוד לרגע קט את הדיבור בנוגע להתנדבות לסכנת מות כדי להציל את חבירו הנתון בס"נ =בסכנת נפשות=. והוא זה. במפתחות לסי' מ"ה בספרנו שם הבאנו דברי הספר חסידים סי' תרצ"ח שכותב וז"ל: שנים שיושבים ובקשו אויבים להרוג אחד מהם אם אחד תלמיד חכם והשני הדיוט מצוה להדיוט לומר הרגוני ולא חבירי כר' ראובן בן איצטרובלי שבקש שיהרגוהו ולא לר' עקיבא כי רבים היו צריכים לר' עקיבא עכ"ל. למדנו מדברי הספר חסידים חידוש עוד יותר גדול ממה שחידש לנו הרדב"ז ז"ל, דהרדב"ז חידש בנוגע להתנדבות אבר שאינו מת בו, ואילו הספר חסידים חידש לנו שהיכא שהנדרש למות הוא תלמיד חכם, ישנו מצוה להדיוט [ולא רק רשות, ואם כי גם לא חובה] לנדב את עצמו וחיותו שיהרגוהו במקום הת"ח. אלא דעדיין לא ברור אם כוונת הס' חסידים דוקא כשהדורש מתנה מלכתחילה בכזאת לתת לו או זה או זה, או דילמא דאפילו כשמלכתחילה לא הציעו כלל את הנודב ודרשו רק דמו של הת"ח, בכל זאת ישנה ג"כ מצוה על ההדיוט לומר הרגוני ולא חבירי, דמרישא דדברי הס' חסידים משמע שהמדובר כשמלכתחילה הציעו גם דמו, וכדכתוב בלשון שנים שיושבים ובקשו אויבים להרוג אחד מהם והיינו בלא הקפדה איזה שיהיה או הת"ח או ההדיוט, וא"כ י"ל אין לך בו אלא חידושו דדוקא בכה"ג הוא דישנה מצוה על ההדיוט לומר הרגוני ולא חבירי, אבל לא כשמלכתחילה לא דרשו דמו כלל, בכל כה"ג י"ל דליכא גם מצוה, אך מסיפא דדברי הס' חסידים לא ברור אם המדובר דוקא בכה"ג,

שהרי מביא ראיה מר' ראובן בן איצטרבולי שביקש שיהרגוהו ולא לר' עקיבא ושמה כנראה שלא דרשו כלל דמו של ר' ראובן, וסופו מוכיח על תחילתו שלא הסכימו להצעתו, להשאיר בחיים את ר"ע תמורתו, ומאידך יש מקום לדייק מהוכחה זאת שבסיפא דדברי הס' חסידים ולומר שהאמור ברישא דדבריו דמצוה לומר להדיוט הרגוני ולא חבירי, המדובר לא בסתם תלמיד חכם, כי אם בתלמיד חכמים שרבים צריכים, וכדמסביר הס' חסידים בסיפא דדבריו, שלכן ביקש ר' ראובן שיהרגוהו במקום ר"ע מפני: כי רבים היו צריכים לר' עקיבא. וככה יוסבר לנו פחות או יותר הלכה מחודשת זאת שבס' חסידים דלכאורה אינה מובנת כלל, וכשאמרו חז"ל מאי חזית לא חילקו בין ת"ח להדיוט, והיינו מפני שהמדובר הוא כשרבים צריכים לו כר"ע דאזי נחשב זה כמוסר נפשו עבור הצלת רבים, שעל בכזה מצינו בהרבה מקומות בחז"ל שהפליגו בשבחם של יחידים כאלה שמסרו נפשם להריגה עבור הצלת רבים [ויתיישב עי"ז מה שיש עוד להקשות דר' ראובן לא היה הדיוט והי' תנא ומובא מימרא בשמו באדר"נ פרט"ז ע"ש. אלא דשאני ר"ע שרבים היו צריכים לו' /לו/ כנ"ל]. ויש תימא על כן קצת על הכנה"ג על שבשיירי כנה"ג יו"ד סי' קנ"ז הגהב"י אות ל"ה העתיק בדבריו רק רישא דדברי הס"ח, ומתקבל הרושם שההלכה נאמרה על כל ת"ח כיעו"ש. וביותר תמוהים דברי המגדל עוז באבן בוחן פנה א', שלא רק שבאות ע"ח העתיק ג"כ מדברי הס"ח באותו האופן שהעתיק הכנה"ג, אלא שבאות פ"ה שם הרחיב את היריעה ללמוד ולהורות עפי"ד הס"ח הנ"ל, שלא רק שאדם רשאי למסור עצמו להריגה להציל חבירו אם יודע בבירור שחבירו ת"ח כשר וצדיק יותר ממנו, אלא מוליד מזה עוד הלכה שגם בבן יחיד לאביו והאב זקן שא"א לו לקיים עוד מצות פ"ו =פרו ורבו= יש ג"כ להקל ולהתיר לאב למסור נפשו עבור בנו כשהבן אדם כשר לפחות אפי' אינו גדול כמותו ולא ממלא מקומו, או שהוא ילד קטן שעדיין לא התנכר במעלליו עיי"ש, והדברים מבהילים ולא ידעתי מקור להלכה כזאת, וכנראה הרגיש מזה המג"ע בעצמו, ולכן סיים את דבריו בלשון: ועדיין צ"ע. ואם גם לדברי המג"ע הדבר בספק עדנה, הרי יש לומר בזה ספק נפשות להקל, דהיינו להיות בזה בשב ואל תעשה, ולא להיות בקו"ע =בקום ועשה= בספק של עבירה על ונשמרתם מאד לנפשותיכם. (י) ודע דעצם המעשה בר' ראובן וכו' שמסתמך עליה הס"ח, לפנינו אין מקור מפורש לכך בהתלמודים, ומצאתי בספר שו"ת זכר יהוסף להגאון הבקי העצום הגרי"ז שטערין ז"ל בסי' ע"ח אות ט"ו שמתקשה למצוא מקורה וכותב ע"ז בלשון ונעלם ממני מקומו שמצוה להדיוט לומר הרגוני ולא לחבירי, ור"ל שנעלם ממנו מקומו של סיפור זה עד שנלמד מזה ההלכה האמורה שמצוה להדיוט לומר הרגוני ולא לחבירי הת"ח. ולאחר מיכן דוחק א"ע להביא לכך המעשה בר' ראובן במעילה ד' י"ז ולפרש שכוונת הס"ח להוכיח מזה שר' ראובן הכניס עצמו לסכנה כשיכירוהו שהטעה אותם עיי"ש והוא דחוק מאד לכל מבין. (יא) מכל האמור נלפענ"ד שהקשה /שיקשה/ מאד להורות היתר בהאמור, אם לא באופן שכתבתי בספרי שם והיינו היכא שישנו בלא"ה מקום לצדד להתיר כגון היכא שהסכנה איננה ודאית והמדע הרפואי אומר שהדעת נותנת ששניהם ישארו על ידי כן בחיים. ובכה"ג יש לצרף לסניף לזה גם אותה הדעה הסוברת שבכלל מותר לו לאדם להכניס א"ע בספק סכנה כדי להציל חבירו מסכנה ודאית אם כי נדחית היא מהלכה. (יב) שוב לאח"ז הגיע לידי ספר שו"ת יד אליהו מלובלין ומצאתי שבסי' מ"ג שאול נשאל ביסוד שלפנינו אם אדם מחויב להכניס עמו /עצמו/ בסכנת נפשות כדי להציל חבירו, ואם אינו מחויב אם עכ"פ רשאי לעשות כן אם רוצה ממדת חסידות או מחמת אהבת חבירו. ובבירורן של דברים העלה בזה ג' חילוקי דינים, והמה: (א) אין חיוב להכניס עצמו בספק סכנה בשביל הצלת אחרים (ב) אם המציל הוא במעלה יותר מן הניצל פשיטא ופשיטא דאיסורא נמי איכא אפילו היכא דהמציל בספק והניצל בודאי (ג) אם הנצול ת"ח והוא יותר במעלה מן המציל מותר להכניס עצמו בסכנה ואפשר דמצוה נמי איכא (ובתוך דבריו ציטט גם מדברי הס"ח) עיי"ש [וגם בנוגע היכא שת"ח וע"ה

נתונים בסכנה חידש היד אליהו בסוף דבריו שם לומר דאפי' אם הע"ה נתון בודאי סכנה והת"ח רק בספק סכנה מ"מ הת"ח קודם ובזה נשאר עוד לבסוף בצ"ע עיי"ש. ויש נפ"מ מזה לענין רפואה כשאין בכמות הרפואה עבור הצלת שניהם אם להקדים לתתה לת"ח אע"פ שנתון רק בס' סכנה, והע"ה נתון בודאי סכנה]. והנה כל ראיותיו של היד אליהו שם לדין השלישי המה ממה שמצינו בב"ק ד' ס"א ועוד כ"מ שמסרו עצמן לס"נ בשביל שיקבלו איזה הלכה וא"כ כ"ש שמותר לסכן עצמו בשביל הצלת ת"ח, ועפי"ז רוצה לפרש דבכזאת היתה גם כוונת ריש לקיש בפ"ח דתרומות דמסר נפשו להציל את רב איסי כיעו"ש, ולפענ"ד אין מזה כדי סיוע, וחוץ ממה שהספר בעצמו שם מרגיש דמההיא דב"ק יש להוכיח להיפך דהא כתוב דמשו"כ לא אבה דוד לשתותם, עוד היד הדוחה נותנת לדחות דאין הנידונים שוים, דקיומה של עצם ההלכה וגילויה מעמד מיוחד לה, ואין לבא ללמוד מזה בהיכא שדבר איננו נוגע לעצם קיומה כי אם למעמידה שע"ז מצוים כל ישראל וזרח השמש ובא השמש, ולומר עי"כ שגם עבור מעמידה הוא הת"ח מצוה להדיוט למסור עצמו להריגה, ולמטותי' דמר, אם נלמוד משם הרי שם התלמידי חכמים בעצמם מסרו א"ע לסיכון עבור קיומה של ההלכה אם כן צריכים ללמוד משם שלא רק הדיוט אלא גם תלמיד חכם מצוה ג"כ שימסור נפשו להצלת תלמיד חכם חבירו? ומדוע לומד משם רק על הדיוט. ובכלל בהמקורות שמביא שם לכך המדובר הוא לא על המושג של כניסה לסכנה של הריגה ממש אלא של התמסרות בכל כחות הגוף והנפש לכך, כדוגמת המאמר שמביא שם שכל דבר שב"ד נותנים נפשם כו' סוף מתקיים בידם כיעו"ש, ובההיא דסוף הוריות שהמדובר בהצלה של ממש באמת אמרו בסתמא דהוא קודם גם לאביו ורבו. שאפילו אם שם מותר מיהת אם רצונו בכך להקדימם עליו, הוא ג"כ מפני שעי"כ איננו מוסר עצמו עדנה ממש להריגה. גם שני חילוקיו הראשונים בלתי מובנים, והדעת נותנת דאם אין חיוב להכניס עצמו בספק סכנה בשביל הצלת אחרים, אזי גם אם המציל איננו במעלה יותר מן הניצל ג"כ יש גם איסור עליו להכניס עצמו לכך, ונשאול על כך מה שהיד אליהו שואל בעצמו להלן בדבריו, והוא, דאיך שייך לומר בזה חסידות או דינא דרשאי, ואי דינא הוא דאינו מחויב אינו רשאי ג"כ, וכי פירוקא לסכנתא, ושמה הוא משיב לחלק ולהוכיח דת"ח שאני, אבל בשני החילוקים הראשונים הרי המדובר לא כשהניצול ת"ח אלא במעלת המציל, וא"כ מאי שייך לחלק בזה, וכנ"ז. ובאמת להלן בסוף דבריו רואים שהיד אליהו בעצמו לא חזר לחלק בזה במעלת המציל, אלא כתב לחלק רק זאת דבעד חבירו אינו רשאי לסכן עצמו ובשביל רבו רשאי ואינו מחויב כיעו"ש. ובר מן כל דין נראה שהבעל יד אליהו לא ראה מהכתוב בזה בשו"ת רדב"ז שהבאנו, כי לא הזכירו כלל בכל דברי תשובתו, והרי הרדב"ז פסק בסכינא חריפא, ובפשטות, דאסור לו לאדם להכניס את עצמו אפילו בספק סכנה להצלת חבירו, מבלי לחלק כלל ממהות מעלת המציל, וכי כל מי שעושה כן הרי זה חסיד שוטה. ובודאי סכנה הרי כו"ע מודים בזה ומבלי כל חילוק במעלת המציל. היוצא לנו להלכה מכל האמור. א, אסור לו לאדם לנדב אבר מאבריו שיש בהסרתו ממנו ספק פיקוח נפש בכדי לשותלו בגופו של חבירו ולהצילו על ידי כן מסכנה ודאית שנשקפת לו בלי זה. והעושה כן הרי זה חסיד שוטה. ב, ישנו איסור גם על הרופא לבצע ניתוח כנ"ז בסעי' א'. דמאי חזית וכו', ואם ביצע ניתוח כזה ויקרה אסון למנדב דם יחשב לרופא שביצע זאת ודמו ידרש ממנו. ג. אם אין סכנה נשקפת לעין בנדיבת האבר, אם כי אין חיוב וגם לא מצוה עפ"י דין לנדב גם אבר כזה להציל חבירו, מכל מקום המנדב זאת ישנם הסוברים שלא רק שמותר אלא שיש גם משום מדת חסידות. ואם מנדב בלב גמור ושלם מותר לרופא לבצע ניתוח כזה. אמנם יש גם מקום לומר שאין בזה גם משום מדת חסידות כלל. ד. אם הזקוק להשתלה כזאת הוא תלמיד חכם ישנם הסוברים שמותר לאדם שאינו ת"ח למסור עצמו למיתה עבור הצלתו, ולנידוננו, מותר לנדב עבורו אפילו אבר שהנשמה תלויה בו ובהוצאתו ממנו ימות, ולמצוה תחשב לו אם כי אין כל חיוב על פי דין על כך, ויש לשקול הרבה אם

להתיר כזאת למעשה, ויותר קל הוא אם הניצול הוא ת"ח שרבים צריכים לו. ה. ישנם המתירים כנ"ז בסעי' ד' גם התנדבות אב זקן, שכבר קיים פריה ורביה לשם הצלת בנו יחידו שהוא אדם כשר אף על פי שאינו גדול כמוהו, או כשהוא ילד קטן שעדיין לא התנכר במעלליו. ויש לשקול בדבר זה עוד יותר ממה שיש לשקול על האמור בסעיף ד'. ו. כשהסכנה הנשקפת מהורדת האבר איננה ודאית והמדע הרפואי אומר שהדעה הנותנת היא ששניהם ישארו עי"כ בחיים, באופן כזה יש מקום לפסוק להתיר ולבצע זאת באופנים האמורים בסעיפים ד' ה'. אלה המה ההלכות היוצאות לנו באופן כללי ממה שביארנו בפנים, והמעיין בגופן של דברים ימצא בזה עוד הרבה הלכות פרטיות נחוצות. ויה"ר שיקוים בנו מקראי הפסוקים: צדיק כתמר יפרח כארז בלבנון ישגה, שתולים בבית ד' בחצרות אלקינו יפריחו. עוד ינובון בשיבה דשנים ורעננים יהיו. להגיד כי ישר ד' צורי ולא עולתה בו.

<u>משנה מסכת נדרים פרק ד משנה ד</u>

המודר הנאה מחבירו ונכנס לבקרו עומד אבל לא יושב ומרפאהו רפואת נפש אבל לא רפואת ממון ורוחץ עמו באמבטיא גדולה אבל לא בקטנה וישן עמו במטה רבי יהודה אומר בימות החמה אבל לא בימות הגשמים מפני שהוא מהנהו ומיסב עמו על המטה ואוכל עמו על השלחן אבל לא מן התמחוי אבל אוכל הוא עמו מן התמחוי החוזר לא יאכל עמו מן האבוס שלפני הפועלים ולא יעשה עמו באומן דברי רבי מאיר וחכמים אומרים עושה הוא ברחוק ממנו:

<u>רמב"ם על משנה מסכת נדרים פרק ד משנה ד</u>

זה שנכנס לבקר הוא שנאסר עליו שייהנה לו החולה. ואמרו **אבל לא יושב**, במקום שמקבלין שכר על הישיבה כלומר שהמבקר את החולה מקבל שכר בעד ישיבתו אצלו ורפויו או לצוות לו. ואם יכנס זה וישב ולא יקבל ממנו כלום הרי נהנה ממנו החולה בדבר שיש לו דמים. **ורפאות נפשות**, הוא שירפא אותו **ורפאות ממון** הוא שירפא בהמתו. ומותר לו לומר לו מה יועיל לבהמתו ולא נאסר עליו אלא לרפותה בידו. ולא נאסר זה לחולה עצמו מפני שהיא מצוה כלומר שחייב הרופא מן הדין לרפאות חולי ישראל והרי הוא בכלל אמרם בפירוש הכתוב והשבתו לו לרבות את גופו שאם ראהו אובד ויכול להצילו הרי זה מצילו בגופו או בממונו או בידיעתו.

<u>רמב"ן ויקרא פרק כו פסוק יא</u>

והכלל כי בהיות ישראל שלמים והם רבים, לא יתנהג ענינם בטבע כלל, לא בגופם, ולא בארצם, לא בכללם, ולא ביחיד מהם, כי יברך השם לחמם ומימם, ויסיר מחלה מקרבם, עד שלא יצטרכו לרופא ולהשתמר בדרך מדרכי הרפואות כלל, כמו שאמר (שמות טו כו) כי אני ה' רופאך. וכן היו הצדיקים עושים בזמן הנבואה, גם כי יקרם עון שיחלו לא ידרשו ברופאים רק בנביאים, כענין חזקיהו בחלותו (מ"ב כ ב ג). ואמר הכתוב (דהי"ב טז יב) גם בחליו לא דרש את ה' כי ברופאים, ואילו היה דבר הרופאים נהוג בהם, מה טעם שיזכיר הרופאים, אין האשם רק בעבור שלא דרש השם. אבל הוא כאשר יאמר אדם, לא אכל פלוני מצה בחג המצות כי אם חמץ: אבל הדורש השם בנביא לא ידרוש ברופאים. ומה חלק לרופאים בבית עושי רצון השם, אחר שהבטיח וברך את לחמך ואת מימיך והסירותי מחלה מקרבך, והרופאים אין מעשיהם רק על המאכל והמשקה להזהיר ממנו ולצוות עליו:

וכך אמרו (ברכות סד.) כל עשרין ותרתין שנין דמלך רבה רב יוסף אפילו אומנא לביתיה לא קרא, והמשל להם (במדב"ר ט ג) תרעא דלא פתיח למצותא פתיח לאסיא. והוא מאמרם (ברכות ס.) שאין דרכם של בני אדם ברפואות אלא שנהגו, אילו לא היה דרכם ברפואות יחלה האדם כפי אשר יהיה עליו עונש חטאו ויתרפא ברצון ה', אבל הם נהגו ברפואות והשם הניחם למקרי הטבעים:

וזו היא כונתם באמרם (שם) ורפא ירפא מכאן שנתנה רשות לרופא לרפאות, לא אמרו שנתנה רשות לחולה להתרפאות, אלא כיון שחלה החולה ובא להתרפאות כי נהג ברפואות והוא לא היה מעדת השם שחלקם בחיים, אין לרופא לאסור עצמו מרפואתו, לא מפני חשש שמא ימות בידו, אחרי שהוא בקי במלאכה ההיא, ולא בעבור שיאמר כי השם לבדו הוא רופא כל בשר, שכבר נהגו. ועל כן האנשים הנצים שהכו זה את זה באבן או באגרוף (שמות כא יח) יש על המכה תשלומי הרפואה, כי התורה לא תסמוך דיניה על הנסים, כאשר אמרה (דברים טו יא) כי לא יחדל אביון מקרב הארץ, מדעתו שכן יהיה. אבל ברצות השם דרכי איש אין לו עסק ברופאים:

8. דין מצילין בא׳ מאבריו ודין מיתה לזה ותשלומין לזה (עד.)

הגמרא בדף עד. שורה 3 עד שורה 22[1]

יכול להצילו באחד מאבריו

קי״ל כר׳ יונתן בן שאול דאם יכול להציל בא׳ מאבריו אין לו רשות להרגו. המשנה למלך (פ״ח מהל׳ חובל) כתב שהנרדף בעצמו יכול להרגו אף אם ניתן להינצל באחד מאבריו, ודוקא באדם אחר יש חילוק.[2]

וכתב הרמב״ם (הל׳ רוצח א:יג) דמ״מ אין ב״ד ממיתין אותו על זה. ותמה עליו הטור דאמאי אין ממיתין אותו. ופירש הכסף משנה דלא שייך בו התראה כיון שנתכוין להציל ולא להרג.[3] וכ״כ הבדק הבית, וכתב בזה המשנה למלך דדבריו צריכין תלמוד. הביא החי׳ הגרי״ז את דברי הגר״ש אייגר שתירץ על פי השיטה שהביא המשנה למלך (בהל׳ חובל) שהנרדף בעצמו יכול להרגו אף אם ניתן להינצל באחד מאבריו, וא״כ יש ליישב את דברי הרמב״ם דלהכי אף כל אדם פטור ממיתת ב״ד, דאיהו הוי בר קטלא, כיון שיכול הנרדף להרגו.[4] והאריך הגרי״ז לדחות את דברי הגר״ש אייגר, ע״ש ,וביאר הגרי״ז את דברי הרמב״ם בענין אחר [והעלה שהרודף ניתן למיתה מצד הצלת הנרדף וגם מצד עצמו, וקשור לדיון בדף עג. בנוגע למי מצילין].[5]

עיין בחידושי הגר״ח על הרמב״ם (הל׳ רוצח א:ט) שהוכיח מכאן שהדין של רודף הוי בעיקרו כדי להציל את הנרדף, ולא מחמת הרודף.

[1] This section provides a useful opportunity to develop textual גמרא skills. It also introduces (once again) the important principle of קם ליה בדרבה מיניה and the central value of שלא יהא ממומו חביב עליו מגופו. (It is interesting to compare to the bottom of the עמוד – ....שיש לך אדם שממונו חביב עליו מגופו).

[2] This is an important view because it recognizes the difficulty of the situation of the נרדף and his right of defense. It is also necessary in order to understand the גרי"ז.

[3] This provides a reasonable answer for the Rambam. Additionally, it raises an insightful way of thinking about the definitions of מזיד and שוגג.

[4] This is a short answer for the Rambam. It also introduces the idea of a בר קטלא, an important ידיעה.

[5] This approach is a good culmination of the *sugya,* as it suggests that there is both a punishment aspect and a defense aspect to the law. However, this discussion may be too difficult and time consuming.

מיתה לזה ותשלומין לזה

לפי גירסתנו, מסקנת הסוגיא היא שאין לחלק, ומ"מ פטור מתשלומין. ועי' בחידושי הר"ן שהביא גירסה אחרת דשאני רודף דהוי מיתה לכל אדם, כיון שכל אדם ניתן להרגו, אבל בעלמא חייב מיתה לזה ותשלומין לזה. ועי' בכסף משנה (הל' עדות כא:י) שהעלה דאפשר דהרמב"ם פסק כדברי הר"ן.[6]

"שמציל עצמו בממון חבירו"

יש להעיר שהרא"ש (סימן ב) הביא מכאן ראיה שאע"פ שחייב ל"מיגר אגורי", הניצול חייב לפרוע למציל מה שהוציא.

[6] This limitation of קם ליה makes it even easier to understand.

<u>מסכת סנהדרין דף עד.</u>

תניא רבי יונתן בן שאול אומר רודף שהיה רודף אחר חבירו להורגו ויכול להצילו באחד מאבריו ולא הציל נהרג עליו מאי טעמא דרבי יונתן בן שאול דכתיב (שמות כ״א) וכי ינצו אנשים (יחדו) וגו׳ ואמר רבי אלעזר במצות שבמיתה הכתוב מדבר דכתיב (שמות כ״א) ואם אסון יהיה ונתתה נפש תחת נפש ואפילו הכי אמר רחמנא ולא יהיה אסון ענוש יענש אי אמרת בשלמא יכול להציל באחד מאבריו לא ניתן להצילו בנפשו היינו דמשכחת לה דיענש כגון שיכול להציל באחד מאבריו אלא אי אמרת יכול להציל באחד מאבריו נמי ניתן להצילו בנפשו היכי משכחת לה דיענש דילמא שאני הכא דמיתה לזה ותשלומין לזה לא שנא דאמר רבא רודף שהיה רודף אחר חבירו ושיבר את הכלים בין של נרדף ובין של כל אדם פטור מאי טעמא מתחייב בנפשו הוא ונרדף ששיבר את הכלים של רודף פטור של כל אדם חייב של רודף פטור שלא יהא ממונו חביב עליו מגופו של כל אדם חייב שמציל עצמו בממון חבירו ורודף שהיה רודף אחר רודף להצילו ושיבר את הכלים בין של רודף בין של נרדף בין של כל אדם פטור ולא מן הדין שאם אי אתה אומר כן נמצא אין לך כל אדם שמציל את חבירו מיד הרודף

<u>משנה למלך הלכות חובל ומזיק פרק ח הלכה י</u>

וכתוב שם מכ״י של הרב המחבר וז״ל וכיוצא בזה כתבו ז״ל דהא דאמר דאם יכולין להציל באחד מאיבריו של רודף שאין הורגין אותו שדין זה לא נאמר אלא באיש אחר הבא להציל אבל הנרדף אינו מדקדק בזה ועיין בכנה״ג בחדושיו על הרא״ם פ׳ וישלח ע״כ):

<u>רמב״ם הלכות רוצח ושמירת הנפש פרק א הלכה יג</u>

כל היכול להציל באבר מאיבריו ולא טרח בכך אלא הציל בנפשו של רודף והרגו הרי זה שופך דמים וחייב מיתה אבל אין בית דין ממיתין אותו.

<u>כסף משנה הלכות רוצח ושמירת הנפש פרק א הלכה יג</u>

כל היכול להציל באבר מאיבריו וכו׳. שם (דף ע״ד) ר׳ יונתן בן שאול אומר רודף שהיה רודף אחר חבירו להרגו ויכול להצילו באחד מאיבריו ולא הציל כלומר ולא הצילו אלא בנפשו נהרג עליו ומשמע לרבינו דאי אפשר לומר שב״ד ממיתין אותו שמאחר שלא נתכוון אלא להציל לא שייך ביה התראה ולא נקט ר׳ יונתן בן שאול נהרג עליו אלא לומר שהוא חייב מיתה לשמים:

<u>משנה למלך הלכות רוצח ושמירת הנפש פרק א הלכה יג</u>

אבל אין ב״ד ממיתין אותו. כתב הטור סי׳ תכ״ה ואיני יודע כיון שחייב מיתה למה אין ב״ד ממיתין אותו. ומרן ז״ל בס׳ ב״ה כתב דפירכא מעיקרא ליתא דלית ביה התראה ושיקבל עליו מאחר שאינו מתכוין אלא להציל ע״כ ודבריו צריכין תלמוד:

<u>ר׳ חיים הלוי הלכות רוצח ושמירת הנפש פרק א</u>

אף זו מצות לא תעשה שלא לחוס על נפש הרודף, לפיכך הורו חכמים שהעוברה שהיא מקשה לילד מותר לחתוך העובר במעיה בין בסם בין ביד מפני שהוא כרודף אחריה להורגה, ואם משהוציא ראשו אין נוגעין בו שאין דוחין נפש מפני נפש וזהו טבעו של עולם עכ״ל.

וכבר הקשו על זה מהא דאיתא בסנהדרין דף ע"ב [ע"ב] אמר ר"ה קטן הרודף ניתן להצילו בנפשו וכו', איתיביה ר"ח לר"ה יצא ראשו אין נוגעין בו לפי שאין דוחין נפש מפני נפש ואמאי רודף הוא, שאני התם דמשמיא קא רדפי לה, הרי דלא הוי רודף, והרי כן הוא סיום דברי הרמב"ם ג"כ דלהכי ביצא ראשו אין דוחין נפש מפני נפש משום דזהו טבעו של עולם, ר"ל וע"כ לא הוי רודף, וא"כ איך כתב הרמב"ם דלהכי בלא יצא ראשו הורגין העובר מפני שהוא רודף, כיון דבאמת לא חשיב רודף. ובטעם המשנה צ"ל, דלהכי בלא יצא ראשו הורגין אותו, משום דעדיין לא הוי נפש, ונדחה מפני פקוח נפשה של האם, ככל הדברים שנדחין מפני פקוח נפש, אבל מה שכתב הרמב"ם דלהכי הורגין אותו משום דין רודף צ"ע, דברודף הרי ליכא נ"מ בין יצא ראשו ללא יצא ראשו, וצ"ע.

וביאור דעת הרמב"ם בזה נראה, דהנה יסוד דין הריגת הרודף הלא הוא מדין הצלת הנרדף, ועיקרו הוא שנפש הרודף נדחה מפני פקוח נפשו של הנרדף, וכדתניא בסנהדרין דף ע"ד [ע"א] ריב"ש אומר רודף שהיה רודף אחר חברו להרגו ויכול להצילו באחד מאבריו ולא הציל נהרג עליו, הרי דכל ההריגה של רודף היא רק להציל את הנרדף, אלא דהלא בכל מקום אין דוחין נפש מפני נפש והכא ברודף הוי גזירת הכתוב דנפשו נדחה, והרי זהו הלאו שכתב הרמב"ם שלא לחוס על נפש הרודף, ר"ל דלא נדון בזה לומר שאין דוחין נפש מפני נפש, אלא כך הוא הגזירת הכתוב שנפש הרודף נדחה. אלא דאכתי יש להסתפק, אם כל הגזירת הכתוב דרודף הוא רק בעצמו של הרודף שידחה בפני פקוח נפשו של הנרדף, אבל עיקר ההצלה של הנרדף היא משום דין פקוח נפש של כל התורה כולה, או דנימא דגם עיקר ההצלה של הנרדף היא מהך גזירת הכתוב של רודף, והוא דין הצלה בפני עצמו של נרדף, מלבד דין פקוח נפש של כל התורה, וצ"ע.

ונראה דכן הוא כאופן השני שכתבנו, דהרי בסוגיא שם מבואר דילפינן דין רודף מקרא דשופך דם האדם באדם דמו ישפך, הרי דיש דין זה גם בבני נח, דפרשה זו הלא נאמרה לנח, וכן הוא להדיא בסנהדרין דף נ"ז [ע"ב] דחשיב להך דיכול להציל באחד מאבריו בכיוצא בזה דנכרי בנכרי כמו ישראל, וכן הוא ברמב"ם בפ"ט מהל' מלכים עיי"ש, הרי להדיא דאם אינו יכול להציל באחד מאבריו מצילין אותו בנפשו של רודף גם בבני נח, והרי לא מצינו דין פקוח נפש בבן נח, אלא ודאי דהוי גזירת הכתוב בפני עצמו להציל הנרדף בנפשו של רודף, ואין זה שייך לפקוח נפש דכל התורה כולה, ושייך זה גם בבן נח, דהוא בכלל דינין. והלא יסוד הך דינא של רודף אחר חבירו להרגו ילפינן לה בסנהדרין דף ע"ג [ע"א] מעריות ומקרא דאין מושיע לה, מה שאין זה שייך כלל לדין פקוח נפש של כל התורה כולה, אלא ודאי דהוי דין בפני עצמו, דין הצלה של נרדף, אם להריגה אם לעריות. אשר לפי זה נראה לומר בדעת הרמב"ם, דלהכי הוא שכתב טעמא דהעובר הוא כרודף אחריה להרגה, משום דס"ל דבדין פקוח נפש של כל התורה כולה באמת הוי דינא דגם עובר הוא בכלל נפש ואינו נדחה מפני נפש אחרים, ואם באנו להציל נפש בנפשו של העובר היכא דלא הוי רודף הוי דינא דאין מצילין, ועל כן גם הכא אם באנו לדון משום דין פקוח נפש של כל התורה לא היה העובר נדחה מפני נפשה של האם, ורק בדין הצלה האמורה בנרדף הוא דהוי דינא דעובר נדחה בהצלה זו, וזהו שכתב הרמב"ם טעמא דהרי הוא כרודף אחריה להרגה.

ויסוד דבר זה נראה נלמד, משום דהרי הא דפקוח נפש דוחה כל התורה כולה הא ילפינן לה ביומא דף פ"ה [ע"ב] מקרא דוחי בהם ולא שימות בהם, וא"כ כל שנכלל בכלל וחי בהם ודוחה את האיסורין הרי לא נכלל בכלל הנידחין, והנה כבר נחלקו הראשונים בהא דתנן ביומא דף פ"ב עוברה שהריחה מאכילין אותה עד שתשוב נפשה, אם הוא מחמת סכנת עובר או מחמת סכנת האם, ולהנך דס"ל דהוא מפני סכנת העובר הרי מבואר דעובר ג"כ נכלל בכלל וחי בהם לדחות את האיסורין מפני פקוח נפשו, וא"כ ממילא הרי מוכרח דלא

ניתן עובר לידחות מפני פקוח נפש של אחרים, כיון דגם הוא בכלל וחי בהם. ואפילו אם דעת הרמב"ם היא דפקוח נפש דעובר אינו דוחה את האיסורין, מ"מ ג"כ י"ל, דאע"ג דכל זמן שלא נולד ולא נגמר חיותו אינו דוחה את האיסורין, אבל כל זה לענין לדחות את האיסורין, אבל לענין להיות נדחה גם עובר בכלל נפש, והרי הוא נכלל בכלל וחי בהם לענין שלא להיות נדחה בפני פקוח נפש. ועוד דבישבה על המשבר הרי מבואר בערכין דף ז' [ע"א] דהוי גופא אחרינא ונגמר חיותו באנפי נפשיה, ומבואר שם עוד דמחללין עליו את השבת, וברא"ש פ' יוה"כ מבואר דאף באמו חיה מ"מ מחללין עליו את השבת, כיון דחי הוא באנפי נפשיה ודלת הוא דאחידא באפיה, וא"כ הרי בישבה על המשבר לכו"ע דהוא בכלל וחי בהם ופקוח נפשו דוחה כל התורה, וממילא דאינו נדחה מפני פקוח נפש דאחרים. וא"כ הא קשה הא דתנן דחותכין את העובר שבמעיה אם לא יצא ראשו. וע"כ מפרש הרמב"ם דהוא דין מסויים בדין הצלה האמורה בנרדף דעובר נדחה בפני נפש הגמור, ולהכי הוא שחותכין אותו בהצלת האם, ושאני מכל פקוח נפש דעלמא, וזהו שכתב טעמא שהרי הוא כרודף אחריה להרגה, וכמו שנתבאר.

אלא דלפ"ז גם עצם משנתנו צ"ע, דמאחר דמשמיא קא רדפי לה ולא הוי רודף כלל, ואשר משום זה ביצא ראשו אין נוגעין בו ולא אמרינן שתדחה נפשו בשביל נפש האם משום דלא הוי רודף כלל, וא"כ אמאי בלא יצא ראשו הורגין אותו משום דין הצלת הנרדף, כיון דאין כאן דין רודף כלל, וצ"ע. ואשר יראה מוכרח בזה, דבאמת אע"ג דמשמיא קא רדפי לה, מ"מ לא פקע מהעובר עצם דין רודף בשביל זה, ודין רודף ביה, אלא דבאמת נהי דעיקר דין רודף הוא הצלתו של נרדף, מ"מ הא דלא דיינינן עליה הך דאין דוחין נפש מפני נפש הא ודאי דהוי דין חיובא ברודף, אשר על כן לזה הוא דמהניא הא דמשמיא קא רדפי לה להפקיע מיני' חיוב זה, וממילא דדיינינן ביה הא דאין דוחין נפש מפני נפש, אבל מ"מ עיקר דין רודף והצלת נרדף לא פקע בזה, וממילא דהדר דינא גבי עובר דנדחה בפני האם, ומשום דבדין הצלת נרדף הוי דינא דעובר נדחה בפני נפש הגמור, וזהו דתנן דעד שלא יצא ראשו חותכין אותו, ונפשו נדחה מעצם דין רודף גם בלא חיובא דרודף, משא"כ ביצא ראשו אין נוגעין בו, משום דאין דוחין נפש מפני נפש כי אם בצירוף חיובא דרודף, והכא לית ביה הך חיובא, משום דמשמיא קא רדפי לה.

<u>חידושי הר"ן מסכת סנהדרין דף עד.</u>

דילמא מיתה לזה ותשלומין לזה ל"ש דאמר רבה רודף שהוא רודף וכו'. כך היא הגירסא הנכונה בכל הספרים והיא ברורה לומר שכמו כן הוא פטור מיתה לזה ותשלומין לזה כמו במיתה ותשלומין לאחד והכי מוכיחות כל הסוגיות ההיא דפרק אלו נערות ופרק כיצד הרגל. ומאי דאמרינן בפ"ק דמכילתן ממון לזה ונפשות לזה חייב אינו אלא לענין עדים זוממין בלבד משום דבעינן כאשר זמם לעשות לאחיו וכדכתיבנ' בריש מכילתן. ואית ספרי' דכתיב בהו **ולא היא דאמר רבה רודף שהי' רודף וכו'** כלומר שאין שם מיתה לזה ותשלומין לזה אלא מיתה ותשלומין לאחד לפי שהרודף לכל אדם הוא חייב מיתה שכל אדם מצווין להצילו בנפשו והיינו דרבה שהוא פוטר את הרודף מפני שהוא מתחייב בנפשו:

<u>כסף משנה הלכות עדות פרק כא הלכה י</u>

ואם תאמר דהא בפ"ח דהלכות חובל ומזיק פסק רבינו כרבא דאמר בהגוזל בתרא ובפרק בן סורר ומורה רודף שהיה רודף אחר חבירו להרגו ושבר כלים בין של נרדף בין של כל אדם פטור והא כשהכלים הם של כל אדם הוה ממון לכל אדם ונפשות לנרדף ואפילו הכי פטור. ויש לומר דכיון דרודף ניתן להצילו בנפשו הוה ליה

מחוייב מיתה לכל אדם והוי מיתה ותשלומין לאחד. אי נמי דדוקא גבי עדים זוממין ממון לזה ונפשות לזה חייב משום דבעינן שתתקיים הזמה כלפי כל אחד אבל ממון ונפשות בחד גברא פטור כיון דמתקיים בו קצת הזמה כך תירצו התוספות בפרק אלו נערות:

<u>רא"ש מסכת סנהדרין פרק ח סימן ב</u>

גמ' תניא מנין לרואה את חברו שטובע בנהר או חיה גוררתו או לסטין באין עליו שחייב להצילו שנאמר לא תעמוד על דם רעך והא מהכא נפקא מהתם נפקא אבידת גופו מנין ת"ל והשבותו לו אי מהתם ה"א ה"מ בנפשיה אבל מיטרח ואיגורי לא קמ"ל. והניצול חייב לפרוע למציל מה שהוציא. דאין אדם מחויב להציל נפש חבירו בממונו היכא דאית ליה ממונא לניצול. כדאמר לקמן (דף עד א) נרדף ששיבר את הכלים של רודף פטור. של כל אדם חייב ואם היה מחויב להציל את הנרדף בממונו א"כ יפטור משבירת הכלים שהרי ממון חבירו מחויב להציל וברשות שברם כדי להנצל:

9. יהרג ואל יעבר (עד.-עה.)

הגמרא בדף עד. עד סוף הפרק

על כל עבירות שבתורה וכו׳

הביא הגליון הש״ס את הגמרא בסוטה (י:) שנח לו לאדם שיפיל את עצמו לתוך כבשן האש ואל ילבין פני חבירו. והתוספות שם הבינו דזאת אומרת שחייב ליהרג ולא יעבר על איסור מלבין פני חבירו ברבים. אך ברמב״ם (ריש פ״ה מהל׳ יסודי התורה) לא הביא דין זה, ולא הזכיר את האיסור הזאת אלא בהלכות יסודי התורה.

עבודה זרה

עיין לעיל בגמרא בדף סא: ולפי רבא העובד מאהבה ומיראה פטור, וע׳ בתוספות (שם, ד״ה רבא) שהקשה דלפי״ז למה יהרג ולא יעבור, וכתבו שאע״פ שפטור, מ״מ חייב למסור את עצמו על זה לכתחילה. ולכאורה מבואר בתוספות שהחיוב של יהרג ואל יעבור אינו מצד חומר האיסור, אלא כעין קידוש ה׳ להראות אמונתינו ולא לעבור מפני דרישות הגוים.

בכל לבבך - תלמוד תורה

ויש גם לעיין בברכות (דף סא:) בדרשת רבי עקיבא, שחלק על ר״א ודרש ״בכל נפשך - אפילו נוטל את נפשך״. דלר״ע, החיוב הוא לייחד את השם אפילו בזמן שנוטל את נפשו, וזה מבואר בסיפור שם ״יצאה נשמתו באחד״. ועוד, מבואר דס״ל לר״ע שמצות תלמוד תורה הוי יהרג ואל יעבור, על פי המשל שהמשיל. ובאמת מת משום תלמוד תורה.

״מאי חזית דדמא דידך סומק טפי, דלמא דמא דההוא גברא סומק טפי״

יש לחקור בחקירת הגר״ח על הרמב״ם (הלכות יסודי התורה) אי הוי

א) סברא בעלמא, דמספק יהא בשב ואל תעשה, או

ב) דמטעם זה לא ניתן איסור לא תרצח לידחות אף במקום פיקוח נפש - ואף בשב ואל תעשה לא ירצח.

ונפקא מינה בתרי:

1. אם עבר על האיסור רציחה בשב ואל תעשה (כגון ״דחפו על התינוק״ דתוספות)

2. אם לא עבר על האיסור רציחה אבל מוכרח לבחור בין חייו לחיי חבירו (כגון "קיטון של מים" בבא מציעא סב., ומובא בגר"ח הנ"ל).

ג) עיין ברמב"ם (הלכות יסודי התורה ה:ה) שפסק כמו ר"ל בירושלמי שמסירה הוי יהרג ולא יעבור אלא אם יחדו וגם חייב מיתה. והקשה הכסף משנה שהרי לא שייך כאן סברת מאי חזית, שהרי אם אינו מוסרו כולם ימותו. וכתב שעיקר הטעם אינו הסברא אלא הוי קבלה, ושייך דין זה אף במקום שאין הסברא שייכת. ומבואר ששייך חיוב זה אף במקום שאין סברא וגם אין איסור לא תרצח. ולכאורה יש לבאר דהוי בקידוש ה' שלא להעביר מישהו אחר למיתה.

שעת השמד

יש לעורר בזה שלא הביאה הגמרא שום מקור לדין זה, אף שהביאו מקורות לשאר. והעלה ידידי ר' אריה שטכלר שאולי למדו את זה משאר הדינים, שהצד השוה ביניהם הוא שיש בהם משום קידוש ה' והתנגדות לגויים שרוצים לאיים אותנו להפר את דתינו.

ערקתא דמסאנא

1. עי' ברש"י שפירש שהיה מנהג צניעות.
2. ועי' בתוספות (ד"ה אפילו) שהביאו את הערוך, שמובא גם בהגהות מיי' שהיה מנהג זכר לחורבן בית המקדש.[1]
3. שאילתות (מב)– משום דהוי כמראית עין דעבודה זרה, שנראה כקושר מנעליו אצל הפסל. ונחלקו הפוסקים להלכה במראית עין דע"ז.

פרהסיא

יש לדון אם דומה דין זה של "מנין" לדין כל דבר שבקדושה שבעינן עשרה. ויש כאן ה"א דאפילו נכרי מצטרף. ואפשר דאף אשה ועבד מצטרפים הכא. ועי' בזה במנחת חינוך (מצוה רמו אות י) ועי' ברמב"ם (כאן בה"ד ובהל' תפילה ח:ד) ובגמרא בברכות (כא:).

עבר ולא נהרג במקום שחייב ליהרג ואל יעבר

כתב הרמב"ם (הל' יסודי התורה ה:ד) שאינו נענש על זה משום דנחשב כאנוס.

[1] Accordingly, the essence of שמד was that the Romans were trying to break our connection to the מקדש.

נהרג ולא עבר במקום שחייב לעבור ולא ליהרג

כתב הרמב"ם (שם) ש"מתחייב בנפשו". ופי' הכסף משנה שסובר הרמב"ם שחייב לעבור, ואינו

רק רשות לעבור ולא ליהרג. והביא שיש ראשונים שחולקים וס"ל שיש רשות לעבור אבל אם עבר

"צדקה תחשב לו".

ובהגהות משנה למלך הביא את שיטת התוספות (עבודה זרה, כז: סד"ה יכול, וכ"כ הרא"ש שם)

שמותר להחמיר על עצמו, וכן פסק בשלחן ערוך (יו"ד, קנז:א).

<u>מסכת סנהדרין דף עד.-עה.</u>

אבל הרודף אחר בהמה תניא רבי שמעון בן יוחי אומר העובד עבודה זרה ניתן להצילו בנפשו מקל וחומר ומה פגם הדיוט ניתן להצילו בנפשו פגם גבוה לא כל שכן וכי עונשין מן הדין קא סבר עונשין מן הדין תניא רבי אלעזר ברבי שמעון אומר המחלל את השבת ניתן להצילו בנפשו סבר לה כאבוה דאמר עונשין מן הדין ואתיא שבת בחילול חילול מעבודה זרה

אמר רבי יוחנן משום רבי שמעון בן יהוצדק נימנו וגמרו בעלית בית נתזה בלוד כל עבירות שבתורה אם אומרין לאדם עבור ואל תהרג יעבור ואל יהרג חוץ מעבודה זרה וגילוי עריות ושפיכות דמים ועבודה זרה לא והא תניא אמר רבי ישמעאל מנין שאם אמרו לו לאדם עבוד עבודה זרה ואל תהרג מנין שיעבוד ואל יהרג תלמוד לומר (ויקרא כ״ב:י״ח) וחי בהם ולא שימות בהם יכול אפילו בפרהסיא תלמוד לומר (ויקרא כ״ב) ולא תחללו את שם קדשי ונקדשתי אינהו דאמור כרבי אליעזר דתניא רבי אליעזר אומר (דברים ו׳) ואהבת את ה׳ אלהיך בכל לבבך ובכל נפשך ובכל מאדך אם נאמר בכל נפשך למה נאמר בכל מאדך ואם נאמר בכל מאדך למה נאמר בכל נפשך אם יש לך אדם שגופו חביב עליו מממונו לכך נאמר בכל נפשך ואם יש לך אדם שממונו חביב עליו מגופו לכך נאמר בכל מאדך גילוי עריות ושפיכות דמים כדרבי דתניא רבי אומר (דברים כ״ב) כי כאשר יקום איש על רעהו ורצחו נפש כן הדבר הזה וכי מה למדנו מרוצח מעתה הרי זה בא ללמד ונמצא למד מקיש רוצח לנערה המאורסה מה נערה המאורסה ניתן להצילו בנפשו אף רוצח ניתן להצילו בנפשו ומקיש נערה המאורסה לרוצח מה רוצח יהרג ואל יעבור אף נערה המאורסה תהרג ואל תעבור רוצח גופיה מנא לן סברא הוא דההוא דאתא לקמיה דרבה ואמר ליה אמר לי מרי דוראי זיל קטליה לפלניא ואי לא קטלינא לך אמר ליה לקטלוך ולא תיקטול מי יימר דדמא דידך סומק טפי דילמא דמא דהוא גברא סומק טפי

כי אתא רב דימי אמר רבי יוחנן לא שנו אלא שלא בשעת השמד אבל בשעת השמד אפילו מצוה קלה יהרג ואל יעבור כי אתא רבין אמר רבי יוחנן אפילו שלא בשעת השמד לא אמרו אלא בצינעא אבל בפרהסיא אפילו מצוה קלה יהרג ואל יעבור מאי מצוה קלה אמר רבא בר יצחק אמר רב **[עד:]** אפילו לשנויי ערקתא דמסאנא וכמה פרהסיא אמר רבי יעקב אמר רבי יוחנן אין פרהסיא פחותה מעשרה בני אדם פשיטא ישראלים בעינן דכתיב (ויקרא כ״ב) ונקדשתי בתוך בני ישראל בעי רבי ירמיה תשעה ישראל ונכרי אחד מהו תא שמע דתני רב ינאי אחוה דרבי חייא בר אבא אתיא תוך תוך כתיב הכא ונקדשתי בתוך בני ישראל וכתיב התם (במדבר ט״ז) הבדלו מתוך העדה הזאת מה להלן עשרה וכולהו ישראל אף כאן עשרה וכולהו ישראל והא אסתר פרהסיא הואי אמר אביי אסתר קרקע עולם היתה רבא אמר הנאת עצמן שאני דאי לא תימא הכי הני קוואקי ודימוניקי היכי יהבינן להו אלא הנאת עצמן שאני הכא נמי הנאת עצמן שאני ואזדא רבא לטעמיה דאמר רבא נכרי דאמר ליה להאי ישראל קטול אספסתא בשבתא ושדי לחיותא ואי לא קטילנא לך ליקטיל ולא לקטליה שדי לנהרא ליקטליה ולא ליקטול מאי טעמא לעבורי מילתא קאי בעי

בעו מיניה מרבי אמי בן נח מצווה על קדושת השם או אין מצווה על קדושת השם אמר אביי תא שמע שבע מצות נצטוו בני נח ואם איתא תמני הויין אמר ליה רבא אינהו וכל אבזרייהו מאי הוי עלה אמר רב אדא בר אהבה אמרי בי רב כתיב (מלכים ב׳ ה׳) לדבר הזה יסלח ה׳ לעבדך בבוא אדני בית רמון להשתחות שמה והוא נשען על ידי והשתחויתי וכתיב (מלכים ב׳ ה׳) ויאמר לו לך לשלום **[דף עה.]** ואם איתא לא לימא ליה הא בצנעה הא בפרהסיא אמר רב יהודה אמר רב מעשה באדם אחד שנתן עיניו באשה אחת והעלה לבו טינא ובאו ושאלו לרופאים ואמרו אין לו תקנה עד שתבעל אמרו חכמים ימות ואל תבעל לו תעמוד לפניו ערומה ימות ואל תעמוד לפניו ערומה תספר עמו מאחורי הגדר ימות ולא תספר עמו מאחורי הגדר פליגי בה רבי יעקב בר

אידי ורבי שמואל בר נחמני חד אמר אשת איש היתה וחד אמר פנויה היתה בשלמא למאן דאמר אשת איש היתה שפיר אלא למאן דאמר פנויה היתה מאי כולי האי רב פפא אמר משום פגם משפחה רב אחא בריה דרב איקא אמר כדי שלא יהו בנות ישראל פרוצות בעריות ולינסבה מינסב לא מייתבה דעתיה כדרבי יצחק דאמר רבי יצחק מיום שחרב בית המקדש ניטלה טעם ביאה וניתנה לעוברי עבירה שנאמר (משלי ט') מים גנובים ימתקו ולחם סתרים ינעם הדרן עלך בן סורר ומורה

<u>מסכת סוטה דף י:</u>

ואמרי לה אמר רבי יוחנן משום ר' שמעון בן יוחי נוח לו לאדם שיפיל עצמו לתוך כבשן האש ואל ילבין פני חבירו ברבים מנלן מתמר (בראשית לח) הכר נא

<u>תוספות מסכת סוטה דף י:</u>

נוח לו לאדם שיפיל את עצמו לתוך כבשן האש - כדאמר בפ' הזהב (ב"מ דף נח:) כל היורדין לגיהנם עולין חוץ משלשה וחד מינייהו המלבין פני חבירו ברבים ואומר נמי (שם נט.) נוח לו לאדם שיבעול ספק אשת איש ואל ילבין פני חבירו ברבים מנלן מדוד ונראה האי דלא חשיב ליה (פסחים דף כה.) בהדי ג' עבירות שאין עומדים בפני פקוח נפש עבודת כוכבים וגילוי עריות ושפיכות דמים משום דעבירת הלבנת פנים אינה מפורשת בתורה ולא נקט אלא עבירות המפורשות.

<u>רמב"ם הלכות יסודי התורה פרק ה</u>

הלכה א: כל בית ישראל מצווין על קדוש השם הגדול הזה שנאמר ונקדשתי בתוך בני ישראל, ומוזהרין שלא לחללו שנאמר ולא תחללו את שם קדשי, כיצד כשיעמוד עובד כוכבים ויאנוס את ישראל לעבור על אחת מכל מצות האמורות בתורה או יהרגנו יעבור ואל יהרג שנאמר במצות אשר יעשה אותם האדם וחי בהם, וחי בהם ולא שימות בהם, ואם מת ולא עבר הרי זה מתחייב בנפשו.

הלכה ב: במה דברים אמורים בשאר מצות חוץ מעבודת כוכבים וגלוי עריות ושפיכת דמים, אבל שלש עבירות אלו אם יאמר לו עבור על אחת מהן או תהרג, יהרג ואל יעבור, במה דברים אמורים בזמן שהעובד כוכבים מתכוין להנאת עצמו, כגון שאנסו לבנות לו ביתו בשבת או לבשל לו תבשילו, או אנס אשה לבועלה וכיוצא בזה, אבל אם נתכוין להעבירו על המצות בלבד, אם היה בינו לבין עצמו ואין שם עשרה מישראל יעבור ואל יהרג, ואם אנסו להעבירו בעשרה מישראל יהרג ואל יעבור, ואפילו לא נתכוין להעבירו אלא על מצוה משאר מצות בלבד.

הלכה ג: וכל הדברים האלו שלא בשעת הגזרה אבל בשעת הגזרה והוא שיעמוד מלך רשע כנבוכדנצר וחביריו ויגזור גזרה על ישראל לבטל דתם או מצוה מן המצות, יהרג ואל יעבור אפילו על אחת משאר מצות בין נאנס בתוך עשרה בין נאנס בינו לבין עובדי כוכבים.

הלכה ד: כל מי שנאמר בו יעבור ואל יהרג ונהרג ולא עבר הרי זה מתחייב בנפשו, וכל מי שנאמר בו יהרג ואל יעבור ונהרג ולא עבר הרי זה קידש את השם, ואם היה בעשרה מישראל הרי זה קידש את השם ברבים כדניאל חנניה מישאל ועזריה ורבי עקיבא וחביריו, ואלו הן הרוגי מלכות שאין מעלה על מעלתן, ועליהן נאמר כי עליך הורגנו כל היום נחשבנו כצאן טבחה, ועליהם נאמר אספו לי חסידי כורתי בריתי עלי זבח, וכל מי שנאמר בו יהרג ואל יעבור ועבר ולא נהרג הרי זה מחלל את השם, ואם היה בעשרה מישראל הרי זה חילל את השם

ברבים ובטל מצות עשה שהיא קידוש השם ועבר על מצות לא תעשה שהיא חלול השם, ואעפ"כ מפני שעבר באונס אין מלקין אותו ואין צריך לומר שאין ממיתין אותו בית דין אפילו הרג באונס, שאין מלקין וממיתין אלא לעובר ברצונו ובעדים והתראה שנאמר בנותן מזרעו למולך ונתתי אני את פני באיש ההוא מפי השמועה למדו ההוא לא אנוס ולא שוגג ולא מוטעה, ומה אם עבודת כוכבים שהיא חמורה מן הכל העובד אותה באונס אינו חייב כרת ואין צריך לומר מיתת בית דין, קל וחומר לשאר מצות האמורות בתורה, ובעריות הוא אומר ולנערה לא תעשה דבר, אבל אם יכול למלט נפשו ולברוח מתחת יד המלך הרשע ואינו עושה הנה הוא ככלב שב על קיאו, והוא נקרא עובד עבודת כוכבים במזיד והוא נטרד מן העולם הבא ויורד למדרגה התחתונה של גיהנם.

הלכה ה: נשים שאמרו להם עובדי כוכבים תנו לנו אחת מכן ונטמא אותה ואם לאו נטמא את כולכן יטמאו כולן ואל ימסרו להם נפש אחת מישראל, וכן אם אמרו להם עובדי כוכבים תנו לנו אחד מכם ונהרגנו ואם לאו נהרוג כולכם, יהרגו כולם ואל ימסרו להם נפש אחת מישראל, ואם יחדוהו להם ואמרו תנו לנו פלוני או נהרוג את כולכם, אם היה מחוייב מיתה כשבע בן בכרי יתנו אותו להם, ואין מורין להם כן לכתחלה, ואם אינו חייב מיתה יהרגו כולן ואל ימסרו להם נפש אחת מישראל.

<u>מסכת סנהדרין דף סא:</u>

איתמר העובד עבודה זרה מאהבה ומיראה אביי אמר חייב רבא אמר פטור אביי אמר חייב דהא פלחה רבא אמר פטור אי קבליה עליה באלוה אין אי לא לא

<u>תוספות שם</u>

רבא אמר פטור - אע"ג דבפ' בן סורר ומורה (לקמן דף עד.) אמר בעבודת כוכבים יהרג ואל יעבור י"ל נהי דחייב למסור עצמו לכתחלה מ"מ היכא דלא מסר את עצמו לא מיחייב מיתה ואין לומר דרבא לטעמיה דאמר בפ' ר' ישמעאל (ע"ז דף נד. ושם) אפי' עבודת כוכבים בצינעא נאמר וחי בהן ולא שימות בהן דא"כ הני (כריתות) דמייתי לימא דאתיא כמ"ד בפרק בן סורר ומורה (לקמן דף עד.) יהרג ואל יעבור דפלוגתא דתנאי היא וי"מ הא דאמר יהרג ואל יעבור היינו בסתם עבודת כוכבים והכא איירי בעבודת כוכבים שהכל עובדים מאהבה ומיראה דומיא דהמן דמייתי ומתני' דאחד העובד משמע ליה דאיירי כה"ג דאי בסתם עבודת כוכבים לא איצטריך דשמעינן ממתני' דהפוער עצמו לפעור אע"ג דמכוין לבזויי חייב מיהו ההיא דכהן משיח הוה מצי לאוקומי בסתם עבודת כוכבים אלא דמשני שפיר וא"ת לרבא אמאי לא השתחוה מרדכי להמן וי"ל כדאמר במדרש שהיו צלמים על לבו אי נמי משום קידוש השם כדאמרינן בירושלמי דשביעית (פ"ד) כגון פפוס ולוליינוס אחים שנתן להם מים בזכוכית צבועה ולא קיבלו.

<u>מסכת ברכות דף סא:</u>

ואהבת את ה' אלהיך תניא רבי אליעזר אומר אם נאמר בכל נפשך למה נאמר בכל מאדך ואם נאמר בכל מאדך למה נאמר בכל נפשך אלא אם יש לך אדם שגופו חביב עליו ממונו לכך נאמר בכל נפשך ואם יש לך אדם שממונו חביב עליו מגופו לכך נאמר בכל מאדך רבי עקיבא אומר בכל נפשך אפילו נוטל את נפשך תנו רבנן פעם אחת גזרה מלכות הרשעה שלא יעסקו ישראל בתורה בא פפוס בן יהודה ומצאו לרבי עקיבא שהיה מקהיל קהלות ברבים ועוסק בתורה אמר ליה עקיבא אי אתה מתירא מפני מלכות אמר לו אמשול לך משל

למה הדבר דומה לשועל שהיה מהלך על גב הנהר וראה דגים שהיו מתקבצים ממקום למקום אמר להם מפני מה אתם בורחים אמרו לו מפני רשתות שמביאין עלינו בני אדם אמר להם רצונכם שתעלו ליבשה ונדור אני ואתם כשם שדרו אבותי עם אבותיכם אמרו לו אתה הוא שאומרים עליך פקח שבחיות לא פקח אתה אלא טפש אתה ומה במקום חיותנו אנו מתיראין במקום מיתתנו על אחת כמה וכמה אף אנחנו עכשיו שאנו יושבים ועוסקים בתורה שכתוב בה (דברים ל׳) כי הוא חייך וארך ימיך כך אם אנו הולכים ומבטלים ממנה על אחת כמה וכמה אמרו לא היו ימים מועטים עד שתפסוהו לרבי עקיבא וחבשוהו בבית האסורים ותפסו לפפוס בן יהודה וחבשוהו אצלו אמר לו פפוס מי הביאך לכאן אמר ליה אשריך רבי עקיבא שנתפסת על דברי תורה אוי לו לפפוס שנתפס על דברים בטלים בשעה שהוציאו את רבי עקיבא להריגה זמן קריאת שמע היה והיו סורקים את בשרו במסרקות של ברזל והיה מקבל עליו עול מלכות שמים אמרו לו תלמידיו רבינו עד כאן אמר להם כל ימי הייתי מצטער על פסוק זה בכל נפשך אפילו נוטל את נשמתך אמרתי מתי יבא לידי ואקיימנו ועכשיו שבא לידי לא אקיימנו היה מאריך באחד עד שיצתה נשמתו באחד יצתה בת קול ואמרה אשריך רבי עקיבא שיצאה נשמתך באחד אמרו מלאכי השרת לפני הקדוש ברוך הוא זו תורה וזו שכרה (תהלים י״ז) ממתים ידך ה׳ ממתים וגו׳ אמר להם חלקם בחיים יצתה בת קול ואמרה אשריך רבי עקיבא שאתה מזומן לחיי העולם הבא

<u>ר׳ חיים הלוי הלכות יסודי התורה פרק ה</u>

כשיעמוד נכרי ויאנס את ישראל לעבור על אחת מכל מצות האמורות בתורה או יהרגנו יעבור ואל יהרג וכו׳ בד״א בשאר מצות חוץ מע״ז וגילוי עריות ושפיכות דמים אבל שלש עבירות אלו אם יאמר לו עבור על אחת מהן או תהרג יהרג ואל יעבור עכ״ל.

והוא בסוגיא דסנהדרין דף ע״ד [ע״א] אמר ר׳ יוחנן משום ר״ש בן יהוצדק נמנו וגמרו בעלית בית נתזה בלוד כל עבירות שבתורה אם אומרים לו לאדם עבור ואל תהרג יעבור ואל יהרג חוץ מעבודה זרה וגילוי עריות ושפיכות דמים וכו׳, עבודה זרה כר״א דתניא ר״א אומר ואהבת את ד׳ אלקיך בכל לבבך ובכל נפשך ובכל מאדך וכו׳, גילוי עריות ושפיכות דמים כדרבי דתניא רבי אומר כי כאשר יקום איש על רעהו ורצחו נפש כן הדבר הזה וכו׳ ומקיש נערה המאורסה לרוצח מה רוצח יהרג ואל יעבור אף נערה המאורסה תהרג ואל תעבור, ורוצח גופיה מנלן סברא הוא וכו׳ מי יימר דדמא דידך סומק טפי דילמא דמא דהאי גברא סומק טפי. ושם בסוגיא עוד לא אמרו אלא בצינעה אבל בפרהסיא אפילו מצוה קלה יהרג ואל יעבור וכו׳, והא אסתר פרהסיא הואי, אמר אביי אסתר קרקע עולם היתה, רבא אמר הנאת עצמן שאני. ובתוס׳ שם הקשו דתיפוק ליה דאסתר בכלל עריות הואי וכמבואר במגילה (דף ט״ז) [דף ט״ו ע״א] כאשר אבדתי מבית אבא כך אבדתי ממך, ותירצו דאי משום עריות כו״ע ס״ל דמהני טעמא דקרקע עולם לענין דלא מיחייבא למסור עצמה משום עריות, דהא מרוצח קא ילפינן לה, ורוצח גופיה כי מיחייב למסור עצמו הני מילי קודם שיהרוג בידים, אבל היכא דלא עביד מעשה כגון שמשליכין אותו על התינוק ונתמעך מסתברא שאינו חייב למסור עצמו, דמצי אמר אדרבה מאי חזית דדמא דחבראי סומק טפי דלמא דמא דידי סומק טפי כיון דלא עביד מעשה. והרמב״ם דסתם ולא הזכיר כלל הך דקרקע עולם משמע דחולק ע״ז וס״ל דבכל גווני יהרג ואל יעבור בגילוי עריות, וכבר נחלקו הראשונים בזה וכמבואר בבעל המאור ובמלחמות שם, עיי״ש דס״ל דאסתר לא הואי עריות כלל, דהך סוגיא ס״ל דהיתה פנויה, או דביאת נכרי לא חשיבא בכלל עריות וכשיטת ר״ת בתוס׳ שם. וע״כ זהו שסתם הרמב״ם דבעריות מיהא בכל גווני תהרג ואל תעבור. אלא דצ״ע דהרי התוס׳ הוכיחו מרוצח דהיכא דהוי שב ואל תעשה אינו מחויב למסור

עצמו ולמה פסק דבכל גווני תהרג ואל תעבור. וי"ל דכיון דברציחה גופא הא דחלוק שב ואל תעשה ממעשה בידים הלא אין זה משום חומר דמעשה בידים, ורק דכיון דשני הנפשות שקולות הן ע"כ צריך להיות שב ואל תעשה, ודינו כשני רציחות שאין דוחות זה את זה דדינו בשב ואל תעשה, וע"כ לא שייך זאת בעריות דנימא דפקוח נפשו שקול כעריות, וכיון דילפינן מרוצח בעיקר הדין דאינו נדחה בפני פקוח נפש ממילא הדר דינא דשב ואל תעשה ומעשה בידים שוין ובכל גווני תהרג ואל תעבור.

וי"ל עוד, דהנה צ"ע בדברי התוס' דמאי ענין נערה המאורסה למי שמשליכין אותו על התינוק ונתמעך, דהתם איהו לא הוי רוצח כלל ולא עבר על שפיכות דמים, דהא לא הוי רק כאבן ועץ ביד הרוצח שמשליך אותו, דמי שמשליך אותו הוא הרוצח, ולהכי לא חייב למסור את עצמו, משא"כ בנערה המאורסה אף דלא קעבדה מעשה, מ"מ הרי היא עוברת על גילוי עריות, ולהכי שפיר הדין נותן דתהרג ואל תעבור. ונראה דכוונת התוס' כך היא, דכיון דרוצח הוא מסברא דמאי חזית דדמא דידך וכו', א"כ הא גם אם הוה משכחינן דיהא בזה דין רוצח ורק דלא ליעבד מעשה ג"כ לא היה חייב למסור עצמו דמצי אמר אדרבה מאי חזית דדמא דחבראי סומק טפי דילמא דמא דידי סומק טפי כיון דלא קעביד מעשה, וא"כ הוא הדין בנערה המאורסה דילפא מרוצח אף דעוברת על גילוי עריות כיון דלא קעבדה מעשה אין בה הך דינא דתהרג ואל תעבור. אלא דברוצח גופא צ"ע בזה, דבאמת יש לפרש מאי דקאמר הגמ' הך סברא דמאי חזית דדמא דידך סומק טפי דילמא דמא דחברך סומק טפי בתרי גווני, או דנימא דכיון דשקולין הם שניהם ע"כ ממילא הוי דינא דצריך להיות בשב ואל תעשה ועל מעשה בידים יהרג ואל יעבור, או דנימא דכיון דשקולין הן ממילא אינה נדחית בפני פקוח נפש, ואין חילוק בין שב ואל תעשה למעשה בידים דלעולם אין בה דין דחיה, וממילא דהוי דינא דיהרג ואל יעבור בכל גווני, וגם ברציחה גופה אם הי' שב ואל תעשה בגוונא דיש בה דין רציחה ג"כ אמרינן כיון דשקולים הם ואין חבירו נדחה מפני פקוח נפשו ממילא יהרג ואל יעבור כיון דלא חלה דין דחיה בהרציחה.

ונראה דכן הוא כפירוש השני שכתבנו מהא דאיתא בב"מ דף ס"ב [ע"א] שנים שהיו מהלכין בדרך וביד אחד מהן קיתון של מים וכו' עד שבא ר"ע ולימד וחי אחיך עמך חייך קודמין לחיי אחיך, הרי דאע"ג דהתם הוי בשב ואל תעשה, ועוד יותר דלא הוי התם דין רציחה כלל ורק משום דין הצלה, ומ"מ צריכינן לקרא דוחי אחיך עמך דחייך קודמין, ושמע מינה דדווקא בהצלה דאיכא קרא דוחי אחיך עמך דחייך קודמין, אבל ברציחה דליכא קרא בכל ענין יהרג ואל יעבור אף בשב ואל תעשה ובלא עביד מעשה, אם אך יש בו דין רציחה, ולפ"ז שפיר פסק הרמב"ם דבעריות תהרג ואל תעבור בכל גווני אף בקרקע עולם, כיון דגם ברציחה הדין כן דאינה נדחית בפני פקוח נפש בכל גווני, והוא הדין לעריות דילפינן מינה דאין בה דין דחיה כלל לעולם, וע"כ בכל גווני תהרג ואל תעבור אף בקרקע עולם ובשב ואל תעשה וכמו שכתבנו.

<u>מסכת בבא מציעא דף סב.</u>

דתניא שנים שהיו מהלכין בדרך וביד אחד מהן קיתון של מים אם שותין שניהם מתים ואם שותה אחד מהן מגיע לישוב דרש בן פטורא מוטב שישתו שניהם וימותו ואל יראה אחד מהם במיתתו של חבירו עד שבא רבי עקיבא ולימד וחי אחיך עמך חייך קודמים לחיי חבירך

<u>כסף משנה הלכות יסודי התורה פרק ה הלכה ה</u>

נשים שאמרו להם וכו'. משנה פ"ח דתרומות כלשון רבינו. כתב הרשב"א בתשובה בסיעה של נשים עוברת ואמרו להם עובדי כוכבים תנו לנו אחת מכם ונטמאה ואם לאו הרי אנו מטמאים את כלכן אפילו היתה אחת

מהן מחוללת יטמאו את כולן ואל ימסרו אותה להם. ולא דמי למה שאמרו שם שאם היתה ככר של תרומה טמאה ימסרו אותה ולא יטמאו את כל הככרות של תרומה דככר תרומה טמאה שאני דטמא הוא לגמרי ומה יוסיף עוד זה אבל אשה אם חללה עצמה פעם אחת ונטמאת בעבירה כל שתעבור ותטמא את עצמה תוסיף על חטאתה פשע ובפעם הזאת אין בינה לבין הטהורה והכשרה שבהן ולא כלום ולמה יאנסוה למסרה להם שלא מדעתה ועוד שמא כבר הרהרה תשובה ושבה מדרכה הרעה:

וכן אם אמרו להם וכו'. בירושלמי על אותה משנה דבסמוך תניא סיעת בני אדם המהלכים בדרך ופגעו בהם עובדי כוכבים ואמרו להם תנו לנו אחד מהם ונהרוג אותו ואם לאו נהרוג כולכם אפילו כלם נהרגים לא ימסרו נפש אחת מישראל יחדו להם אחד כגון שבע בן בכרי ימסרו אותו להם ולא יהרגו אמר ר"ל והוא שיהיה חייב מיתה כשבע בן בכרי ור' יוחנן אמר אפילו שאינו חייב מיתה ומייתי התם עובדא בהאי בר נש תבעתיה מלכותא וערק ללוד לגבי ריב"ל ואקיף מלכא מדינתא ויהב להו והוה אליהו רגיל דמתגלי ליה ותו לא איתגלי ליה וצם כמה צומין עד דאיתגלי ליה א"ל לדילטור אנא מתגלי א"ל ולא משנה עשיתי א"ל וזו משנת חסידים היא. ופסק רבינו כר"ל אע"ג דמן הסתם לא קיי"ל כוותיה לגבי דר' יוחנן משום דהוי ספק נפשות ולהחמיר דלא ימסרוהו בידים ביד העובדי כוכבים ועוד דמתניתא מסייעא ליה דקתני כשבע בן בכרי משמע כשחייב מיתה כמותו דוקא ומקרא איכא למידק הכי שאל"כ למה ליה ליואב למימר נשא יד במלך בדוד כלומר והרי הוא חייב מיתה משמע דאי לאו הכי לא היו רשאים למוסרו לו וסובר רבינו דההוא בר נש דריב"ל היה חייב מיתה כשבע בן בכרי ואפ"ה לא איתגלי ליה אליהו מפני שמסרו וא"ל וזו משנת חסידים היא אלמא דלכתחילה אין מורים כן:

כתב הרמ"ך אע"פ שנמצא בתוספתא כדבריו לא ידענא טעמא מאי דהא מסיק בגמרא (פסחים כ"ה) דמש"ה אמרינן בש"ד יהרג ואל יעבור דסברא הוא מאי חזית דדמא דידך סומק טפי והכא ליכא האי סברא דהא יהרגו כלם והוא עצמו ומוטב שיהרג הוא עצמו ואל יהרגו כולם. ואני אומר שאין טענתו טענה על התוספתא דאיכא למימר דהתם שאני דיחדו לו וא"ל קטול לפלניא ומש"ה אי לאו טעמא דמאי חזית דדמא דידך סומק טפי לא הוה אמרינן דיהרג ואל יעבור והיינו דקתני סיפא יחדוהו להם אבל ברישא שלא יחדוהו שלא אמרו אלא תנו אחד מכם ונהרוג אותו בכל אחד מהם שירצו למסור אותו איכא למימר להו מאי חזיתו שתמסרו את זה תמסרו אחד מכם ותצילו את זה דמאי חזיתו דדמא דהאיך סומק טפי דלמא דמא דהאי סומק טפי וע"פ טענה זו א"א להם למסור שום אחד מהם אבל אי קשיא על ר"ל קשיא דאמר שאע"פ שיחדוהו להם אם אינו חייב מיתה לא ימסרוהו דהא ליכא הכא סברא דמאי חזית דדמא דידך סומק טפי שהרי הוא והם נהרגים אם לא ימסרוהו. ואפשר לומר דס"ל לר"ל שמ"ש דבש"ד סברא הוא אינו עיקר הטעם דקבלה היתה בידם דש"ד יהרג ואל יעבור אלא שנתנו טעם מסברא להיכא דשייך אבל אין ה"נ דאפילו היכא דלא שייך האי טעמא הוי דינא הכי דיהרג ואל יעבור:

<u>**רש"י מסכת סנהדרין דף עד:**</u>

ערקתא דמסאנא - שרוך הנעל, שאם דרך הנכרים לקשור כך ודרך ישראל בענין אחר, כגון שיש צד יהדות בדבר ודרך ישראל להיות צנועים אפילו שנוי זה שאין כאן מצוה אלא מנהג בעלמא יקדש את השם בפני חביריו ישראל, והאי פרהסיא מדבר בישראל.

תוספות מסכת סנהדרין דף עד:

אפילו לשנויי ערקתא דמסאנא - לכאורה משמע דמנעליהם משונין משל עכו"ם כדאמר נמי בפרק הכונס (ב"ק נט: ושם) גבי אלעזר זעירא דהוה סיים מסאני אוכמי וקאמר שהיה מתאבל על ירושלים וכך משמע במסכת תענית (דף כב.) גבי ההוא גברא דהוה מסיים מסאני אוכמי ולא רמי חוטי וקשה דבסוף פ"ק דביצה (דף טו.) תנן אין משלחין מנעל לבן ביו"ט מפני שצריך ביצת הגיר להשחירו ומפרש ר"ת דדוקא רצועות המנעל היו משונות משל עכו"ם דשל עכו"ם שחורות ושל ישראל לבנות ומסאני אוכמי דבכל דוכתי היינו רצועות שחורות אבל המנעל ודאי היה שחור.

תוספות מסכת עבודה זרה דף כז:

יכול אפילו בפרהסיא ת"ל ולא תחללו את שם קדשי - ומיהו רבנן פליגי עליה דר' ישמעאל בפרק בן סורר (סנהדרין דף עד.) ואמרי דבפרהסיא אפי' מצוה קלה יהרג ואל יעבור ובצנעא יש חילוק בין עבודת כוכבים לשאר מצות דבשאר מצות יעבור ובעבודת כוכבים יהרג ולר' ישמעאל אין שום חילוק דבצנעא בכולן יעבור ואל יהרג ובפרהסיא בכולן יהרג ואל יעבור ומעשה דבן דמא פרהסיא הוה ולפיכך לא הניחו רבי ישמעאל ולפי זה נוכל לומר דהא דעבד ליה יעקב מינאה לר' אבהו לקמן בשמעתין (דף כח.) צנעא הוה ובשאלתות דרב אחאי (פרשת וארא) פוסק כרבנן דר' ישמעאל וכן מוכח סוגיא דתלמודא פ"ב דכתובות (דף יט.) דאמר רבא מי איכא מידי דאילו אתו עדים לקמן לאמלוכי אמרינן להו חתומו שקר ואל תהרגו דאמרינן אין לך דבר שעומד בפני פיקוח נפש אלא עבודת כוכבים וגילוי עריות ושפיכות דמים והיינו כרבנן דאי כר' ישמעאל אי בצנעא אפי' עבודת כוכבים נמי ואי בפרהסיא אפי' שאר עבירות נמי לא אבל קשיא דרבא גופיה אמר לקמן פרק ר' ישמעאל (דף נד.) הכל היו בכלל לא תעבדם כשפרט לך הכתוב וחי בהם יצא אונס והדר כתיב לא תחללו ואפי' באונס כאן בצנעא כאן בפרהסיא משמע אתאן לר' ישמעאל וצ"ע ואם רצה להחמיר על עצמו אפי' בשאר מצות רשאי כמו ר' אבא בר זימרא דירושלמי שהיה אצל עובד כוכבים א"ל אכול נבלה ואי לא קטלינא לך א"ל אי בעית למיקטלי קטול ומחמיר היה דמסתמא בצנעא הוה.

שולחן ערוך יורה דעה סימן קנז סעיף א

כל העבירות שבתורה, חוץ מעבודת כוכבים וגלוי עריות ושפיכות דמים, אם אומרים לו לאדם שיעבור עליהם או יהרג, אם הוא בצנעה יעבור ואל יהרג. ואם ירצה להחמיר על עצמו וליהרג, רשאי, אם העובד כוכבים מכוין להעבירו על דת. הגה: ואם יוכל להציל עצמו בכל אשר לו, צריך ליתן הכל ולא יעבור לא תעשה. (ר"ן פרק לולב הגזול ורשב"א וראב"ד וריב"ש סימן שפ"ז). ובמקום שאמרו: כל מי שיש בידו למחות ואינו מוחה הוא נתפס באותו עון, מכל מקום בדבר שיש חשש סכנה אין צריך להוציא ממונו על זה. (מהרי"ו סימן קנ"ו/קנ"ז). **ואם הוא בפרהסיא, דהיינו בפני עשרה מישראל, חייב ליהרג ולא יעבור אם העובד כוכבים מכוין להעבירו על דת** (אפילו על ערקתא דמסאנא) (ב"י). **אבל אם אינו מכוין אלא להנאתו, יעבור ולא יהרג. ואם הוא שעת הגזירה** (על ישראל לבדם), (ב"י בשם נ"י), **אפילו אערקתא דמסאנא** (פירוש רצועת המנעל) **יהרג ואל יעבור.** הגה: ודוקא אם רוצים להעבירו במצות לא תעשה, אבל אם גזרו גזרה שלא לקיים מצות עשה, אין צריך לקיימו ושיהרג (ר"ן פרק במה טומנין ונ"י פרק סורר ומורה). מיהו אם השעה צריכה לכך, ורוצה ליהרג ולקיימו, הרשות בידו (מהרי"ק שורש פ"ח /קל"ז/ בשם הר"ן). **ובעבודת כוכבים, ג"ע, שפיכות דמים אפילו בצנעה ושלא בשעת הגזרה, ואפילו אין העובד כוכבים מכוין אלא להנאתו, יהרג ועל [ואל] יעבור.** הגה: ודוקא כשאומרים לו לעשות מעשה, כגון שאומרים לאיש לגלות ערוה או שיהרג, אבל אם אונסים לאשה לבא עליה, או שרוצים להשליכו על התינוק להרגו, או שהוא כבר מוקשה ורוצים לתקוע אותו בערוה, אין צריך ליהרג. (ב"י בשם תוספות ור"ן פרק כ"ש). וכל איסור עבודת כוכבים וג"ע ושפיכות דמים אע"פ שאין בו מיתה, רק לאו בעלמא, צריך ליהרג ולא לעבור. אבל אלאו דלפני עור לא תתן מכשול

(ויקרא יט, יד) יעבור ואל יהרג. (ר"ן פרק כ"ש ופרק בן סורר ומורה). עובד כוכבים הבא על בת ישראל, אינו בכלל גילוי עריות. (ב"י בשם הרמב"ן והפוסקים הנ"ל). עובדי כוכבים שאמרו לישראל: תנו לנו אחד מכם ונהרגנו, לא יתנו להם אחד מהם אלא א"כ יחדוהו ואמרו: תנו לנו פלוני. (משנה פ' ח' דתרומות והרמב"ם פ"ה מהלכות יסודי התורה). ויש אומרים דאפילו בכה"ג אין למסרו, אא"כ חייב מיתה כשבע בן בכרי. (ב"י בשם רש"י ור"ן).

וכן נשים שאמרו להן עובדי כוכבים: תנו לנו אחת מכם ונטמא אותה, יטמאו כולם ולא ימסרו נפש אחת מישראל. (רמב"ם פ' הנזכר). כל מקום שנאמר: יהרג ואל יעבור, אם עבר ולא נהרג, אע"פ שחלל השם, מכל מקום נקרא אנוס ופטור. ודוקא שלא יוכל לברוח, אבל אם יכול לברוח ואינו עושה, הרי הוא ככלב שב על קיאו ונקרא עובר במזיד. (ב"י בשם הרמב"ם פ"ה מיסודי התורה).